隧道不良地质与特殊岩土段施工技术

李金华 习小华 著

西北工业大学出版社

西安

【内容简介】 本书在调查大量不良地质与特殊岩土隧道的基础上,针对隧道工程特性及其危害,对比分析了不同超前地质预报技术在隧道工程中的适用条件;对隧道不良地质与特殊岩土段的施工方法、辅助措施、衬砌结构和监控量测等方面进行了详细阐述;以具体工程为背景,提出了此类隧道不同危害的施工对策和处治方法。本书主要包括不良地质与特殊岩土工程特性、不良地质与特殊岩土段超前地质预报技术、不良地质与特殊岩土段施工技术与衬砌设计、不良地质与特殊岩土隧道监控量测技术和不良地质与特殊岩土段施工对策及工程案例等五部分。

本书可供从事隧道施工管理和技术相关工作的人员阅读参考,也可作为相关专业的本科生和研究生学习用书。

图书在版编目(CIP)数据

隧道不良地质与特殊岩土段施工技术 / 李金华,习小华著. —西安：西北工业大学出版社,2023.8
ISBN 978-7-5612-8846-7

Ⅰ. ①隧… Ⅱ. ①李… ②习… Ⅲ. ①隧道施工 Ⅳ. ①U455

中国国家版本馆 CIP 数据核字(2023)第 158043 号

SUIDAO BULIANG DIZHI YU TESHU YANTU DUAN SHIGONG JISHU
隧 道 不 良 地 质 与 特 殊 岩 土 段 施 工 技 术
李金华　习小华　著

责任编辑：王玉玲	策划编辑：梁　卫
责任校对：胡莉巾	装帧设计：董晓伟

出版发行：西北工业大学出版社
通信地址：西安市友谊西路127号　　邮编：710072
电　　话：(029)88491757,88493844
网　　址：www.nwpup.com
印　刷　者：西安五星印刷有限公司
开　　本：787 mm×1 092 mm　　1/16
印　　张：17
字　　数：424 千字
版　　次：2023 年 8 月第 1 版　　2023 年 8 月第 1 次印刷
书　　号：ISBN 978-7-5612-8846-7
定　　价：88.00 元

如有印装问题请与出版社联系调换

前　言

隧道是埋置于地层内的一种工程建筑物，对于改善交通线型、节省占地、节省工程投资有着重要的意义，特别是在山区，修建隧道有着巨大优势。

随着我国经济的高速发展，隧道修建技术得到了迅猛发展。然而，在大规模的隧道建设中，不良地质与特殊岩土段的施工一直是困扰广大隧道建设者的难题之一，通常表现为围岩变形大，支护困难，甚至发生坍塌等安全事故，从而导致施工进度缓慢，严重制约工程的工期。出现这些问题的主要原因是，施工单位对隧道不良地质与特殊岩土的变形机制、发展演化规律和危害等认识不足，采取的控制技术与方法缺乏针对性。

鉴于此，笔者在调查大量不良地质与特殊岩土隧道的基础上，针对此类隧道工程特性及其危害，对比分析了不同超前地质预报技术在隧道工程中的适用条件；对隧道不良地质与特殊岩土段的施工方法、辅助措施、衬砌结构和监控量测等方面进行了详细阐述和分析；以具体工程为背景，针对性地提出了此类隧道不同病害的施工对策和处治方法。

本书共5章，其中第1、2、5章由李金华撰写，第3、4章由习小华撰写。感谢江西省交通科学研究院有限公司的大力支持，同时感谢西安科技大学研究生吴宝林硕士、杨洋硕士在本书完成过程中所做的贡献。

在撰写本书的过程中，参阅了很多参考文献，在此对其作者深表谢意。

由于水平有限，书中不可避免地存在疏漏及不足之处，恳请读者批评指正。

著　者

2023年3月

目 录

第1章 不良地质与特殊岩土工程特性 ……………………………………………… 1
    1.1 软岩 ……………………………………………………………………………… 1
    1.2 岩溶 ……………………………………………………………………………… 13
    1.3 断裂构造及破碎带 ……………………………………………………………… 19
    1.4 膨胀岩 …………………………………………………………………………… 24
    1.5 瓦斯 ……………………………………………………………………………… 28
    1.6 岩爆 ……………………………………………………………………………… 31
    1.7 挤压性围岩 ……………………………………………………………………… 33
    1.8 典型危害分析 …………………………………………………………………… 36

第2章 不良地质与特殊岩土段超前地质预报技术 …………………………………… 46
    2.1 预报目的、内容、对象与原则 ………………………………………………… 46
    2.2 预报方法 ………………………………………………………………………… 48
    2.3 预报方案设计 …………………………………………………………………… 52
    2.4 预报实施 ………………………………………………………………………… 61
    2.5 预警管理、信息反馈与指导施工 ……………………………………………… 111

第3章 不良地质与特殊岩土段施工技术与衬砌设计 ……………………………… 114
    3.1 开挖方法 ………………………………………………………………………… 114
    3.2 辅助工程措施 …………………………………………………………………… 122
    3.3 衬砌设计 ………………………………………………………………………… 134

第4章 不良地质与特殊岩土隧道监控量测技术 …………………………………… 143
    4.1 监控量测目的及流程 …………………………………………………………… 143
    4.2 监控量测内容 …………………………………………………………………… 144
    4.3 监控量测方法 …………………………………………………………………… 151
    4.4 监控量测精度 …………………………………………………………………… 169
    4.5 监控量测数据处理及应用 ……………………………………………………… 171
    4.6 预警管理 ………………………………………………………………………… 177

第 5 章 不良地质与特殊岩土段施工对策及工程案例 … 180
5.1 不良地质与特殊岩土段施工对策 … 180
5.2 典型工程案例分析 … 208

参考文献 … 265

第1章 不良地质与特殊岩土工程特性

不良地质是指对工程可能造成危害的地质作用或现象。这些不良地质包括滑坡、崩塌体、岩溶、采空区、大变形、岩爆、瓦斯、断层、富水软弱破碎带、流沙、冻融循环土、盐渍岩土等。

特殊性岩土是指在特定的地理环境或人为条件下形成的具有特殊物理力学性质和工程特征、特殊物质组成或者特殊构造的岩土,包括堆积层、黄土、膨胀岩土、砂层、冻土。

本章对主要公路隧道几种常见的不良地质与特殊岩土(如软岩、岩溶、断裂构造及破碎带、膨胀岩、瓦斯、岩爆、挤压性围岩)的工程特性及其产生的危害进行分析,同时对公路几种典型的危害进行介绍。

1.1 软 岩

1.1.1 工程特性

1.1.1.1 概述

软岩是在一定的环境和条件下产生的一种塑性变形非常显著的岩石,其内部结构非常复杂。软岩主要包括地质软岩和工程软岩两大类。

地质软岩指强度低、孔隙度大、胶结程度差、受构造面切割及风化影响显著或含有大量膨胀性黏土矿物的松、散、软、弱岩层,该类岩石多为泥岩、页岩、泥灰岩、千枚岩、粉砂岩和泥质砂岩等单轴抗压强度小于 25 MPa 的岩石,是天然形成的复杂的地质介质。该定义用于工程实践中可能会出现矛盾。如果隧道埋深小、地应力水平低,抗压强度小于 25 MPa 的岩石也不会产生松散、软弱等特征;但是,如果大于 25 MPa 的岩石所在工程部位埋深大、地应力水平高,也会产生松散、破碎等情况,导致变形大、支护难的现象。这说明,地质软岩的定义应用在工程实践中具有一定的局限性。

工程软岩是指在工程力作用下能产生显著塑性变形的工程岩体。工程力是指作用在工程岩体上的力的总和,它可以是重力、构造残余应力、水的作用力、工程扰动力以及膨胀应力等。工程岩体是隧道开挖扰动影响范围之内的岩体,包含岩块、结构面及其空间组合特征。显著塑性变形包含显著的弹塑性变形、黏弹性变形、连续性变形和非连续性变形等。此定义揭示了软岩的相对性实质,即取决于工程力与岩体强度的相互关系。当工程力一定时,强度高于工程力水平的岩体大多表现为硬岩的力学特性,强度低于工程力水平的岩体则可能表现为软岩的力学特性。对同种岩石:在较低工程力的作用下,表现为硬岩的变形特性;在较高工程力的作用下,则可能表现为软岩的变形特性。工程软岩强调软岩所承受的工程力荷载的大小,强调从软岩的强度和工程力荷载的对立统一关系中分析、把握软岩的相对性实质,软岩围岩松动圈厚度一般大于 1.5 m。

一般认为软岩应包括:①软质岩石,即我们通常所说的软岩,包括黏土岩、页岩、软质的泥灰岩、凝灰岩、大部分千枚岩、片岩、膨胀岩,各成因类型的软弱夹层也归在此类;②构造岩或断裂破碎岩,指在构造运动作用下形成的断层破碎带和岩浆岩侵入所形成的破碎带,使岩石发生机械破碎、重结晶、新生动力变质矿物,削弱了岩石的力学特性,是机械作用和热动力变质作用的产物;③风化岩,因风化而削弱的岩石。

根据软岩特性的差异及产生显著塑性变形的机理,按照软岩的强度特性、泥质含量、结构面特点及塑性变形力学特点等方面将其分为四大类,即膨胀性软岩、高应力软岩、节理化软岩和复合型软岩,如表 1.1 所示。

表 1.1 软岩的分类

软岩名称	塑性变形特点
膨胀性软岩(低应力软岩)	泥质含量大于 25%,水平应力小于 25 MPa,在工程力作用下,沿片架状硅酸盐黏土矿物产生滑移,遇水显著膨胀
高应力软岩	泥质含量大于 25%,水平应力不小于 25 MPa,遇水发生少许膨胀,在高应力状态下,沿片架状黏土矿物发生滑移
节理化软岩	沿节理等结构面产生滑移、扩容等塑性变形
复合型软岩	具有上述某种组合的复合机理

(1)膨胀性软岩

膨胀性软岩系指含有黏土的高膨胀性矿物在较低应力水平(≤25 MPa)条件下即发生显著变形的低强度工程岩体,如工程中常见的泥岩等。膨胀性软岩产生塑性变形的机理是片架状黏土矿物发生滑移和膨胀。由于低应力软岩的显著特征是含有大量黏土矿物而具有膨胀性,故据其膨胀性大小又可分为强膨胀性软岩(自由膨胀变形大于 15%)、中膨胀性软岩(自由膨胀变形为 4%~10%)和弱膨胀性软岩(自由膨胀变形小于 9%)。

膨胀性软岩可根据矿物组合特征和饱和吸水率两个指标细分为三级,详见表 1.2。

表 1.2 膨胀性软岩分级

膨胀性软岩	干燥饱和吸水率/%	蒙脱石含量/%	代表性矿物
弱膨胀性软岩	<20	<10	绿泥石、水云母
中膨胀性软岩	20~50	10~30	伊利石、高岭石
强膨胀性软岩	>50	>30	蒙脱石、伊/蒙混层矿物

膨胀性软岩的鉴别:利用仪器分析测定岩石的矿物成分和膨胀性,以及岩石干燥饱和吸水率等指标。膨胀性软岩现场简易鉴别方法:将新鲜岩块放入水中,浸泡 24 h。若无任何变化,则没有膨胀性;如果岩块裂成小块,则具有弱膨胀性;若分解为小粒,则具有较强的膨

胀性;若崩解成泥,则具有极强的膨胀性。

(2) 高应力软岩

高应力软岩是指在较高应力水平(>25 MPa)条件下才发生显著变形的中高强度的工程岩体。这种软岩的强度一般高于 25 MPa,其地质特征是泥质成分较少,砂质成分较多,如泥质粉砂岩、泥质砂岩等。它们的工程特点是:当埋深不大时,表现为硬岩的变形特征;当埋深达到一定深度时,表现为软岩的变形特性。根据高应力类型的不同,高应力软岩可细分为自重高应力软岩和构造高应力软岩。前者的特点是与深度有关,与方向无关;后者的特点是与深度无关,而与方向有关。

软岩的蠕变试验表明:当所施加的荷载小于某一荷载水平时,岩石处于稳定变形状态,蠕变曲线趋于某一变形值,不再随时间变化;当所施加的荷载大于某一荷载水平时,岩石出现明显的塑性变形加速现象,即产生不稳定变形,这一荷载称为软岩的软化临界荷载,亦即能使岩石产生明显变形的最小荷载。不同的岩石具有不同的软化临界荷载。软化临界荷载是判定软岩的标准。当岩石所受荷载水平低于软化临界荷载时,该岩石属于硬岩范畴;当荷载水平高于软化临界荷载时,该岩石表现出软岩的大变形特性,此时该岩石为软岩。

与软化临界荷载相对应地,存在着软化临界深度。对于特定的岩石,所处深度也能支配其软硬状态。当隧道的埋深大于某一深度时,围岩产生明显的塑性大变形、大地压和难支护现象;但当隧道位置较浅,即小于某一深度时,大变形、大地压现象明显消失。这一临界深度,称为岩石软化临界深度。软化临界深度的地应力水平与软化临界荷载大致相当。

高应力软岩可根据深度比 $A(A=H/H_{cr}$,H 为隧道埋深,H_{cr} 为岩石软化临界深度)指标分为三级,即高应力软岩、超高应力软岩和极超高应力软岩,详见表 1.3。

表 1.3 高应力软岩分级

分级	深度比
高应力软岩(工程岩体应力水平为 25~50 MPa)	0.8~1.2
超高应力软岩(工程岩体应力水平为 50~75 MPa)	1.2~2.0
极高应力软岩(工程岩体应力水平大于 75 MPa)	≥2.0

(3) 节理化软岩

节理化软岩系指含泥质成分很少(或几乎不含)的岩体,发育了多组节理,其中岩块的强度颇高,呈硬岩力学特性,但整个工程岩体在隧道工程力的作用下发生显著的变形,呈现出软岩的特性。例如,我国许多煤矿的煤层巷道,煤块强度很高,节理发育,岩体强度较低,常发生显著变形。此类软岩可根据节理化程度不同,细分为镶嵌节理化软岩、碎裂节理化软岩和散体节理化软岩。

节理化软岩可根据结构面组数和结构面间距两个指标细分为三级,即较破碎软岩、破碎软岩和极破碎软岩,详见表 1.4。

表 1.4 节理化软岩分级

节理化软岩	节理组数	节理间距/m	完整系数
较破碎软岩	1~3	0.2~0.4	0.55~0.35

续表

节理化软岩	节理组数	节理间距/m	完整系数
破碎软岩	>3	<0.2	0.35~0.15
极破碎软岩	无序		<0.15

1.1.1.2 泥质岩的地质规律与特性

从地质角度讲,软岩多为泥质岩。泥质软岩地质规律如下。

(1)泥质岩成岩胶结作用及其地质规律

泥质岩指各种泥岩、页岩、黏土岩及泥质粉砂岩,还包括火成岩变质热液蚀变的黏土岩和中酸性凝灰岩等,是工程性质极为复杂的岩体。

泥质岩的强度不仅与胶结物成分的性质和胶结作用有关,还与成岩环境时代及变质作用有直接关系,成岩胶结程度有明显的时代特点。

泥质岩在水的作用下性质极不稳定,常有膨胀、崩解、软化、泥化等趋势。完整干燥的泥质岩浸水破坏形式有以下几种:①泥糊状破坏;②碎屑状破坏;③角砾状破坏;④碎块状破坏。

中国科学院地质研究所(简称中国科学院地质所)提出了以"成岩胶结系数"作为泥质岩成岩胶结程度的综合分类指标和评价依据。研究表明,该指标是泥质岩成岩胶结作用的综合反映,也是泥质岩成分、结构和物化性质的综合反映。按该指标将泥质岩成岩胶结程度分为四类:

1)弱胶结:成岩胶结系数为1~2,该类泥质岩风干失水后,遇水强烈吸水并膨胀崩解为软泥,失去强度。

2)中等胶结:成岩胶结系数为2~5,该类岩石干燥后在水中呈碎屑状、碎片状破坏,岩石显著软化。

3)强胶结:成岩胶结系数为5~10,干燥后在水中呈碎块状破坏。

4)极强胶结:成岩胶结系数大于10,干燥后在水中不破坏,也不会沿裂隙局部破坏。

(2)泥质岩活化作用及对工程特征的影响

所谓泥质岩的活化作用是指在自然地质条件下,性质处于相对稳定的泥质岩石,由于人类的工程活动及其引起的环境变化,工程特性发生恶化而显示的黏土矿物活性的作用。泥质岩活化作用对所进行的工程有直接的影响,所以在工程建设中应特别注意:

1)所有的保持天然含水量的未扰动泥质岩,在水中可以保持其稳定的天然性状及较高的天然强度,几乎不显示膨胀性。

2)环境湿度的变化是造成泥质岩性质变化的重要因素,工程施工新暴露的泥质岩在失水后产生不规则的纵横交错收缩裂隙,引起风化剥落,从而破坏岩体的稳定。

3)泥质岩干湿交替活化作用造成岩石失稳破坏。研究表明,在空气相对湿度低于80%,特别是低于60%时,连续的风干作用会使泥质岩产生明显的收缩裂隙,造成岩石迅速破坏。在空气湿度大于80%,特别是大于90%的条件下,泥质岩吸水造成岩石水分增加,体积膨胀,强度降低。

4)湿度波动引起的泥质岩水分迁移的影响深度,随着地下工程裂隙和松动带的存在而明显增大。

5)通风对隧道围岩的干湿交替作用影响十分显著,所以应对岩石结构引起的破坏作用予以足够重视。

6)泥质岩干燥后浸水迅速产生膨胀、崩解、泥化破坏,原岩含水量越高、胶结作用越弱,泥质抗风化能力越差,破坏也越强烈。

7)底板泥岩在隧道施工设备、运输设备反复碾压及水的作用下产生泥化破坏。

(3)软岩的膨胀机制及膨胀势的判别

膨胀岩是指岩石因含水量的增加而发生体积膨胀的岩石,主要是指富含蒙脱石、伊利石、高岭石等黏土矿物的岩石。这种岩石遇水体积发生成倍膨胀,变形压力巨大,造成隧道围岩失稳、支架破坏,所以泥质岩中膨胀性强的岩体是工程支护最复杂的岩体之一。相关研究表明:

1)膨胀岩中,蒙脱石膨胀性最为显著,这主要是由蒙脱石矿物分子结构特征所致。蒙脱石既具有矿物颗粒内部分子膨胀,又具有矿物颗粒之间的外部膨胀,故其膨胀性最强。

高岭石腐植质和难溶盐,由于相邻晶胞之间结合牢固,水分子不能自由渗入,因此不具有内部分子膨胀机制,仅具有遇水后矿物颗粒之间水膜加厚的膨胀机制,所以膨胀性在上述三种矿物中最弱。

2)软岩空隙率高,裂隙多,通过毛细作用使水吸入,并产生一种毛细力,使岩石体积膨胀,强度降低。

3)软岩在重力、构造应力、地下水作用、工程偏应力下产生破坏变形,体积膨胀。

4)关于膨胀岩膨胀势的判别,中国科学院地质所提出以"岩块饱和吸水率"作为判定膨胀岩膨胀势的指标,并提出了分级标准:岩块干燥饱和吸水率小于10%为非膨胀性岩石,10%~20%为微膨胀岩石,20%~50%为弱膨胀岩石,50%~100%为强膨胀岩石,大于100%为剧膨胀岩石。

(4)软岩特性

软岩之所以能产生显著塑性变形,是因为其中的泥质成分(黏土矿物)和结构面控制了软岩的工程力学特性。软岩具有可塑性、膨胀性、崩解性、流变性、易扰动性和离子交换性等工程特性。

1)可塑性:软岩在工程力的作用下产生变形,去掉工程力之后这种变形不能恢复的性质。低应力软岩、高应力软岩和节理化软岩的可塑性机理不同。低应力软岩的可塑性是由软岩中泥质成分的亲水性所引起的,而节理化软岩是由所含的结构面扩展、扩容引起的,高应力软岩是泥质成分的亲水性和结构面扩容共同引起的。软岩的可塑性使岩石强度急剧降低,在无控制条件下失去自承能力。

2)膨胀性:软岩在力的作用下或在水的作用下体积增大的现象。根据产生膨胀的机理,膨胀性可分为内部膨胀性、外部膨胀性和应力扩容膨胀性3种,见表1.5。

3)崩解性:软岩在物理、化学、力学因素等作用下产生鳞片状解体。低应力软岩和高应力软岩、节理化软岩的崩解机理是不同的。低应力软岩的崩解是软岩中的黏土矿物集合体在与水作用时膨胀应力不均匀分布造成的崩裂现象;高应力软岩和节理化软岩的崩解则主要表现为,在巷道工程力的作用下,裂隙发育的不均匀造成局部张应力集中引起的向空间崩裂、片帮现象。

表 1.5　软岩的膨胀性

膨胀性类型	概念	区别	联系
内部膨胀性	水分子进入晶胞层间而发生的膨胀	间隙是原生的,膨胀机理是一种与水的物理化学机制	实际工程中,软岩的膨胀是综合机制。对低应力软岩来讲,以内部膨胀和外部膨胀机制为主;对节理化软岩来讲,则以扩容机制为主;对高应力软岩来讲,各种机制同时存在且均起重要作用
外部膨胀性	极化的水分子进入颗粒与颗粒之间而产生的膨胀		
应力扩容膨胀性	软岩受力后,其中的微隙扩展、贯通产生的体积膨胀	间隙是次生的,膨胀机理是应力扩容机制	

4)流变性:物体受力变形过程与时间有关的变形性质。软岩的流变性包括弹性后效、流动、结构面的闭合和滑移变形。

5)易扰动性:软岩软弱、裂隙发育、吸水膨胀等特性,导致其抗外界环境扰动的能力极差,对施工震动、卸荷松动、吸水膨胀、软化泥化、暴露风化、相邻隧道的施工等极为敏感。

6)离子交换性:软岩遇水软化,岩石与水在化学作用过程中发生的离子交换吸附作用。周翠英等人通过软岩饱水试验中化学溶液的成分分析得出:在软岩与水相互作用的初期,水-岩化学作用主要表现为离子吸附。

1.1.2　危害

软岩中修建隧道,往往更容易发生结构变形、沉降和损伤事故。软岩具有强度低、变形大和遇水软化等特点,给隧道的设计和施工乃至维持衬砌结构的长期稳定带来了一定困难。在隧道勘察设计阶段,由于不易把握软岩的物理力学性质和地应力水平,隧道支护、衬砌的结构形式和设计参数经常不能与实际的工程条件相适应;在施工阶段,隧道开挖后,地应力将重新分布。软岩强度低,对工程扰动极其敏感,在受拉或受压条件下将产生塑性区,使围岩和支护发生变形。一旦施工方法和工程措施不当,将极易发生初期支护变形侵限或者隧道塌方等工程灾害。从隧道开挖后的围岩变形看,在软弱围岩中开挖,经常出现不利工程危害,如掌子面失稳、拱顶崩塌、底鼓现象严重、长时间持续变形或变形不收敛、初期支护严重变异和围岩流失等。在软弱围岩地质条件下,其变形的最终结果是造成掌子面崩塌、拱部坍塌以及各种异常现象。

1.1.2.1　大变形

隧道围岩大变形是软岩地质中一种常见的地质灾害。对于大变形的界定,中铁二院工程集团有限责任公司考虑了预留变形量的影响,认为单线隧道(铁路隧道)适当的预留变形量一般不大于 150 mm,双线隧道一般则不大于 300 mm,正常的变形量上限取上述值的 0.8 倍。若单线隧道支护位移大于 130 mm,双线隧道支护位移大于 250 mm,就认定为发生了大变形。近年来,有的研究者提出,以初期支护位移值以及支护破坏现象作为定义指标,当采用常规支护的隧道由于地应力较高而其初期支护发生程度不同的破坏且位移值与洞壁半径之比大于3%时,就认为发生了大变形。隧道围岩发生大变形的主要条件是围岩条件,而产生围岩大变形的力学标志是高应力比。围岩变形值的大小与地应力、地层的岩性、巷道大小与形状、支护强度与刚度有关。同时,围岩大变形表现为持续不断的变形,有明显的时间特征。因此,围岩大变形可以定义为地下工程围岩岩体在高地应力条件下以及其他环境条件作用下的塑性变形或塑性流变。图1.1为某大跨度页岩隧道施工中最大围岩变形(拱腰部位甚至出现了初期支护钢架扭曲现象)的现场照片,变形量超过了1 000 mm。

图1.1 隧道围岩大变形现场照片

(1)大变形原因

围岩大变形将破坏支护结构,侵入断面内限界,若处理不当将造成塌方,甚至隧道被完全堵塞,极易造成施工人员伤亡、设备损坏、工期延误、工程成本增加等。通常来说,隧道围岩大变形指在高地应力软弱围岩条件下,围岩发生沉降破坏并最终导致隧道围岩失稳的现象。其实质是围岩产生剪应力,使得岩体彼此错动、断裂破坏,也就是说使围岩的自稳能力丧失,产生塑性变形,进而迫使围岩向开挖洞室方向挤压,产生大变形的现象。产生大变形的主要原因如下:

1)在隧道开挖后,地应力将重新分布,开挖周围岩层有恢复原状的临空面,但是长时间受空气与水作用的影响,密度会大大减小,从而导致岩体逐渐变软,在受拉或受压条件下将产生塑性区,使围岩和支护发生变形,情况严重的甚至会失去稳定性,进而使层和层之间的结合力降低。如果没有及时把初期的支护结构弯成环形,将很难抵抗围岩的巨大压力。

2)高地应力是隧道发生大变形的重要前提条件。

3)各种岩体抗压强度不同,开挖后围岩变形程度差异较大,根据岩体变形破坏理论,当围岩压力超过岩体的抗压强度时,岩体将发生变形破坏。开挖后围岩易发生流塑性变形,因此,软弱围岩是隧道发生大变形的物质因素。

4)地下水的存在和运动会对岩体颗粒产生静力和动力作用,水体对岩体造成损伤,导致岩体强度降低,孔隙率增大,同时,千枚岩、泥质板岩等岩体遇水易软化,强度大大降低,围岩自稳能力变差。

5)当岩体结构面与隧道轴线成小角度相交时,岩体容易发生破坏从而引发大变形。

6)受地质构造的影响,有些层面擦痕过于明显,有些层面的光滑程度和镜子一样。然而,镜面擦痕却大大降低了围岩层与层之间的结合力,从而导致隧道出现很大变形。

7)在隧道施工过程中,如果没有及时监控施工质量并反馈信息,会导致支护结构发生严重的变形。如果上、下台阶之间的距离非常大,那么会使工序时间较长,进而导致初期的支护结构不能及时形成环状,尤其是在对下台阶或者是仰拱实施开挖时,支护结构更容易发生严重的变形。

(2)大变形的类型

徐林生等人按照破坏形式和形成作用机理,将公路隧道围岩发生的大变形分为以下两大主要类型:

1)膨胀型大变形,即由蒙脱石、高岭土、伊利石、绿泥石等黏土矿物和含硬石膏、芒硝等盐类矿物所组成的膨胀性围岩吸水后产生的膨胀作用所产生的大变形。由于岩石水解作用进行缓慢,这类大变形往往需要相当长的时间才能达到稳定。

2)挤压型大变形,即由高地应力条件下的软弱围岩产生挤压作用所形成的塑(流)性大变形。其收敛时间短则数十天,长则数百天,一般变形量可达数十厘米以上。中国铁路总公司2019年发布了《铁路挤压性围岩隧道技术规范》(Q/CR 9512—2019),其中对铁路隧道的挤压变形进行了较为详细的论述。

李权在其硕士论文《软岩大变形公路隧道变形规律及控制技术研究》中对国内外公路隧道大变形进行了分析和总结,将大变形按受控条件的不同分为三大类,即围岩岩性控制型、岩体结构控制型及人工扰动控制型,见表1.6。

表1.6 隧道大变形的类型

类型	围岩条件	形成机制	主要变形特点
围岩岩性控制型	页岩、泥岩及膨胀性软岩等软弱围岩	高应力的状态下产生流动及塑性变形,遇水软化变形,遇水膨胀变形	围岩的变形主要表现在围岩的挤出;破坏模式主要为塑性流动、弯曲变形;膨胀性软岩的膨胀作用不明显;地下水对围岩的软化极大地推动了大变形
岩体结构控制型	具有软弱结构面的坚硬岩、较坚硬岩	软弱结构面在开挖卸载后张开滑移	岩体结构面发育,在高围压状态下强度较高且稳定,低围压状态下表现结构流变特性,一般表现为塑性契体挤出、结构流变等变形破坏模式
人工扰动控制型	人工挖掘形成采空区的岩体	采空区岩土的变形导致隧道变形	随着采空区的变形而变形,具有明显的时间效应;变形特征及剧烈程度受采空区的位置、产状及分布特点控制

(3)变形力学机制

软岩隧道变形力学机制可分为三大类,即物化膨胀类(Ⅰ类)、应力扩容类(Ⅱ类)和结构变形类(Ⅲ类)。Ⅰ类机制与软岩本身分子结构的化学特性有关,Ⅱ类机制与力源有关,Ⅲ类机制则与隧道结构和岩体结构面的组合特性有关。这三类机制基本概括了软岩膨胀变形的主要动因。

各类机制中又依据引起变形的严重程度可分为A、B、C、D四个等级。不同的变形机制与变形程度引起的隧道破坏特点也不同(见表1.7)。通过现场工程地质学研究和室内物化力学试验以及理论分析,可以确定软岩隧道的变形力学机制类型。Ⅰ类变形力学机制主要依据其特征矿物和微隙发育情况予以确定;Ⅱ类变形力学机制主要是根据受力特点及在工程力作用下隧道的破坏特征来确定;Ⅲ类变形力学机制主要是受结构面影响的非对称变形力学机制,要求首先鉴别结构面的力学性质及其构造体系归属,然后再依据其产状与隧道走向的相互交切关系来确定。

表1.7 软岩变形机制及破坏特点

类型	亚型	控制性因素	特征型	软岩隧道破坏特点
Ⅰ类 (物化膨胀类)	Ⅰ$_A$型	分子吸水机制,晶胞之间可吸水,吸水能力强	蒙脱石型	围岩暴露后易风化、软化、裂隙化,因而怕风、怕水、怕震动;隧道容易底鼓,两侧收敛,不易支护。由Ⅰ$_C$型自下而上到Ⅰ$_A$型,隧道支护难度逐渐加大
	Ⅰ$_{AB}$型	Ⅰ$_A$型和Ⅰ$_B$型混合	伊/蒙混合型	
	Ⅰ$_B$型	胶体吸水机制,晶胞之间无水,黏粒表面有吸附水	高岭石型	
	Ⅰ$_C$型	微隙-毛细吸水机制	微隙型	
Ⅱ类 (应力扩容类)	Ⅱ$_A$型	残余构造应力	构造应力型	变形破坏主要与方向有关
	Ⅱ$_B$型	自重应力	重力型	变形破坏与隧道埋深有关
	Ⅱ$_C$型	地下水	水力型	隧道破坏与地下水有关
	Ⅱ$_D$型	工程开挖扰动	工程力型	与隧道设计、施工有关
Ⅲ类 (结构变形类)	Ⅲ$_A$型	断层、断裂带	断层型	塌方、冒顶
	Ⅲ$_B$型	软弱夹层	弱层型	超挖
	Ⅲ$_C$型	层理	层理型	开挖轮廓为规则锯齿状
	Ⅲ$_D$型	优势节理	节理型	开挖轮廓为不规则锯齿状
	Ⅲ$_E$型	随机节理	随机节理型	掉块

(4)软岩隧道变形特征

在隧道工程的作用下,软岩承受了一定的工程力,从而使得岩石发生变形,产生巨大的变化。在隧道施工工程中,软岩变形是评价软岩稳定性的一项重要指标,也是工程设计人员在进行隧道工程设计时遵循的基本准则之一。

通常,在隧道工程开始施工之后,其周围的软岩会发生一些重要的改变,大致要经历三个阶段:弹性应变阶段;弹性变形和塑性变形两个阶段共存的阶段;蠕变为主,蠕变、塑性变形共存阶段。

在隧道施工过程中,软岩所经历的三个变化阶段中,具有以下几个显著的特点:

1)软弱围岩隧道掌子面前方围岩变形的范围大。对于一般的坚硬围岩,掌子面前方围岩变形的范围较小,一般为1倍洞径范围以内,超过1倍洞径以外的围岩,其变形很小,可忽略不计。对于软弱围岩,掌子面前方围岩变形的范围很大,随着掌子面的变形和坍塌,掌子面前方围岩变形的范围逐渐向深部扩大,甚至达到3倍或者4倍的洞径。

2)软弱围岩隧道掌子面前方围岩变形所占比例大。对于一般的坚硬围岩,其前方围岩变形占总变形的比例一般在20%以内。对于软弱围岩,其前方围岩变形可能超过总变形量的30%,甚至达到50%或更大,如不控制,则会成为掌子面拱顶部分坍塌或发生大变形的主因。

3)软弱围岩隧道掌子面后方围岩变形的范围大。对于一般的坚硬围岩,掌子面后方围岩变形一般在1倍或者2倍洞径处达到稳定状态。对于软弱围岩,如果不采取合理的支护加固措施,变形会持续增大,直至发生失稳破坏。

4)软弱围岩隧道掌子面挤出变形较为显著,且与围岩地质倾向与隧道轴线间的夹角有一定的关系。对于围岩地质倾向与隧道轴线成锐角的情况,发生挤出变形的范围为1.0~2.3倍洞径;而对于围岩地质倾向与隧道轴线成钝角的情况,发生挤出变形的范围为1.2~1.6倍洞径。

5)软弱围岩隧道开挖初期变形速度快。在隧道施工开始之后,原本坚硬的围岩会迅速发生变形,在发生一系列的变形之后,又会迅速走向稳定的状态,其变形速率非常小;而软弱围岩在隧道施工开始之后特别是在初期,其变形速率会迅速增大。

6)软弱围岩隧道变形持续时间长,具有明显的流变特征。对于一般坚硬围岩,掌子面开挖后数小时内,围岩变形即已趋于稳定。对于软弱围岩,其变形持续时间非常长,掌子面开挖数月以后变形依然持续增大。

7)软弱围岩隧道变形量大。在隧道工程开始施工之后,软弱围岩就会产生显著的塑性应变,这是软岩在隧道施工中最主要的特征。相关的监测数据表明,在隧道施工的作用下,软岩的洞壁可出现数百毫米乃至1 000 mm的位移。

8)软弱围岩隧道变形具有围岩破坏范围大和破坏形式多样等特征,特别是支护不及时或支护结构刚度、强度不足时,围岩破坏范围更大,变形破坏形式则表现为钢架扭曲、喷射混凝土剥落、支护开裂、拱脚失稳、底板隆起等。

9)围岩变形具有明显的阶段性。根据某隧道工程施工监测数据,在施工中,随着施工阶段的不同,围岩变形也各有不同。当上台阶开挖时,拱顶出现下沉,且下沉量约占总下沉量的45%,而引起的水平收敛约为50%;当中台阶开挖时,拱顶下沉总量约为总下沉量的35%,而引起的水平收敛约为40%。从数据中可以看出,在隧道施工过程中,围岩的变形有明显的阶段性。同时可看出,在隧道开挖上、中台阶时,加强控制十分有必要。

1.1.2.2 整体下沉

软岩隧道整体下沉是指在上覆围岩压力作用下,由于地基强度不足或不稳定,隧道支护结构本身没有明显变形,而整体随地基发生沉降的现象。

上覆荷载过大和下伏地基承载力过低是发生整体下沉的根本原因。对于绝大部分软岩隧道来说,埋深不大但围岩强度低,隧道开挖影响往往波及地表,拱顶以上至地表的岩(土)柱完全作用在隧道结构上。在隧道开挖后的很长一段时间内,隧道结构主要依靠两侧拱脚支撑在地基上,因而很容易造成整体下沉。此外,由于隧道拱脚地基本身强度低,可压缩性强,甚至本身处于不稳定的滑坡体上,上部荷载的作用会引起很大的压缩变形,从而导致结构下沉。隧道整体下沉将直接导致隧道结构不能满足设计限界要求,与洞外工程不能正常衔接,还会不可避免地引起结构损伤。

1.1.2.3　不均匀沉降

软岩隧道不均匀沉降是指由隧道地基强度不均匀,或由地形、施工工艺等造成荷载不均匀分布而导致的隧道不同部位沉降不协调。

软岩隧道荷载的不均匀主要有以下两种:偏压隧道引起的横断面上荷载差异,连拱隧道由中隔墙、左右主洞的开挖和支护衬砌进度差异引起的荷载不均匀。软岩隧道不均匀沉降在施工期间可引起隧道初期支护的纵向、环向开裂,造成衬砌基础、连拱隧道中隔墙、衬砌结构的开裂;在隧道运营期间,不均匀沉降不仅会造成隧道结构的开裂,还可造成路面开裂、错台等。

1.1.2.4　支护结构损伤

支护结构损伤是在软岩隧道整体下沉或不均匀沉降发生后,由支护结构的不协调变形造成结构局部应力超出材料强度,导致结构破坏。

支护结构的损伤主要包括混凝土的开裂、钢支撑的变形破坏等。当隧道支护结构发生不协调变形时,受拉区混凝土出现张性裂缝,受压区混凝土出现闭合性裂缝、压酥和掉块等。如果这种变形继续发展,支护结构中钢支撑也可能发生扭曲(见图1.2)甚至剪断破坏。由不均沉降造成的裂缝,常表现为衬砌基础、中隔墙基础的直剪裂缝和衬砌、中隔墙的45°剪切裂缝。此外,在连拱隧道中,由于两侧支护衬砌时间不一致,中隔墙两侧承载不对称,也可形成中隔墙和衬砌的水平纵向裂缝。

图 1.2　软岩隧道的钢架扭曲现象

1.1.2.5　底鼓

底鼓是软弱围岩隧道隧底围岩在两侧拱脚荷载作用下向上隆起的现象。底鼓是软岩隧道的一种常见变形模式,这种变形往往伴随隧道结构沉降发生。由于围岩强度不足,在围岩压力作用下,隧道底部向上的压力增大,最终出现底部隆起。关于隧道底鼓的发生机理,可以用岩土力学原理进行较好的解释。如果隧道底鼓没有得到及时控制,发展到一定阶段将加速隧道结构的沉降,引起塌方等灾害。在隧道运营阶段,隧道底鼓将直接破坏隧道仰拱和路面。

1.1.2.6 掌子面失稳

软弱围岩隧道开挖后,隧道周边变形的不收敛、软岩遇水后导致的强度降低、支护的不及时跟进等,常常导致隧道掌子面出现坍塌、掉块、落石等灾害。此外,掌子面前方围岩的不确定性和变异性也会对隧道开挖产生影响,从而产生掌子面失稳(见图 1.3 和图 1.4)。

 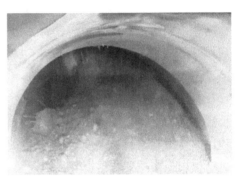

图 1.3　掌子面掉块、落石　　　　图 1.4　掌子面坍塌、掉块

1.1.2.7 地表沉降及开裂、塌陷形成天窗

软岩隧道发生沉降变形后,如果覆盖层不厚或者下沉量较大,上覆围岩变形往往波及地表,形成地表的沉降和开裂,甚至产生天窗(见图 1.5)。地表开裂为地表水下渗提供了有利通道,会进一步加剧软岩隧道的沉降变形。在城市隧道中,地表沉降变形还将对地表建筑安全构成巨大威胁。

图 1.5　掌子面塌方形成天窗

1.1.2.8 渗漏水

渗漏水是指地下水通过施工缝、衬砌裂缝和混凝土的其他薄弱环节渗出的现象。在软岩隧道中:一方面,由于软基沉降,结构和围岩变形较大,易在围岩体内形成局部空洞和贯通的裂缝等地下水汇集条件;另一方面,由于结构损伤,支护和衬砌存在裂缝等薄弱环节,为地下水提供了渗漏通道。

1.1.2.9 路面破坏

路面破坏主要发生在隧道运营期,地基承载力较低,引起有仰拱区段隧道仰拱破坏或无仰拱区段的路基下沉或隆起。路面的这种破坏表现为路面的不规则裂缝,有地下水时还会出现翻浆冒泥等。

1.1.2.10 路面错台

路面错台是在变形缝或施工缝两侧路面发生不均匀沉降,造成路面不平整的现象。路面错台不仅发生在隧道内不均匀区段,也多发于软岩隧道路面与洞外路面之间。路面错台直接威胁行车安全,尤其在高速公路隧道中,可能引发重大交通事故。

1.2 岩 溶

1.2.1 工程特性

岩溶又称喀斯特,是由地下水和地表水活动所引起的可溶性岩石溶蚀作用,溶蚀后产生大大小小的空隙,再加上其他的物理化学作用,形成复杂多变的各种溶蚀地质现象的总称。在我国分布最广泛的可溶岩就是碳酸盐岩,主要包括灰岩、白云岩、大理岩等,我国超过1/6的国土面积分布着碳酸盐岩,碳酸盐类岩石分布面积(出露地表的)约为 $1.25 \times 10^6 \ km^2$。由于南方雨量充沛,其岩溶比北方发育,云、贵、川等西南地区及广西岩溶尤其发育,西南地区土地面积的1/3都是岩溶发育区。

岩石成分、成层条件和组织结构等直接影响岩溶的发育程度和速度。一般地说:硫酸盐岩层、卤素类岩层岩溶发育较快;碳酸盐类岩层则发育较慢。质纯层厚的岩层,岩溶发育强烈,且形态齐全、规模较大;含泥质或其他杂质的岩层,岩溶发育较弱。结晶颗粒粗大的岩石岩溶较为发育,结晶颗粒细小的岩石,岩溶发育较弱。可溶岩与非可溶岩的接触带是岩溶水动力现象最活跃的场所之一,岩溶作用强烈,特别是岩层产状陡倾或直立的地带更是如此。岩层陡倾角越大,岩溶越发育,因为陡倾角有利于岩溶水的流动。水平或缓倾斜的岩层,上覆或下伏非可溶岩层时,岩溶发育较弱。水对岩体的侵蚀一般自节理裂隙开始,岩溶本身往往就是裂隙扩大的结果,因此裂隙的发育程度和延伸方向通常决定岩溶的发育程度和发展方向。在长大贯通节理裂隙发育带和交叉处,岩溶易发育。岩体的破碎为地下水的流动提供了通道,易于岩溶发育,因此沿断裂带是岩溶发育地段。沿断裂带常分布有漏斗、竖井、落水洞以及溶洞、暗河等。一般情况下,正断层处岩溶较发育,逆断层处次之。背斜轴部张性节理发育,地表水顺节理裂隙下渗并向两翼运动,岩溶以垂直形态为主。向斜轴部虽然裂隙闭合,但由背斜下渗的水沿层面多汇集于向斜,岩溶亦易发育。总之,褶皱轴部一般岩溶较发育。单斜地层的岩溶一般顺层面发育。在不对称褶皱中,陡的一翼较缓的一翼发育。经验表明,地表有串珠状的漏斗,其下必有溶洞或暗河,因其汇集的地表雨水必有径流和排泄的通道。

1.2.1.1 常见岩溶现象

1)土洞:发育在可溶岩上覆土层中的空洞扩展,导致地表陷落的地质现象。其形成需有易被潜蚀的土层,其下有排泄、储存潜蚀物的岩溶通道。当地下水位在岩土交界面附近频繁升降时,常产生水对土层的潜蚀而形成土洞。

2)溶沟(溶槽):地表水沿灰岩内的节理面或裂隙面等发生溶蚀,形成溶沟(或溶槽),原先成层分布的石灰岩被溶沟分开成石柱或石笋。

3)落水洞:地表水沿灰岩裂缝向下渗流和溶蚀,逐渐扩大,形成落水洞。

4)溶洞:从落水洞下落的地下水到含水层后发生横向流动,溶蚀灰岩,形成溶洞。

5)漏斗:因地下溶蚀洞穴的形成,地表发生塌陷,塌陷的深度大、面积小,称坍陷漏斗(天坑)。

6)洼地:因地下溶蚀洞穴的形成,地表发生塌陷,塌陷的深度小、面积大,称陷塘(洼地)。

7)坡立谷、天生桥:地下水的溶蚀与塌陷作用长期相结合,形成坡立谷和天生桥。

8)干谷、石林:地面上升,原溶洞和地下河等被抬出地表成干谷和石林,地下水的溶蚀作用在旧日的溶洞和地下河之下继续进行。

9)暗河:主要是在喀斯特(岩溶)发育中期形成的。它往往有出口而无入口。高温、多雨的热带及亚热带气候最有利于暗河的形成。在地层褶皱的轴部、裂隙和断裂部位、可溶岩与非可溶岩的接触处和排水基准面附近常发育暗河。暗河有自己的补给、径流和排泄系统。大的暗河也形成地下河系,主要沿构造破裂面发育。

土洞、落水洞、暗河对隧道的影响最大。

1.2.1.2　岩溶的发育条件

1)具有可溶性岩层。岩石可溶性是指岩石在溶蚀作用下产生一定的溶解度与溶解速度。可溶性岩石有三类:碳酸盐类岩石(石灰岩、硅质灰岩、泥质灰岩)、硫酸盐类岩石(石膏、芒硝)、卤盐类岩石(岩盐和钾盐)。

2)可溶岩必须透水(取决于岩石的裂隙性)。小而密集的裂隙,形成溶蚀比较均匀的岩溶含水层(岩溶系统);大裂隙和断层,形成大型溶洞,岩溶发育不均匀。

3)地下水具有侵蚀能力(碳酸盐岩、水、二氧化碳之间的相互作用)。

4)水有流动性。具有一定侵蚀能力的水如在碳酸盐岩中停滞而不与外界发生交替,水的侵蚀能力终将因碳酸盐溶入水中成为饱和溶液,而丧失其侵蚀性(封闭体系)。因此,水的流动是保证岩溶发育的充要条件。

1.2.1.3　岩溶发育规律

(1)岩溶与岩性的关系

可溶岩的化学成分、矿物成分、岩石结构,与岩溶的发育程度、速度和特征有直接关系,可溶性岩石大致分为三大类:

1)碳酸盐类岩石,如石灰岩、白云岩、硅质灰岩和泥灰岩等;

2)硫酸盐类岩石,如石膏、硬石膏和芒硝等;

3)卤盐类岩石,如岩盐和钾盐。

一般来说,硫酸盐类岩石和卤盐类岩层岩溶发展较快,碳酸盐类岩层则发展较慢。质纯层厚的可溶岩层的岩溶发育强烈,且形态齐全,规模较大;含泥质或其他杂质的岩层岩溶发育相对较弱;结晶质岩石的晶粒愈小,相对溶解度愈大,不等粒结构的石灰岩比等粒结构石灰岩的相对溶解度值要大。

(2)岩溶与地质构造的关系

1)断裂构造对岩溶发育的影响。断裂构造破坏了岩层的完整性,断层带附近岩石破碎,节理裂隙特别发育,极利于岩溶水的循环及溶蚀作用的进行,岩溶常沿各种断层带发育:正断层带通常岩溶很发育,逆断层带岩溶一般不发育;通常上盘比下盘发育;在节理裂隙的交叉处或密集带,岩溶易发育。

张性断裂带(正断层):破碎带宽度较小,但张开程度较大,结构松散,缺乏胶结,有利于地下水渗透溶蚀,是岩溶强烈发育地带。

压性断裂带(逆断层):断裂面上压力较大,压碎岩、糜棱岩和断层泥多呈致密状态,胶结紧密,岩溶发育较差;但其上升盘影响规模大,牵引现象造成岩层剧烈上拱,产生大量张节理,有利于岩溶发育。

扭性断裂带(平移断层):岩溶发育情况介于前两者之间,岩溶作用的深度一般较大。

2)褶皱。褶皱轴部岩溶一般较发育,单斜岩层岩溶一般顺层面发育。不对称的褶皱中,陡的一翼较缓的一翼发育。背斜核部张节理发育,雨水和地表水由此下渗并补给给其他地区,形成垂直岩溶地形;向斜核部是岩溶水汇聚区,岩溶水聚集后沿轴向流动排泄,形成水平岩溶地形;翼部水循环强烈的流通部位,岩溶一般较发育。

3)节理裂隙。裂隙的发育程度和延伸方向通常决定了岩溶的发育程度和发展方向。在节理裂隙的交叉处或密集带,岩溶最易发育。

4)岩层产状。倾斜或陡倾斜的岩层,一般岩溶发育较强烈;水平或缓倾斜的岩层,当上覆与下伏为非可溶岩时,岩溶发育较弱。缓倾岩层:可溶岩位于非可溶岩(不透水岩层)上层,岩溶发育;反之亦然。陡倾岩层:可溶岩与非可溶岩的接触面附近溶蚀作用强烈,常有一系列漏斗、落水洞及岩溶泉出露。

5)可溶性岩与非可溶性岩接触带或不整合面岩溶往往发育。

(3)岩溶与新构造运动的关系

地壳的升降运动对岩溶发育有显著影响。地壳强烈上升时,侵蚀基准面下降,岩溶以垂直发育为主;地壳处于相对稳定时期,侵蚀基准面相续静止,形成水平岩溶系统;地壳下降时,可能造成垂直、水平向发育岩溶叠加,比较复杂。

(4)岩溶与地形、地貌的关系

地形陡峻、岩石裸露的斜坡上,岩溶多呈溶沟、溶槽、石芽等地表形态;地形平缓地带,岩溶多以漏斗、竖井、落水洞、塌陷洼地、溶洞等形态为主。

1)分水岭地区。分水岭地区地下水由降水补给,并作为其他地区地下水的补给,因此,越靠近分水岭,岩溶作用就越弱。

2)丘陵地区。地表水大部潜入地下,形成了无水干谷,谷底排列一系列的漏斗、落水洞,与暗河相连,岩溶作用较强;山顶也分布有溶洞、竖井等,但无岩溶水活动,因此岩溶作用基本趋于停止。

3)河谷斜坡。河谷斜坡为地表水及地下水向河谷汇集的途径,是径流最活跃及岩溶最发育的地带。

(5)地表水体与岩层产状关系对岩溶发育的影响

水体与层面反向或斜交时,岩溶易发育;水体与层面顺向时,岩溶不易发育。

(6)岩溶与气候的关系

在大气降水丰富、气候潮湿地区,地下水能经常得到补给,水的来源充沛,岩溶易发育。

(7)岩溶发育的带状性和成层性

岩石的岩性、裂隙、断层和接触面等一般都有方向性,造成了岩溶发育的带状性;可溶性岩层与非可溶性岩层互层、地壳强烈的升降运动、水文地质条件的改变等则往往造成岩溶分布的成层性。

1.2.1.4 岩溶水

通常把岩溶化岩体中的地下水总称为岩溶水,根据岩溶水的分布特征可将其分为孔隙水、裂隙水、溶隙水(溶洞水)。

岩溶水在垂直方向上可分为包气带(垂直循环带)、季节变动带(过渡循环带)、饱水带(水平循环带)及缓流带(深部循环带)。

1)包气带(垂直循环带):为临时性地下水运动带,地表水通过裂隙垂直向下运动,岩溶形态以漏斗、落水洞、竖井为主。

2)季节变动带(过渡循环带):地下水运动随季节变化,呈周期性交替,旱季时表现为垂直运动,雨季时表现为水平运动,厚度变化无常。此带中岩溶发育最为强烈,常形成复杂的大型溶洞、暗河、地下湖等。

3)饱水带(水平循环带):为地下水最低水位以下的地带,分布较深,有的具承压性,常沿裂隙及层面发育大量水平和倾斜的溶洞,构成互相连通的地下通道。

4)缓流带(深部循环带):该带的水有承压性,地下水运动极为缓慢,以至停滞,岩溶作用非常微弱,一般只有小溶洞及溶孔。

1.2.1.5 岩溶分级及评价

岩溶分级及评价见表1.8。

表1.8 岩溶分级及评价

级别	岩溶强烈发育	岩溶中等发育	岩溶弱发育	岩溶微弱发育
岩溶形态	以大型暗河、廊道、较大规模溶洞、竖井和落水洞为主	沿断层、层面、不整合面等有显著溶蚀,中小型串球状洞穴发育	沿裂隙、层面溶蚀扩大为岩溶化裂隙或小型溶洞	以裂隙状岩溶或溶孔为主
连通性	地下洞穴系统基本形成	地下洞穴系统未形成	裂隙连通性差	裂隙不连通
地下水	有大型暗河	有小型暗河或集中水流	少见集中径流,常有裂隙水流	裂隙透水性差
线岩溶率	>15%	10%~15%	5%~10%	<5%
			3%~10%	<3%

注:线岩溶率=(钻孔所遇溶洞、溶隙长度/钻孔穿过可溶岩的长度)×100%。

1.2.2 危害

岩溶对隧道工程的危害主要体现在施工及使用两方面。就岩溶对隧道施工的影响来说，溶洞的存在会使得围岩应力不均匀分布，并且这种不均匀分布通常无规律可循，这会使得隧道支护结构发生开裂，甚至引起隧道塌方，尤其是大型溶洞，不但会延误工期，造成工程投资的增加，甚至还会危及施工人员的人身安全。此外，溶洞周围的岩质脆性很大。因此，在隧道施工过程中，极容易发生塌方，由于岩溶的发生、发展与水密不可分，一旦发生塌方，通常会伴随着突泥、突水，大量的泥沙夹水涌入隧道，不仅会淹没隧道，冲毁施工台车，造成施工中断，甚至会造成重大人员伤亡。更为严重的是，含水填充物不断涌入隧道，会造成隧道周边位移的扩大，导致地表开裂下沉，引发山体滑坡，使得整个工程建设毁于一旦。

岩溶隧道施工的风险：一是遇高压富水岩溶易发生涌水、突泥、突石灾害，造成人员伤亡和设备损坏；二是岩溶形态各异，处治复杂，施工难度大，工期长；三是处于垂直循环带的浅埋隧道，易因失水引起地面环境破坏，造成社会纠纷。

(1) 涌水(突水)、突泥

地下水的力学作用有静水压作用和动水压作用，这两种作用都能使岩体发生水力劈裂，使裂隙连锁增加，张开度增大，从而增加渗透力，使局部隔水屏障作用被突破，地下水位高出，从而形成涌水、突泥。因此，水是涌水、突泥灾害发生的首要地质因素，也是最大根源。其次是压力高。隧道一般埋深都比较大，在爆破开挖之后，原有平衡压力被打破，处于高压状态。最后是不良地质。隧道一般存在长、大、深等特点，沿途经历围岩变化繁多，隧道在穿越溶洞、断层破碎带或接触带、地下河等不良地质时，特别容易发生涌水、突泥灾害。综合来看，富水、高压、不良地质三者不利组合是诱发涌水、突泥灾害的主要地质条件。对不良地质围岩的盲目不合理开挖、开挖进尺大，是造成涌水、突泥的主要原因。

岩溶地区公路隧道中的涌(突)水和渗漏水，均来源于碳酸盐岩中与地表水相联系的岩溶管道水和裂隙型地下水，水流属管流和散流的联合。岩溶型涌水由于大小溶隙、溶道充填物冲蚀而逐渐贯通，常呈现涌水量由大到小再由小到大的阵发性反复变化现象，涌水很难达到动态平衡状态，时间上则多具有突发特性。

公路隧道施工期的岩溶涌水形式主要有揭穿型和突破型两大类。无论何种形式，均可对公路隧道施工构成严重的水害威胁。据综合研究资料，公路隧道所处岩溶地下水动力剖面分带位置决定了岩溶型涌水在空间上的分布特征：垂直渗流带中的隧道涌水，施工阶段特别是雨季施工揭穿垂直岩溶致使沿垂直岩溶下渗雨水向隧道倾泄，旱季则以拱顶或边墙渗水为主；在深部缓流带，隧道涌水属岩溶裂隙水，但因涌水量具有较大静水压力，涌水在隧道周边均可分布；在混流带，因岩溶发育，涌水多为揭穿含水岩溶管道或岩溶管道水突破隔水层型涌水；张性断裂带及压性断裂带中的张性和张扭性裂隙发育盘十分有利于深部岩溶的发育，隧道施工对其的揭穿极易引起严重的岩溶涌水灾害事故。

突水、突泥灾害是指由于人为施工导致应力释放，围岩裂隙扩展，引起隧道中突然进入地下水的灾害。突水、突泥过程中，由于夹带大量的泥沙，随着隧道的开挖，地下水排泄有了新通道，破坏了原有的补给路径，加速了径流的循环，同时加速了地下水对岩体的改造。隧道突水、突泥会造成巨大的人员伤亡和经济损失。

按照岩溶水危害严重程度,可将其突水、突泥灾害分为四级:

A级(严重):特大突水(涌水量大于$1×10^5$ m^3/d)、大型突水(涌水量为$1×10^4$~$1×10^5$ m^3/d)、突泥、高水压,发生突水时短时间淹没施工掌子面,破坏施工设施,危及作业人员安全,突水时间长达数小时至数十小时。

B级(较严重):中小型突水(涌水量为$1×10^3$~$1×10^4$ m^3/d)、突泥,可能致使施工停止,对作业人员安全有一定影响。

C级(一般):小型涌水(涌水量为$1×10^2$~$1×10^3$ m^3/d)、涌泥。

D级(轻微):涌水量小于$1×10^2$ m^3/d,突水可能性极小。

(2)地表危害(地表塌陷)

隧道内岩溶水大量涌出,还易造成地表失水及地表塌陷,如渝怀线的歌乐山隧道施工期间在堵水以前,地表出现了6个陷坑,并造成水塘、泉点水位下降。

(3)结构危害(衬砌结构开裂、变形)

部分岩溶地段隧道开挖揭示出小溶洞,溶蚀现象发育,岩溶水量不大甚至干燥无水,但在雨季时已完工的衬砌或支护受岩溶水影响出现开裂、变形。渝怀线的杉树陀、白岩、涪陵等10余座隧道曾出现该类病害,洛湛线、黔桂线等岩溶隧道也曾出现类似病害。

(4)影响施工进度,增加工程投资

涌水、突泥加大了施工难度,减缓了施工进度,造成投资增加。如渝怀线板桃隧道出口段溶洞长达455 m,形态复杂,处理时采用回填、支顶、跨越等措施,且在DK215+693—DK215+750段采用了"隧道边墙桩基托梁,行车部分采用3~16 m钢筋混凝土梁桥,桥全长57.04 m"的跨越方案。该段溶洞处理费用近2 000万元,施工缓慢,为加快施工进度不得不增加迂回导坑绕避该段。渝怀线干溪沟隧道内溶洞群则采用了回填、旋喷桩、钢管桩、框架基础等多种措施处理,处理费用近1 000万元。

(5)影响隧道的正常运营

即便在隧道施工中一切顺利,没有发生任何对施工不利的状况,由于岩溶的存在,隧道使用的可靠性也会大大降低。在地震作用下或车辆、采矿爆破等引起的震动下,隧道上方或下方的岩溶洞穴极易发生塌陷,造成隧道不能继续使用,并且这些潜在的危险也威胁着使用者的生命、财产安全。与此同时,岩溶的产生、发展与地下水密不可分,而岩溶地下水的活动,在加重岩体质量和重量的同时,也在减小岩体之间的摩擦阻力。这样,也会导致岩溶塌陷,毁坏地表建筑物,造成隧道停工、停用,甚至人员伤亡。

由于岩溶水影响,建成通车后的隧道可能出现隧道渗漏水严重、洞内水淹没道床、隧道底板被岩溶水挤压破坏、衬砌开裂变形甚至破坏等,危及行车安全,甚至中断行车。如株六复线开通运营4年后,6 067 m的大竹林隧道在2005年7月9日下午14:10洞身标1775附近起拱线以上0.5~1 m范围混凝土衬砌剥离坍塌,长度约5 m,边墙局部段开裂严重,在水沟顶附近至施工缝,局部有错台,边墙有外挤现象,造成中断行车18 h 40 min。该段为灰岩,且地表有一大洼地,事发时曾发生强降雨,衬砌泄水孔、施工缝出现射水现象。2006年5月9日,株六复线新花苗隧道洞身标+710—+790段左侧边墙开裂,尤其是+734—+744、+750—+760段左侧衬砌开裂严重,边墙外鼓,且有剥落、掉块现象,严重危及行车安全。

段内为灰岩,地表岩溶漏斗发育,拱顶埋深 30～40 m,事发时当地也出现持续强降雨天气。

1.3 断裂构造及破碎带

1.3.1 工程特性

断裂构造是岩层所受地应力超过岩石本身强度,使其连续性和完整性遭受破坏而发生破裂的地质构造。断裂构造是岩石破裂的总称,它包括断层、节理、裂隙等构造,有时成组出现断裂带。断裂构造是地壳上分布最普通的地质构造形迹之一。

断层的规模、活动历史、活动方式和力学性质决定断层带的宽度以及带内岩石的破碎程度,从几米至几百米甚至上千米不等。一般压性或压扭性断层带比单纯剪切性质的断层带宽。在一些大型的断层带中,由于后期运动、风化和地下水作用,断层带与两盘的地层的物理性质存在较大差异。断层是构造运动中广泛发育的构造形态,它大小不一、规模不等,小的不足 1 m,大到数百、上千千米,但都破坏了岩层的连续性和完整性。在断层带上往往岩石破碎,易被风化侵蚀、填充,沿断层线常常发育为地下暗河。

1.3.1.1 分类

(1)断裂构造

1)裂隙:断裂两侧的岩石仅因开裂而分离,并未发生明显相对位移的断裂构造。其按成因可分为原生(成岩)裂隙、次生裂隙、构造裂隙(节理)。

2)节理:张裂隙,岩石受张应力形成,多见于脆性岩石中,其特点是具有张开的裂口,裂隙面粗糙不平,沿走向的倾向方向延伸不远;剪应力,岩石受剪应力形成,岩石中常成对出现,呈 X 形交叉,其特点是细密而闭合,裂隙面平直光滑,延伸较远,有时可见擦痕。

3)断层:岩石受力发生破裂,断裂面两侧岩石发生明显相对位移的断裂构造。这种构造使岩石破碎,地基岩体的强度及稳定性降低,其破碎带常为地下水的良好通道,隧道及地下工程通过时,容易发生坍塌,甚至冒顶。因此,这种构造的存在,是一种不良的地质条件,给工程建筑物特别是地下工程带来重大危害,须予以足够重视。

(2)破碎带

破碎带是由断层或裂隙密集带所造成的岩石强烈破碎的地段,前者又称为断层破碎带。由断层所生成的破碎带含有断层角砾岩、碎裂岩、糜棱岩或断层泥等;由斜坡破坏生成的破碎带也可含有角砾、碎裂块石和糜棱状黏土等;由破碎带组成的滑带为滑坡体的滑动位置。破碎带的宽度有达数百米甚至上千米者,长度可为数十米乃至数十千米。按其形成时的受力状况,可分为压性、扭性和张性三种。其主要特征为破碎性和波动性,前者是最普通的,后者则是部分的或个别的。

1.3.1.2 断层破碎带的成因及其类型

(1)断层破碎带的成因

构造活动造成地层发生拉张性或挤压性破碎,主应力带就是主断层面分布区,两盘破碎产生的各种岩块等物质充填在发生断裂的两个断层面之间的空隙中,后期发生胶结,形成断面充填物。另外,由于应力带的不均匀分布,在断层面附近也可能产生派生裂缝。对露头的研究表明,断层破碎带主要由断面充填物和派生裂缝组成。然而,在不同性质的地层中,断层破碎带的发育结构不同,发育规模不同,断层破碎带的宽度也不同。断层面附近的断面充填物和派生裂缝呈对称或不对称状态分布。断面充填物的边界是主要的断裂面,而破碎带边界则视研究区的具体情况而定。断层性质不同,断面充填物和派生裂缝的发育程度也不同。

(2)断层破碎带的类型

1)结构对称的断层破碎带:断层破碎带结构发育完整,派生裂缝—断面充填物—派生裂缝以断面为中心对称分布。

2)结构不对称的断层破碎带:由派生裂缝和断面充填物组成的结构不对称的断层破碎带。

3)结构不完整的断层破碎带:断层破碎带结构不完整,可进一步细分为只发育派生裂缝的断层破碎带和仅发育断面充填物的断层破碎带。

4)结构复杂的断层破碎带:①断层破碎带太复杂,测井上难以区分断面充填物和派生裂缝;②派生裂缝或断面充填物均不发育,断层破碎带厚度为零,这种情况在张性断裂发育区非常少见。

1.3.1.3 特性

(1)断层的特征

1)压性断层:①断裂面往往呈舒缓波状,沿走向方向尤其明显;②断裂面上常有较多的擦痕、阶步、磨光面,并出现动力变质的新生片状物(如云母、滑石、绿泥石)及被压扁或拉长的柱状矿物、片状矿物、砾石、鲕粒、石英、方解石晶片和晶块等,沿断裂面及两侧作近于平行断裂面走向排列;③断层中的构造岩,以角砾岩、糜棱岩、断层泥为主,有时还可见到构造透镜体;④断裂面两侧岩石由于受强烈挤压破碎、牵引、冲断,从而产生一些伴生构造,如羽状裂隙、劈理、"入"字形分支构造(包括断层和褶曲)、小旋卷构造等;⑤断裂面常成群出现,彼此平行,沿走向延伸较远,在剖面上常构成迭瓦式;⑥逆断层(包括冲断层、逆掩断层、辗掩断层)属压性断层。

2)张性断层:①断裂面粗糙不平,形状不规则,擦痕较少,很少出现大批擦痕,断层倾角一般较陡;②当张性断裂发生在砾岩中时,断裂面常绕砾石而过,无切割或压扁现象;③断裂面两侧岩层产状无明显变化;④构造岩以角砾岩为主,糜棱岩、断层泥较少见,角砾岩大小悬殊,无显著定向排列;⑤张性断裂常成群分布,形成张性断裂带,在平面上彼此平行,在剖面上常组成地垒、阶梯等构造,凡追踪 X 形断裂的张性断裂,均成锯齿状,称"之"字形断裂;⑥正断层属张性断裂。

3)扭性断层:①断裂面常较光滑、平整,有时呈镜面出现,常有大量水平或近于水平的划痕阶步,断层产状平稳,断层线平直;②断裂面上有时有新生的硅质、方解石、绿泥石等动力变质矿物,但不如压性结构面常见;③构造岩常被碾磨得很细,有角砾岩与糜棱岩,并具有片理化的窄带,构造岩常呈斜列分布于扭性断裂带中;④断裂面两侧岩石由于受强烈的扭动而常伴生一些羽状裂隙、劈理以及"入"字形和小旋卷构造;⑤扭性断裂常成群出现,两组平行,且呈 X 形(常将岩石切成菱形),有时呈雁行式排列;⑥平移断层属扭性断层。

4)压扭性断层:①既具有压性特征,又具有扭性特征,上述的压性、扭性断裂的特征均可借鉴;②断裂面上常可见到显示上盘斜冲的擦痕、阶步,两盘岩石可能发生一些伴生构造,如牵引、羽状裂隙、劈理、"人"字形分支及旋卷构造,这些伴生构造的轴面、断裂面与主断裂面的交线和旋轴,既不与主断裂面走向线平行,也不与其倾向线平行,而是介于两者之间,这是压扭性断裂的一个特点;③压扭性断裂常成群出现,呈雁行式、平行式排列;④平移逆断层、逆平移断层均属于压扭性断层。

(2)节理特征

1)张节理。

力学成因:由张应力产生,节理面与张应力方向垂直,火成岩由冷凝收缩产生的原生节理。

节理面特征:裂口微张开或较大张开,节理面粗糙,面上无划痕,产状不稳定,沿走向和倾向延伸不大,在砾岩或粗粒碎屑岩中,常绕过砾石、结核或碎屑颗粒,张开而不切断砾石等颗粒,在剖面上常呈楔形,上宽下窄,常被黏土、岩矿脉充填。

节理组合特征:常成群出现,并排列成雁行式、平行式,在褶曲轴部常形成与褶曲轴平行的二次纵张节理,当与断层伴生时,常组成边幕式和羽状张节理。

2)剪节理。

力学成因:由剪应力产生,常沿两个最大剪切面产生两组共轭剪节理,通常它们所夹锐角的平分线即主压应力作用方向,但也有以钝角平分线为主压应力方向的。

节理面特征:裂口通常闭合,节理面光滑平直,面上常有划痕,产状稳定,沿走向和倾向较稳定地延伸很远,常切断砾石和粗颗粒,一条裂痕往往由许多小的呈雁行排列的次一级的切面组成,这些小剪切面彼此靠近,几乎首尾衔接。

节理的组合特征:同一力学成因的两组剪节理,常组成共轭剪节理。由断层的挤压错动引起的两组共轭节理,一组与断层面平行(一般不发育),一组与断层面斜交,岩层受挤压发生褶皱,常伴随发生纵向与斜向的 X 形剪节理。

1.3.1.4 断裂构造岩

断裂构造岩是指在构造应力作用下,岩体断裂带及其两侧影响带产生变形、压碎和重结晶等动力变质作用而形成的具有一定组织结构的岩石。工程地质研究中常按岩石受挤压破碎或动力变质的程度将断裂构造岩分为压碎岩、断层角砾岩、糜棱岩、断层泥等 4 类,其特性如表 1.9 所示。

(1)压碎岩:初始发生破裂,尚无显著位移的岩石,常分布在断裂破碎带与完整岩石的过渡带,在裂隙中可充填松散的碎屑或不同成分的岩脉。

(2)断层角砾岩:原岩经压碎、拉裂或剪切形成的棱角状碎屑经胶结而成的一种角砾岩,又称构造角砾岩。其根据受力的不同又分为:张性角砾岩,其角砾大小悬殊,棱角尖锐,分布凌乱,胶结疏松;压性及剪性角砾岩,其角砾较细,略有磨圆,故又叫磨砾岩,或称构造砾岩,其微具定向,胶结紧密。断层角砾岩的工程地质性质取决于胶结物质及胶结程度。硅质、钙质胶结的力学强度高,泥质胶结的力学强度低。

(3)糜棱岩:由原岩经强烈挤压、碾磨形成的粒度极细的糜棱物质胶结而成,原岩的组织结构已全部破坏,粒径一般为 0.2~0.5 mm,大部分矿物颗粒肉眼已难以辨认。糜棱岩有类似流纹的条带构造。泥质胶结的糜棱岩重结晶现象不显著,质软疏松,力学强度低,并出现绢云母、绿泥石等新生矿物。具千枚状构造的糜棱岩称千枚岩。

(4)断层泥:岩石受强烈挤压、剪切、碾磨而形成的松软状物质,主要成分为黏土矿物。断层泥多呈条带状及透镜状,连续或断续分布于断层面附近或成为断层角砾的胶结物,多呈塑性状态,遇水有软化、崩解或膨胀特性,抗剪强度极低。

表 1.9 构造岩的特性

名称	形成环境	性 质		工程地质特性
断层泥	在构造作用下形成,由微细颗粒组成的黏土岩遇水泥化而成	隔水性能强,厚度变化大,由数厘米到数十厘米,有的可达 1~2 m,紧靠断层主滑移面,在巨大破碎带中有许多断层面组合,每个断层面上均有泥质物,有的呈层状分布		岩体结构面抗剪强度参数 c、$\emptyset$ 值很低,常是抗滑稳定分析中的控制因素
糜棱岩	在结晶岩中的断层居多数	岩块研磨作用后,失去结晶岩石原有的外貌,大都由研磨的碎屑粉以及各微小的岩粒胶结而成,一般胶结较牢		抗压强度由数兆帕到十几兆帕
角砾岩	被挤压碎,并有一定转动。其中未胶结的角砾岩多发生于软硬相间的岩体之中	多为有棱角的岩块及半浑圆形岩块,大小、几何形态不一,岩块一般均较坚硬	有胶结的	硅质、钙质、铁质等胶结者较坚牢,泥质胶结者则不坚牢,方解石、石英等岩脉所充填胶结者不太坚牢	一般较好,其中软弱泥化夹层的工程地质性能较差
			未胶结的	为杂乱无章的碎屑岩块及岩粉和泥质物的复杂组成物。岩块之间的空间为泥质物所充填,或坚硬的岩块被较弱泥质物所包裹	性质很差,若有地下水存在,问题更严重
压碎岩	多发生在坚硬岩层中,被切割成带棱角的岩块	不规则的网状裂隙常充填松散的碎屑和粉粒;或充填各种岩脉,如方解石脉、石英脉、绿帘石脉等		一般彼此镶嵌咬合甚牢,工程地质特性较好。如存在软弱泥化结构面仍有塌方可能,需具体分析

1.3.2 危害

断层及破碎带是隧洞施工中遇到的最常见也是最复杂的不良地质体,在断层破碎带中发生的洞内工程地质问题极为复杂、严重,主要是破碎带的围岩失稳塌方,富水带的涌水,断层泥、碎块石夹黏土、构造角砾岩、碎裂岩、糜棱岩等的失稳塌方和变形,有时可能伴随发生洞内泥石流。一般来说,压性和压扭性断层,其主带内多充填有断层泥及糜棱岩,具一定的隔水性,故上盘常富水,其主要工程地质问题是:破碎带围岩的变形和失稳塌方,在隧洞施工揭穿主带进入富水区后易发生涌水、涌泥和塌方;张性断层,其破碎带中很少含黏土质物质,导水性能较好,隧洞施工揭穿张性断层破碎带时极易发生塌方和涌水。

1.3.2.1 断层性质及破碎带岩性

以张性正断层为主的断层破碎带,岩性主要是角砾岩,呈棱角状,块体大小悬殊,排列杂乱,粒间空隙多,多为泥质胶结,隧道开挖到此种类型的破碎带时,极易造成塌方;以压性逆断层为主的断层破碎带,岩性主要为泥岩、糜棱岩,呈透镜状及揉皱化构造,岩石破碎严重,但是胶结紧密,和张性正断层形成的断层破碎带相比,破碎带稳定性较好,造成塌方的难度稍大;以扭性平移断层为主的断层破碎带,破碎覆盖厚度相对较小,岩性以糜棱岩和破碎带岩石为主,是造成塌方难度最大的破碎带类型。

1.3.2.2 断层发育规模

断层的发育规模与地应力大小以及地应力释放的时间长短有关,不同发育规模的断层形成多种断层组合,多断层不同的延伸方向也会相互叠加,其断层破碎带的稳定性远远小于一般断层破碎带的稳定性。

1.3.2.3 断层破碎带的发育厚度

地球能量的释放影响了断层的发育规模,一级断层断距大,延伸长度大,伴生许多二级甚至三级断层,将直接影响断层破碎带的稳定性。断层破碎带厚度越大,越容易产生塌方。

1.3.2.4 断层破碎带的物质组成及固结程度

受应力的影响,断层破碎带内部岩体整体性差,物质组成复杂,可影响破碎带岩石的固结程度。泥质、铁质胶结的断层破碎带最为常见,稳定性也最差;钙质和硅质胶结的破碎带较少见,稳定性较好。从含量看,泥质及铁质胶结物含量越高,破碎带稳定性越差,越容易发生塌方。固结程度越差,断层破碎带的稳定性就越差,隧道施工过程中越容易发生塌方地质灾害。

1.3.2.5 断层破碎带的岩体结构

岩体结构影响岩体的稳定性。断层破碎带的岩体结构主要有三种,即碎石状压碎结构、角砾状松散结构和散体状松软结构。碎石状压碎结构多发育在压扭性断层规模较小的压性逆断层和张性正断层中,稳定性较差;角砾状松散结构和散体状松软结构,多发育在规模较大、以压性逆断层为主和张性正断层为主向多期活动断层或者两条及两条以上规模较大的断层交汇形成的断层中,稳定性极差。

1.3.2.6 断层破碎带产状及其与隧道空间的关系

断层破碎带产状及其与隧道空间的关系包括断层破碎带走向与隧道中心线的夹角和断层破碎带倾向、倾角与隧道的空间关系。在断层破碎带其他性状相同的条件下,其走向与洞中心线的夹角越大越稳定,越小越不稳定。在两者近乎平行的情况下,即使破碎带宽度不大,也会给施工造成很大的威胁。一般而言,破碎带位于拱顶比位于边墙更危险,多数情况下倾角越大越危险,倾向洞内比倾向围岩内部更危险。

1.3.2.7 断层破碎带是涌水涌泥、瓦斯涌出的通道

断层破碎带成层性差,固结程度较弱,从断层发育一直到断层尖灭,断层破碎带都有发育,可以连通不同时期发育的地层。

(1)地应力的贯穿通道

地层中大部分断层以逆断层和正断层为主,断层破碎带对上、下地层的贯通起着最重要的作用,受破碎带岩性、构造、力学性质等的影响,地层内的压力会沿着断层破碎带释放,甚至聚集,形成较高的应力集中区。在隧道施工过程中,破碎带内部的应力平衡状态遭到破坏,可能会产生坍塌地质灾害。

(2)地层水、瓦斯的贯穿通道

地层水赋存在岩层中,形成一个封闭的压力平衡空间,断层的发育破坏了地层水的压力平衡。断层破碎带是压力释放的通道,水会沿着断层破碎带运移,从而影响断层破碎带的稳定性,对断层破碎带失稳破坏起着激发和加速的作用。

在煤系地层中,瓦斯的聚集会产生巨大的地层压力,形成一个稳定的自平衡压力系统,当断层断开瓦斯地层时,压力平衡被破坏,瓦斯会沿着断层破碎带溢出,形成新的平衡系统。在挖掘隧道过程中,若遇到这样的地层系统,压力就会遭到破坏,游离态的瓦斯会沿着断层破碎带进入隧道中,逐渐聚集形成危险源,可能引发地质灾害。

1.4 膨 胀 岩

1.4.1 工程特性

膨胀岩石是指含有较多的蒙脱石或硬石膏、无水芒硝等亲水矿物,具有含水率增加、体积膨胀、岩质软化、保水后崩解泥化和失水体积收缩、岩体破裂、新鲜岩石在空气中具有鳞片状剥落特性的软质岩石。膨胀岩属于软岩中的特殊类型。它具有似岩非岩、似土非土的特点,而且与水的关系极其密切,亲水性异常强烈。由于其含有大量亲水矿物,湿度变化时有较大体积变化,变形受约束时会产生较大内应力。

国内膨胀岩岩性主要有:灰白、灰绿、灰黄、灰红和灰色的泥岩,泥质粉砂岩,页岩,风化的泥灰岩,风化的基性岩浆岩,蒙脱石化的凝灰岩,以及含硬石膏、芒硝的岩石等。岩石由细颗粒组成,遇水时多有滑腻感。泥质膨胀岩的分布地层以石炭系、二叠系、三叠系、侏罗系、白垩系、地三系为主。岩层多为薄层和中、厚层状,裂隙发育。裂隙多被灰白、灰绿色等富含蒙脱石的物质充填。

1.4.1.1 概述

膨胀岩可以分为典型的膨胀性软岩和一般的膨胀性软岩,见表1.10。

表 1.10 膨胀岩的分类

指标	典型的膨胀性软岩	一般的膨胀性软岩	指标	典型的膨胀性软岩	一般的膨胀性软岩
蒙脱石含量/%	≥50	≥10	体膨胀率/%	≥3	≥2
单轴抗压强度/MPa	≤5	>5,≤30	自由膨胀率/%	≥30	≥25
软化系数	≤0.5	<0.6	围岩强度比	≤1	≤2
膨胀力/MPa	≥0.15	≥0.10	小于 2 μm 黏粒的含量/%	>30	>15

铁路系统将自由膨胀率、蒙脱石含量、阳离子交换量等作为评价易崩解膨胀岩的室内判定指标,见表 1.11 和表 1.12;采用干燥后饱和吸水率判定膨胀岩的膨胀潜势分级(见表 1.13),膨胀岩的崩解特征分类见表 1.14,膨胀岩的膨胀性试验指标分类见表 1.15。

表 1.11 膨胀岩的室内试验判定指标

试验项目		判定指标
不易崩解的岩石	膨胀率 V_H/%	≥3
易崩解的岩石	自由膨胀率 F_s/%	≥30
	膨胀力 p_p/kPa	≥100
	饱和吸水率 W_{sa}/%	≥10

注:1. 不易崩解的岩石,应取轴向或径向自由膨胀率中的大值进行判定。
2. 易崩解的岩石应将其粉碎,过 0.5 mm 筛去除颗粒后,比照膨胀土的试验方法进行试验。
3. 当有 2 项及 2 项以上符合表列指标时,可判定为膨胀岩。

表 1.12 易崩解膨胀岩的室内试验判定指标

试验项目	判定指标
自由膨胀率 F_s/%	≥30
蒙脱石含量 M/%	≥7
阳离子交换量 $CEC(NH_4^+)$/(mmol·kg^{-1})	≥170

注:1. 试验时将易崩解的岩石粉碎,过 0.5 mm 或 0.25 mm 的筛去除颗粒后,比照膨胀土的试验方法进行试验。
2. 有 2 项及 2 项以上符合表列指标时,在室内可判定为膨胀岩。

表 1.13 膨胀岩的膨胀潜势分级

分级指标	岩石的膨胀潜势分级		
	弱膨胀	中等膨胀	强膨胀
干燥后饱和吸水率/%	10≤W_{sa}<30	30≤W_{sa}<50	W_{sa}>50

表 1.14 膨胀岩的崩解特征分类

类别	崩解特征及重量变化
非膨胀岩	泡水 24 h 岩块完整、不崩解,重量增加小于 10%
弱膨胀岩	泡水后,有少量岩屑下落,几小时后岩块开裂成 0.5~1.0 cm 碎块或大片,手可捏碎,重量可增加 10%

续 表

类别	崩解特征及重量变化
中膨胀岩	泡水后,1～2 h崩解为碎片,部分下落,碎片尚不能捏成土饼,重量可增加30%～50%
强膨胀岩	泡水后,即刻剧烈崩解成土状散落,水浑浊,10 min可崩解50%,20～30 min崩解完毕

表1.15　膨胀岩的膨胀性试验指标分类

类别	膨胀率 $V_H/\%$	膨胀力 p_p/kPa	饱和吸水率 $W_{sa}/\%$	自由膨胀率 $F_s/\%$
非膨胀岩	<3	<100	<10	<30
弱膨胀岩	3～15	100～300	10～30	30～50
中膨胀岩	15～30	300～500	30～50	50～70
强膨胀岩	>30	>500	>50	>70

1.4.1.2　膨胀机理

膨胀岩问题是当今工程地质学和岩石力学领域中较复杂的世界性研究课题之一。膨胀岩的膨胀取决于两方面因素:一是内因,主要包括岩石成分(矿物成分、化学成分和粒度)、天然含水量和湿度状况、胶结程度等,这些决定了膨胀岩膨胀能力和膨胀潜势的大小;二是外因,包括工程活动造成膨胀岩的水分得失和内应力、强度变化等,它决定了膨胀岩的实际膨胀程度。很明显,工程活动过程中,膨胀岩产生膨胀的外部条件都不可避免地得到了不同程度的满足。

岩土膨胀实质是由所含黏土矿物的亲水性造成的。研究表明,蒙脱石具有巨大的膨胀能力,其次是伊利石,而高岭石的膨胀能力最弱,几乎不具膨胀性。另外,软岩的膨胀还与这些黏土矿物的含量有直接而密切的关系。以往研究成果表明,当蒙脱石含量达7%以上或伊利石含量达20%以上时,软岩即具有明显的胀缩特性,且其含量愈高,胀缩率愈大。

天然状态泥质膨胀性软岩的含水情况是决定其膨胀潜势的重要因素之一。对膨胀性软岩而言:其天然含水量愈大,膨胀势头愈小;而天然含水量愈小,则膨胀势头愈大。

泥质岩胶结情况是决定其膨胀潜势大小和膨胀性发挥程度的关键因素之一。胶结性越差的岩石,其膨胀性越强。

1.4.1.3　膨胀岩的特性

1)超固结性:未经卸荷作用而处于原始状态的膨胀岩是稳定的,同时在水的作用下,膨胀岩大多具有原始地层的超固结特性,在岩体中储存较大的初始应力。膨胀性岩层在开挖前,岩体没有受到扰动并处于三向受力状态,保持着空间平衡。由于隧道开挖对膨胀岩体产生扰动,破坏了原有平衡,引起围岩应力释放,强度降低,产生卸荷膨胀。同时,施工中不可避免地发生水与膨胀岩的接触,引起了膨胀岩化学状态的改变,使得内部应力变化、强度降低现象进一步加剧,导致围岩产生变形破坏。因此,膨胀岩开挖后将产生较大塑性变形。

2)干缩湿胀性:膨胀岩裂隙发育,裂隙多充填灰白、灰绿色富含蒙脱石的物质,这些亲水性黏土矿物,因吸水而膨胀、失水而收缩。干湿循环产生的胀缩效应:一是使岩体结构破坏,强度衰减或丧失,围岩压力增大;二是造成围岩应力变化,无论膨胀压力或是收缩压力,都将破坏围岩的稳定性,并对支护结构产生较大的荷载。

3)膨胀率和膨胀压力与约束条件有很大关系。在膨胀岩隧道维护中表现为膨胀率和膨胀压力与支护刚度、支护强度的关系,即围岩与支架的关系。前者与支护刚度、支护强度成反比关系;而后者与支护刚度、支护强度成正比关系。

4)膨胀率和膨胀压力表现出明显的时间效应,两者在浸水后的前 10 h 内剧烈增强,此后变化缓慢,直到趋于稳定。

5)膨胀率和膨胀压力随膨胀岩初始含水量的不同而变化,前者与初始含水量成线性关系,后者与初始含水量成负指数关系。

6)膨胀率和膨胀压力都具有明显的各向异性。膨胀率的各向异性指数 I_{cs}(即同一试件不同方向膨胀率大、小值之比)介于 1.00 和 4.12 之间,一般为 1.10~2.00;而膨胀压力的各向异性指数 I_{PS} 介于 1.02 和 1.76 之间。

1.4.2 危害

(1)围岩开裂

进行地下开挖时,隧道围岩应力场重新分布,膨胀岩隧道周边发生变形,进入塑性状态,围岩松动,孔隙度增加,裂隙扩大。隧道开挖后,由于开挖面上岩体原始应力释放产生胀裂。另外,因为表层土体风干而脱水,产生收缩裂缝。

(2)隧道下沉

由于隧道下部膨胀岩体的承载力较低,支护措施不到位,加之隧道上部围岩压力过大,隧道将会产生明显的下沉变形。另外,隧道一般采用分部开挖,在后部工序开挖暴露的围岩出现遇水膨胀、失水收缩,产生较大的收缩地压力,加上隧道的下沉,往往造成支撑过渡变形、失效,进而引起土体坍塌、挤压和膨胀变形等现象。

(3)围岩膨胀突出和坍塌

隧道开挖过程中或开挖后,围岩产生膨胀变形,周边土体向洞内膨胀突出,造成开挖断面缩小。在土体丧失支撑或支撑力不够的状态下,由于围岩压力和膨胀压力的综合作用,土体产生局部破坏形成坍塌。

(4)隧道底部隆起

隧道底部开挖后,洞底围岩的上部压力解除,又无仰拱支护体约束时,由于应力释放,洞底围岩产生卸荷膨胀,加之隧道积水,洞底围岩会产生浸水膨胀,造成洞底围岩隆起变形。通常,对于未封底的隧道,膨胀引起的隧道底鼓更为严重,隧道顶板及两帮围岩的膨胀压力向底板传递,底板在强烈的膨胀压力作用下首先失稳,底板向隧道空间移动形成流变现象,隧道顶板及两帮围岩也向底板流动,加剧底鼓。

(5)衬砌变形和破坏

进行地下开挖时,隧道围岩应力场重新分布,膨胀岩隧道周边发生变形进入塑性状态,围岩松动,裂隙大,孔隙度增加。膨胀围岩在自有的含水量或工程引起的含水量增加条件下产生膨胀变形,如果隧道不及时支护或支护形式不当、支护强度不足,就会引起隧道过大的变形,最终破坏。若隧道围岩未进行加固且支架为刚性,则围岩膨胀产生的膨胀压力便作用在支架上,随着膨胀含水量的增加和时间的延长,膨胀的围岩岩体范围越来越大,支架所受的膨胀压力也随之增大,结果刚性支架失稳破坏,隧道垮落;围岩松动圈继续增大,裂隙进一步增大,为深部围岩充填水分提供条件,从而引起深部膨胀岩体膨胀,加剧隧道及支架变形破坏。在整体式(模筑混凝土)衬砌中,常发生下列现象:

1)在先拱后墙法施工中,拱部衬砌完成后至开挖马口的这段时间内,由于围岩和膨胀压力,常常产生拱脚内移,同时发生不均匀下沉,拱脚支撑受力大,发生扭曲、变形或折断。

2)拱顶受挤压下沉,也有向上凸起。拱顶外缘经常出现纵向贯通拉裂缝,而拱顶内缘出现挤裂、脱皮、掉块现象。

3)在拱腰部位出现纵向裂缝,这些裂缝有时可逐渐发展到张开、错台。

4)当采用直墙式边墙时,边墙常受膨胀侧压而开裂,甚至张开、错台,少数曲墙也有出现水平裂缝的情况。

5)当底部未做仰拱或仅做一般铺底时,有时会出现底部膨起,铺底被破坏。

1.5 瓦 斯

1.5.1 工程特性

瓦斯(沼气)是以甲烷为主的有毒、有害气体的总称(包括 CH_4、CO_2、CO、SO_2、H_2S 等),有时单指甲烷(CH_4),以自由或吸附状态存在于煤及围岩中或者是具有成气条件的岩层中(又叫页岩气),此外还有天然气与油气田或古油床地层中(油气)。

瓦斯是一种无色、无味、无臭的气体。在标准状态(温度为 0 ℃、大气压为 101.3 kPa)下,瓦斯密度为 0.716 kg/m³(空气密度为 1.29 kg/m³)。瓦斯由于含有其他气体而具有特殊的气味。由于瓦斯较轻,风速较低时易积聚在隧道的顶部、冒顶处上部、断面变化处、隧道塌腔内、模板台车等处;瓦斯具有很强的渗透性,即在一定的压力作用下,能从煤或岩层中向掘进空间涌出,甚至喷出或突出。

1.5.1.1 瓦斯的性质

1)瓦斯(沼气)为无色、无臭、无味的气体,由于空气中瓦斯浓度增加,氧气相应减少,很容易使人窒息而发生死亡事故。

瓦斯浓度:瓦斯爆炸有一定的浓度范围,我们把在空气中瓦斯遇火后能引起爆炸的浓度范围称为瓦斯爆炸界限。瓦斯爆炸界限为 5%~16%。当瓦斯浓度低于 5% 时,遇火不爆作,但能在火焰外围形成燃烧层;当瓦斯浓度为 9.5% 时,其爆炸威力最大(氧和瓦斯完全反应);当瓦斯浓度在 16% 以上时,失去其爆炸性,但在空气中遇火仍会燃烧。瓦斯爆炸界限并不是固定不变的,它还受温度、压力、煤尘、其他可燃性气体,以及惰性气体的混入等因素的影响。

氧的浓度:实践证明,空气中的氧气浓度降低时,瓦斯爆炸界限随之缩小,当氧气浓度降低到12%以下时,瓦斯混合气体即失去爆炸性。

2)瓦斯相对密度为0.554,仅为空气的一半。

3)瓦斯不能自燃,但极易燃烧,其燃烧的火焰颜色随瓦斯浓度的增大而变淡:空气中含有少量瓦斯时火焰呈蓝色;浓度达55%左右时,火焰呈淡青色。

1.5.1.2 瓦斯的类型及赋存的主要地层

1)煤层气:所有含煤地层都有瓦斯存在,比如龙潭煤系、测水煤系、二叠梁山煤系、三叠系上统、侏罗系下统等地层。

2)天然气:天然气系古生物遗骸长期沉积地下,经慢慢转化及变质裂解而产生的气态碳氢化合物,具可燃性,多在油田开采原油时伴随而出。天然气蕴藏在地下3 000~4 000 m的多孔隙岩层中,主要成分为甲烷,相对密度为0.65,比空气轻,具有无色、无味、无毒的特性。天然气一般分为4种:从气田开采出来的气田气(或称纯天然气)、伴随石油一起开采出来的石油气(也称石油伴生气)、含石油轻质馏分的凝析气田气、从煤矿井下煤层中抽出的矿井气。

3)页岩气:页岩气是一种典型的非常规天然气,在页岩气藏中,页岩地层既是气源岩,也是储层及盖层。页岩气主要以吸附状态和游离状态两种形式存在于页岩地层中。

4)石油气:我国已发现泥页岩油气藏的有松辽盆地的古龙凹陷,渤海湾盆地的辽河坳陷、济阳坳陷、临清坳陷,柴达木盆地的茫崖坳陷、柴北缘,江汉盆地的潜江坳陷,四川盆地的川中、川西南,酒泉盆地的青西油田、花海凹陷等,还有部分古油床地层。

5)生物气:它们通常出现在较浅的未成熟的沉积地层中,包括江河、湖泊、沼泽和近海滩的海湾、一些潮湿的土壤等,以及厌氧硫酸盐还原地区的冰川和海洋沉积物中。除近代沉积外,煤、富有有机质页岩和原油生物降解也能形成大量生物气,生物气在地史过程的碳循环中起重要作用。对于地下浅层,沉积物中的有机质在还原环境下经微生物作用可以形成富甲烷气体、硫化氢(H_2S)、一氧化碳(CO)等有害气体,并可以大规模、大范围地生成且聚集起来,形成生物气藏。生物气埋深较浅,在城市轨道交通隧道勘察中常见。

1.5.1.3 瓦斯隧道的分类

(1)《公路瓦斯隧道设计与施工规范》(JTG/T 3374—2020)将瓦斯隧道分为微瓦斯、低瓦斯、高瓦斯和煤(岩)与瓦斯突出四类;瓦斯隧道工区分为非瓦斯工区、微瓦斯工区、低瓦斯工区、高瓦斯工区、煤(岩)与瓦斯突出工区五类;瓦斯隧道类别应按瓦斯地层或瓦斯工区的最高类别确定。

瓦斯地层或瓦斯工区类别的判定指标为隧道内绝对瓦斯涌出量,应符合表1.16的规定。

(2)《铁路瓦斯隧道设计规范》(TB 10120—2019)将瓦斯隧道分为低瓦斯隧道、高瓦斯隧道及瓦斯突出隧道三种,瓦斯隧道的类型按隧道内瓦斯工区的最高级确定。瓦斯隧道工区分为非瓦斯工区、低瓦斯工区、高瓦斯工区、瓦斯突出工区。低瓦斯工区和高瓦斯工区可按绝对瓦斯涌出量进行判定。当全工区的瓦斯涌出量小于0.5 m^3/min时,为低瓦斯工区;大于或等于0.5 m^3/min时,为高瓦斯工区。

表 1.16　瓦斯地层或瓦斯工区绝对瓦斯涌出量判定指标

瓦斯地层或瓦斯工区类别	绝对瓦斯涌出量 Q_{CH_4} /(m³·min⁻¹)
非瓦斯	0
微瓦斯	$0 < Q_{CH_4} < 1.0$
低瓦斯	$1.0 \leqslant Q_{CH_4} < 3.0$
高瓦斯	$Q_{CH_4} \geqslant 3.0$

瓦斯隧道只要有一处有突出危险,该处所在的工区即为瓦斯突出工区。判定瓦斯突出必须同时满足 4 个指标,如表 1.17 所示。

表 1.17　判定煤(岩)层突出危险性单项指标的临界值

判定指标	煤的破坏类型	瓦斯放散初速度 Δp/ mmHg	煤的坚固性系数 f	煤层瓦斯压力 p/MPa
有突出危险的临界值及范围	Ⅲ、Ⅳ、Ⅴ	≥10	≤0.5	≥0.74

注:1 mmHg=133.3 Pa

1.5.2　危害

1)瓦斯窒息。甲烷本身虽然无毒,但空气中的甲烷浓度较高时,就会相对降低空气中的氧气浓度。氧气浓度相对减少,会使人窒息死亡。当空气中甲烷浓度升高,氧气量降到 17% 时,会使人感到呼吸困难,氧含量降到 12% 以下时,会使人窒息死亡。因此,凡隧道内通风不良的地区,都必须及时封闭或设置栅栏,并悬挂"禁止入内"的警标,严防人员入内。

2)瓦斯燃烧和爆炸。当瓦斯与空气混合达到一定浓度时,遇到高温火源就能燃烧或发生爆炸,一旦形成灾害事故,就会造成大量作业人员的伤亡,严重影响隧道的安全生产,瓦斯爆炸事故是瓦斯隧道事故中最严重的事故。瓦斯爆炸的主要危害是产生高温焰面、冲击波和有害气体。

3)瓦斯排放到大气中,既污染环境,又能形成温室效应。

洪开荣在《山区高速公路隧道施工关键技术》(人民交通出版社,2011 年)中指出,瓦斯喷出或者煤(岩)与瓦斯突出是引起以上危害的主要原因。对主要原因进行如下分析:

1)瓦斯喷出是指大量承压状态的瓦斯从煤、岩裂缝中快速喷出的现象。它是瓦斯特殊涌出的一种形式。其特点是瓦斯在短时间内从煤、岩层的某一特定地点突然涌向工作空间,而且涌出量可能很大,工作空间中的瓦斯突然增加。由于喷出瓦斯在时间上的突然性和空间上的集中性,可能导致喷出地点人员的窒息,高浓度瓦斯在流动过程中遇高温热源有可能发生爆炸,有时强大的喷出还可以产生动力效应并导致破坏作用。瓦斯喷出与瓦斯突出的区别在于喷出的物质只有气相,而突出的物质同时包括气相(瓦斯)和固相(煤岩)。

2)煤(岩)与瓦斯突出是在施工过程中,在很短时间(数分钟)内,从煤(岩)壁内部向工作空间突然喷出煤(岩)和瓦斯的动力现象,人们称为煤(岩)与瓦斯突出,简称瓦斯突出或突出。突出能摧毁洞内设施,破坏通风系统,使工作空间充满瓦斯和煤(岩)抛出物,能造成人员窒息、煤流埋人,甚至可能引起瓦斯爆炸与火灾事故,导致施工中断等,因此它是瓦斯隧道最严重的灾害之一。

瓦斯燃烧爆炸也是对隧道施工造成损失最严重的灾害之一,瓦斯爆炸即为甲烷(CH_4)燃烧,化学方程式为 $CH_4+2O_2=CO_2+2H_2O$。但是引起瓦斯爆炸是需要一定条件的,即瓦斯浓度、引火温度、氧气的浓度达到某范围,这也是防止瓦斯爆炸所需控制的内容。

1.6 岩 爆

1.6.1 工程特性

1.6.1.1 岩爆的概念

埋深较大的隧道工程,在高应力、脆性岩体中,由于施工爆破扰动原岩,岩体受到破坏,使掌子面附近的岩体突然释放出潜能,产生脆性破坏,这时围岩表面发生爆裂声,随之有大小不等的片状岩块弹射剥落出来,这种现象称为岩爆(也称冲击地压)。岩爆是岩体受到开挖影响和扰动后发生猛烈破坏的一种工程现象,是岩体本身力学性质(内在因素)和外界影响因素(诱发因素)某种组合的结果。

岩爆会破坏已建成的隧道结构和机械设备,直接威胁施工人员的生命安全。

1.6.1.2 隧道岩爆特点

隧道岩爆的特点可以从有无明显征兆、围岩类型、空间位置、时间区段、含水状态和形式规模等方面考察,概括如下:

1)岩爆具有突发性。在岩爆未发生前,并无明显的征兆。在通常认为不会掉落石块的地方,突然发生爆裂声响,石块有时应声落下,有时并不落下。

2)岩爆只发生在高应力脆性围岩中。坚硬的脆性围岩和高地应力(与围岩强度相当的地应力)是岩爆发生的必要条件和基本条件。

3)岩爆主要发生在隧道侧壁切(环)向应力较大部位。岩爆发生的地点多在新开挖的工作面附近,个别也距新开挖工作面比较远,常见岩爆部位为侧壁与拱腰。这是隧道岩爆的空间特点。

4)岩爆主要发生在围岩应力的剧烈调整期。岩爆在开挖后陆续出现,多在爆破后的2~4 h,24 h内最为明显,延续时间一般为1~2个月。这是隧道岩爆的时间特点。

5)岩爆围岩通常完整,极少含水。地层含水意味着围岩内有裂隙,裂隙为应力释放提供了空间,所以含水量高的围岩极少发生岩爆,反之发生岩爆的围岩则极少含水。

6)岩爆坑多呈"锅底形"。岩爆时围岩破坏的规模,小则几厘米范围,大则多达几十吨。工程中危害最大的是弹射而出的石块。这些弹出的石块多为中间厚、周边薄、不规则的岩片。岩片脱落后在隧道壁面上通常会留下"锅底形"痕迹。

1.6.1.3 岩爆发生规律

综合大量资料,可以发现隧道岩爆的发生有如下规律:

1)岩爆岩石一般是岩浆岩或变质岩,沉积类岩石较少发生岩爆。含有硅质(特别是石英)或其他坚硬矿物的岩石发生岩爆较多。岩浆岩和变质岩的强度和弹性模量一般比沉积岩高,它们的岩爆倾向性也普遍比沉积岩高。具有岩爆倾向性是岩石发生岩爆的首要内在条件。

2)含水率高的岩石较少发生岩爆。饱和状态岩石强度低于干燥岩石强度(包括抗压和抗剪强度),含水率高的岩体在次生应力作用下,应变能还未来得及积聚就已经发生了破坏,因此含水率高的岩石不易发生岩爆。

3)岩爆发生在高原岩应力条件下的脆性岩石中。在高原岩应力条件下,构造和开挖次生应力叠加容易超过脆性岩体强度而产生岩爆。

4)在同一岩爆隧道,岩爆发生的频率和强度均随隧道埋深的增加而提高。对于多数受岩爆危害的隧道,岩爆发生的频率随开挖深度的加大而升高。

5)高强度岩爆一般发生在背斜轴部以及断层和弹性模量有突然变化的地质夹层(坚硬岩墙或软弱岩层)附近。背斜轴部一般是高应力区,若开挖作业处在背斜轴部则容易发生岩爆。在断层和岩体弹性模量突变的夹层附近施工时,开挖次生应力将导致断层或刚度突变面剪切应力加大,发生剪切或断层滑移型岩爆。

6)岩爆发生前,掌子面推进时常会出现岩粉颗粒变大和岩粉量增多、岩石表面有玻璃光泽、钻孔时发生非塌孔原因的卡钻等现象。岩爆前出现的岩粉变粗、岩粉量增多、卡钻和玻璃表面等现象都是开挖次生应力增大和岩体发生微型破坏的结果,是开挖次生高应力状态的表现。

7)隧道岩爆最常发生的时段是爆破后 2~4 h;爆破震动产生的瞬间动应力与岩爆处岩石本来承受的较高应力叠加,超过了岩体强度导致岩体瞬间破坏,因此开挖爆破是岩爆的直接诱因之一。

8)与自然地震的余震类似,在强烈岩爆后短时期内一般还会发生一次或几次强度较小的岩爆。

1.6.1.4 岩爆发生可能性的初步判断

岩爆是岩体破坏的一种形式,对采用的开挖方式有特殊要求。初步判断围岩是否具有岩爆倾向性,是开展隧道岩爆研究工作的第一步。如果初步判别某一隧道围岩没有岩爆倾向性,那就没有必要耗费大量的人力和财力开展此隧道的岩爆防治研究。岩爆发生可能性的初步判别,主要以隧道地质勘察报告所提供的信息为依据。如果隧道围岩主要为岩浆岩和变质岩,在地质勘探时观察到有饼状岩心,隧道埋深超过 800 m,隧道掘进期间出现岩爆前兆或发生弱岩爆现象,则应进一步开展岩爆倾向性研究。

1.6.2 危害

徐林生和王兰生基于工程实践,根据岩爆发生时的声响特征、运动特征、岩块形态特征、断口特征、发生部位、时效特征、岩爆影响深度、岩爆对工程的危害性和洞壁围岩切向应力与岩石单轴抗压强度的比值 σ_c/R_b 等判定标志,将岩爆裂度划分为轻微、中等、强烈、剧烈四级,以便采取相应针对性的工程防治措施。具体差别特征见表 1.18。

表 1.18 公路隧道围岩岩爆烈度分级方案

特征	Ⅰ级(轻微岩爆)	Ⅱ级(中等岩爆)	Ⅲ级(强烈岩爆)	Ⅳ级(剧烈岩爆)
声响特征	劈啪声、撕裂声	清脆的爆裂声	强烈的爆裂声	剧烈的闷响爆裂声
运动特征	爆裂松动、剥落	爆裂脱落、少量弹射	强烈的爆裂弹射	剧烈的爆裂弹射甚至抛掷
岩块形态特征	薄片状、薄透镜状	透镜状、棱板状	棱板状、块状、片状、板状	板状、块状或散体
断口特征	新鲜的贝壳状	新鲜的贝壳状、弧形凹腔、楔形凹腔	弧形凹腔、楔形凹腔	大规模弧形凹腔或楔形凹腔
发生部位	拱部及边墙	边墙与拱角	主要在边墙与拱部,可波及底板	边墙及拱部,并伴有底板爆裂隆折
时效特征	零星间断爆裂	持续时间长,有随时间累积向深部发展的特征	具有延续性,并迅速向围岩深部扩展	具有突发性,并迅速向深部扩展
影响深度 (h/B)	表面(<0.1)	深度可达 1 m 左右 (0.1~0.2)	2 m 左右(0.2~0.3)	3 m 左右(>0.3)
对工程的危害及防范措施	影响甚微,适当的安全措施就可使施工正常进行	有一定的影响,应及时采取喷锚支护措施,否则有向深部发展的可能	有较大的影响,应及时挂网喷锚支护,必要时可仰拱,封闭掌子面,设置钢架支撑	严重影响甚至摧毁工程,必须采取相应的特殊措施加以防范
σ_c/R_b	0.3~0.5	0.5~0.7	0.7~0.9	>0.9

1.7 挤压性围岩

《铁路挤压性围岩隧道技术规范》(Q/CR 9512—2019)中挤压性围岩的定义为:挤压性围岩是高地应力作用下的软岩,即在高地应力(当 $4 \leqslant R_c/\sigma_{max} \leqslant 7$ 为高地应力, $R_c/\sigma_{max} < 4$ 为极高地应力,其中 R_c 为岩石饱和单轴抗压强度, σ_{max} 为岩体最大初始应力)环境下,隧道周边一定范围内产生显著塑性变形或流变的岩体。

由于挤压性围岩是处于高地应力环境中的有流变性的岩体,因此挤压性围岩除涵盖传统意义的低强度软岩外,还涵盖高应力软岩、高应力-强膨胀复合软岩和高应力-节理化复合软岩等工程软岩的范畴。但软岩不同于挤压性围岩,离开高地应力,软岩只能是软岩,不是挤压性围岩。显然,岩石的挤压性是一种伴随高地应力而存在的变形特性,而膨胀岩的膨胀性与此不同,后者不管地应力高低都存在。

由于高地应力是产生挤压性的环境条件,因此在工程地质特征上,挤压性围岩具有典型高地应力地层的标志,如岩体结构致密、开挖无渗水、围岩收敛大变形等。正是由于高地应力作用下的岩石流变性,相对结构松散的低应力岩体容易变形坍塌,挤压变形除了变形量级大外还有"大而不坍"的特点。

1.7.1 工程特性

1.7.1.1 工程地质条件

总结发生挤压性大变形问题的隧道,其主要工程地质条件有三个特点:一是均处于高地应力、极高地应力区;二是岩质软,包括层片状软岩及蚀变软岩,尤其是泥质结构或黏土矿物含量较高的岩石最为典型,常见挤压性围岩种类较多,包括炭质泥岩、炭质页岩、泥质页岩、泥灰岩、凝灰岩、板岩、炭质板岩、绿泥片岩、炭质片岩、云母片岩、绢云母片岩、千枚岩、炭质千枚岩、绿泥石千枚岩、各类蚀变岩、煤系地层及断层破碎带构造岩等;三是层薄,一般层厚小于10 cm,多呈薄层状、片状,切层越薄,往往变形也越大。

1.7.1.2 判定

同时满足表1.19中的各条件时,可判定围岩为挤压性围岩。

表1.19 挤压性围岩判定条件

判定项目	地质条件
初始地应力状态	高地应力、极高应力
岩石坚硬程度	饱和单轴抗压强度不大于30 MPa的软质岩
岩层厚度	岩层厚度不大于10 cm
岩体完整程度	较破碎~破碎

注:挤压性围岩中其代表性的有板岩、片岩、云母片岩、炭质片岩、千枚岩、炭质千枚岩、页岩、蚀变岩带、压性断层破碎带等。

1.7.1.3 力学机制分析

围岩挤出是开挖引起的应力重分布超过岩体强度时岩体屈服的结果,可将围岩挤出的力学机制分为以下三大类:

1)完全剪切破坏:在连续的塑性岩体及含有大开度裂隙的非连续岩体中会发生这种破坏。

2)弯曲破坏:一般发生在千枚岩及云母片岩等变质岩或泥岩、油页岩、泥质砂岩及蒸发岩等薄层状塑性沉积岩中。

3)剪切和滑动破坏:发生于相对厚层的沉积岩中,包括沿层面的滑动和完整岩石的剪切两种破坏形式。

1.7.1.4 围岩变形等级

挤压性围岩变形等级应按变形潜势和岩体强度应力比综合确定,按表1.20进行划分,施工阶段可根据掌子面围岩特性及变形特征调整。

表1.20 挤压性围岩变形等级划分标准

变形潜势	轻微	中等	强烈
岩体强度应力比 $G_n = \dfrac{R_{cm}}{\sigma_{max}}$	$0.3 \geqslant G_n > 0.2$	$0.2 \geqslant G_n > 0.15$	$G_n \leqslant 0.15$
挤压性围岩变形等级	一	二	三

注:R_{cm}为岩体强度(有条件时根据实测值确定,当无实测值时,通过岩石强度进行折减计算确定,常采用完整系数法、摩尔-库仑准则、GSI法),σ_{max}为最大初始地应力(一般以水平方向为主)。

隧道施工中,应结合掌子面岩体完整程度按表1.21和表1.22对变形潜势、支护体系与围岩适应性进行确认。

表1.21 按变形速率对围岩变形潜势分级

变形速率	一般	低速	中速	高速
变形速率 $v_p/(mm \cdot d^{-1})$	$\leqslant 10$	$10 \sim 30$	$30 \sim 50$	$\geqslant 50$
变形潜势	正常	轻微	中等	强烈

注:变形速率为施工工序、工艺稳定后测得的平均值。

表1.22 按早期变形速率评价支护体系适应性

变形速率 $v_p/(mm \cdot d^{-1})$	$\leqslant 10$	$10 \sim 30$	$30 \sim 50$	$\geqslant 50$
变形速率等级	常规变形	低速	中速	高速
变形潜势	正常	轻微	中等	强烈
支护体系评价	强	合理	基本合理	弱或不适应

1.7.2 危害

1)变形特征:变形量大,最大变形可达数十厘米至100 cm以上;变形速率高,隧道初期支护变形速率达3~4 cm/d;由于软弱围岩具有较高的流变性质和低强度,开挖后应力重分布的持续时间长,变形的收敛持续时间也较长,短则数十天,长则数百天;隧道收敛时间在百天以上。

2)支护破坏形式多样:喷层开裂、剥落、型钢拱架或格栅发生扭曲,底部隆起,支护侵限,衬砌严重开裂,等等。

3)塑性区大:高地应力使坑道周边围岩的塑性区增加,破坏范围增大,特别是当支护不及时或结构刚度、强度不当时,围岩破坏范围可达5倍洞径。

1.8 典型危害分析

1.8.1 大变形

1.8.1.1 公路隧道大变形发生的条件及分级

《公路隧道设计规范 第一册 土建工程》(JTG 3370.1—2018)将大变形发生的条件总结、归纳成5个方面。

1)围岩软弱,单轴抗压。强度低,内摩擦角、黏聚力都较小,具有明显的塑性和流变特性,属Ⅳ级、Ⅴ级、Ⅵ级围岩。

2)处于高地应力($\frac{R_c}{\sigma_{max}} < 7$ 时)区内,地应力远大于围岩强度。

(3)侧压力系数($\lambda = \frac{\sigma_H}{\sigma_v}$)大于1。

(4)围岩含水量大。

(5)支护结构刚度不足、强度不够、支护时间滞后,支护封闭不及时。

综合5个方面的因素,确定了大变形的级别,见表1.23。

表1.23 大变形分级表

大变形分级	名称	$\frac{U_a}{a}$(判据)/%
Ⅰ级	轻微大变形	$2 \leq \frac{U_a}{a} < 3$
Ⅱ级	中等大变形	$3 \leq \frac{U_a}{a} < 5$
Ⅲ级	强烈大变形	$5 \leq \frac{U_a}{a}$

注:U_a 为变形量;a 为隧道宽度。

1.8.1.2 变形机理

(1)挤出作用与膨胀作用

目前,围岩大变形的机制一般分为两类。一是开挖形成的应力重分布超过围岩强度而发生塑性化。如果介质变形缓慢,就属于挤出;如果变形是立刻发生的,就是岩爆。Anagnostou认为,挤出主要取决于岩石强度和覆盖层厚度(地应力),原则上可以在任何类型的岩石中发生,其中包括含有膨胀性矿物的岩石。二是岩石中的某些矿物和水反应而发生膨胀。水及某些膨胀性矿物的存在,对于膨胀变形是必须的。Anagnostou认为,可以发生膨胀变形的围岩在开挖时都具有较高的强度,变形主要发生于隧道运营若干年以后,变形一般表现为底鼓,而拱顶和边墙一般保持完好状态。

围岩大变形中,挤出作用与膨胀作用的关系及两者对大变形的贡献是人们普遍关心的重要问题。正如Terzaghi所描述的,从理论和室内实验的角度看,挤出和膨胀是完全可以分开的:第一,挤出是一种物理破坏,而膨胀则是必须有水参与的化学过程;第二,膨胀发生所需要的时间通常要比挤出长得多。但是,大多数学者都认为,在实际隧道工程中,挤出与膨胀往往是很难分开的,绝对单纯的挤出或绝对单纯的膨胀引起的大变形都是少见的。一般说来,挤出作用在隧道大变形中占有更重要的位置,或者说挤出是大变形的主要机制。

实际上,隧道围岩大变形是在高地应力条件下软岩或裂隙状岩体以及受人工扰动岩体移动影响下一种持续不断的变形现象,它具有围岩变形不断向深部扩展的特点,这种变形具有明显的时效特征,是一种岩体的塑性变形或流动变形。

(2)岩性、高地应力与水

现有的研究表明,发生大变形的围岩一般被称为软岩、挤出性围岩或膨胀岩、断层岩及破碎带。相应的分类主要体现在以下几个方面:软岩在高地应力作用下的挤出剪切变形,膨胀岩在遇水后发生的膨胀变形或挤出变形,施工期的大变形及长期的结构流变。实际上膨胀岩或挤出性围岩都可以称为软岩。软岩包括岩性软弱的泥质页岩、砂质泥岩及泥灰岩等,这一类型的围岩大变形往往在高应力状态下受岩性、结构面与地下水影响比较明显。根据软岩中结构面的发育特征,可将其划分为均质类型、层状类型、互层状类型。这种软岩类的变形破坏机制为剪切破坏,围岩的变形破坏模式表现为剪切变形以及弯曲变形产生的塑性流动。

1)高地应力。高地应力是隧道及地下工程岩体发生岩爆、大变形等地质灾害的主导因素,在高地应力条件下硬质岩可能发生岩爆,软质岩易发生大变形。

2)围岩条件。隧道围岩发生大变形的主要条件是围岩条件,而产生围岩大变形的力学标志是高应力比。围岩变形值的大小与地应力、地层的岩性、巷道大小与形状、支护强度和刚度有关。同时,围岩大变形表现为持续不断的变形,有明显的时间特征。

3)地下水。地下水对围岩溶解、溶蚀、冲刷、软化,或产生静水压力,或引起膨胀压力,改变了岩石的物理力学性质,破坏了岩体的完整性,降低了岩石的强度,从而引起围岩的变形破坏、失稳坍塌以及隧道涌水。

地下水对软弱围岩的影响,比对完整性较好的硬质岩的影响更显著。软岩在地下水冲刷或水进入细微裂隙时,产生软化或泥化,强度降低,呈非常不稳定状态,易产生塑性变形或崩解,引起坍塌。由于地下水的活动,在弱胶结的砂岩和断层的糜棱岩中,可能产生流动和潜浊,易形成泥砂石流状的塌方。

在含膨胀性矿物的岩石中,或在岩盐、石膏等膨胀岩中,无地下水时岩体的膨胀变形不显著,围岩的稳定定性较好;如遇地下水,则产生吸水膨胀现象,从而使围岩压力增大,导致隧道产生顶板悬重、边墙外鼓、底板隆起的现象。

(3)岩体结构

岩体变形受到围岩应力环境的明显控制:当隧道开挖前处在高围压状态时具有较高的强度和稳定性;当围压降低、围岩应力差增大时,结构面张开或滑移,围岩整体强度和模量降低,表现出显著的结构流变的特点。岩体结构按照形成机制类型可以划分为构造改造型和浅表生改造型；按改造程度，可进一步划分为块裂状结构、碎块状结构和碎屑状结构。

(4)施工因素

隧道施工方法也是影响变形的重要因素：由于工期紧或现场管理水平不高，预防大变形的措施不当或力度不强，仰拱施作存在滞后现象；二次衬砌未及时跟进，上下台阶法施工时，上、下台阶距离偏大。这些直接影响围岩的大变形。

总体来说，隧道围岩大变形根据形成机制可以划分为两种类型：第一种为隧道开挖后产生的围岩应力重新分布，当应力过大时会超过围岩本身的强度，从而引起塑性变化，若引起的变形较慢，就属于挤出变形，若变形较快，就可能产生岩爆现象；第二种为隧道中有大量的水，当水与围岩中的膨胀性矿物反应时，矿物体积会产生很大变化，从而导致变形的发生。第一种机制是物理变形，属于物理过程；第二种机制是化学变形，属于化学过程。在以上所述的一种或多种原因的作用下，隧道围岩会发生大变形。

1.8.1.3 变形特征

对于隧道围岩大变形，从围岩的表现上看，主要有以下几个特征。

(1)围岩的变形量较大

隧道围岩大变形最主要的特征就是变形量大，许多发生大变形的隧道围岩变形量能达到几十厘米，严重的甚至会超过 100 cm，对隧道稳定性造成严重破坏。

(2)围岩的变形速率高

隧道围岩在变形量大的同时，变形速率也很快，平均每天的变形量会达到几十毫米，所以，一旦隧道发生大变形，必须及时采取控制手段，以免隧道围岩由于变形过大发生坍塌。

(3)围岩变形持续时间较长

大变形隧道围岩一般强度较低并具有流变性，隧道处于毛洞状态时，其应力重分布持续的时间较长，变形趋于稳定的时间也很长。

(4)隧道支护体系的破坏形式多样

由于地层的原始应力状态随产状而变化，导致围岩是各向异性的，因此隧道的初支常常受力不均匀，其破坏形式也多种多样。在受力较大的部位先发生喷射混凝土开裂、剥落，接着钢架发生扭曲，随即发生坍塌。衬砌施作好后，大变形可能导致衬砌开裂掉块，侵入隧道净空，或导致仰拱上鼓，使道路严重破坏。

(5)围岩破坏的范围较大

当隧道发生大变形时，围岩的塑性范围扩大，特别是当支护不及时或支护体系提供的抗力不足时，围岩破坏半径有可能超过隧道的跨径。普通锚杆的施作长度达不到围岩弹性区，最终导致整体支护体系失效，后果严重。

围岩大变形将破坏支护结构，侵入断面限界，若处理不当将造成塌方，甚至将隧道完全堵塞，极易导致机械设备损毁、施工人员伤亡、工期延误、工程成本增加。

1.8.1.4 影响因素

根据资料分析结果和已有研究成果可以得到，影响大变形的主要有工程地质因素、水文地质因素、应力条件、设计施工因素。

(1)工程地质因素

1)岩体质量。隧道收敛变形与围岩特性紧密相关,岩体的质量好坏决定了岩体弹性模量大小,质量好的岩体变形量小,反之则变形量大。隧道施工中的施工扰动对质量差的岩体影响较大。质量好的岩体变形持续时间短,反之变形持续时间长。

2)地质构造。隧道中有断层的存在,形成破碎带,破碎带的岩体发生了不同程度张拉破坏或剪切破坏,破坏是沿着岩体的弱面进行的,断层破碎带的变形具有显著的流变性,一般最大水平收敛量为50~70 mm。此类地质构造的变形一般有两类,一是压密变形,二是弹、塑性变形(岩块变形)。其变形的时间一般比较长。

3)隧道的埋置深度。隧道埋置深度的不同,隧道周边围岩的状态不同。一定深度范围内的隧道周围岩体处于弹性变形状态,隧道开挖时,此类岩体的位移变形也属于弹性变形。隧道埋置深度超过一定深度以后,其周围岩体就会处于塑性变形状态,形成一定的围岩塑性区。因此,隧道围岩的变形与埋深具有较好的一致性。

(2)水文地质因素

水能够对挤压性岩体产生软化效应,岩体含水量越高,其力学性质表现就会越差。在开挖隧道过程中,地下水的流动路径会发生改变,影响裂隙面的有效应力,同时岩石的抗压强度和承载能力降低,将导致岩体的稳定性降低,甚至产生剪切变形破坏。事实证明,隧道中的水会使得隧道围岩稳定性降低,这也是隧道围岩发生大变形破坏的重要原因之一。当围岩为膨胀性变形时,水的作用是其发生的必备条件。一般来说,含有胶岭石、高岭石和水云母类等矿物质成分的黏土岩具有较大的塑性变形能力,它们在吸收水分后表现为体积膨胀,这是因为这几种矿物成分本身亲水性强,遇水后极易发生膨胀。

(3)应力条件

在隧道开挖过程中,扰动会使围岩体自身所蕴含的应力释放出来。因为在围岩地质构造的过程中,有些岩体本身就将较大的地应力储备其中,一旦发生扰动,较高的应力就会得到快速释放。若围岩属于坚硬的岩石,就可能引发岩爆现象;若为软岩体,则会产生挤压变形。

此外,软岩体受到层理发育程度、岩体组成成分(如泥质含量)的影响,抗压强度较低,弹性模量等物理力学参数不理想,同时,软岩工程力学特性也受其结构面的控制。因此,软岩受力后造成的变形破坏很大。

(4)设计施工因素

隧道初期设计时,由于地质勘探资料匮乏,往往设计的开挖方法和支护形式与实际开挖揭示的地层出入较大,而不同的开挖工法和断面形状对隧道围岩的稳定性有很大的影响。另外,在工期紧张的条件下,为提高隧道施工速度,在没有充分掌握软弱围岩特性的情况下就加快了隧道开挖进度,同时,与开挖配套的支护体系也未能及时实施,软岩变形的预防工作不到位,变形监测没能发挥效果,衬砌施作未能及时跟进,到隧道施工时,势必导致大变形的持续增长,最终可能造成工程事故。

因此,隧道软弱围岩施工遵循"超前探、管超前、短进尺、弱(不)爆破、强支护、勤量测、紧衬砌"的原则。为防止风化作用,尽快使开挖面稳定,应立即初喷混凝土,随后打设锚杆、铺设钢筋网,再按照设计喷射混凝土形成联合支护整体,抑制围岩变形,使围岩快速达到稳定状态。同时考虑到围岩的特点,选择正确的施工方法、合理的支护体系,使支护强度一次到位,避免后期变形,从而确保隧道工程的施工质量和施工安全。

1.8.2 塌方

隧道开挖时,因地层压力及地层出现临空面后的应力调整,在软弱围岩内产生裂缝或破坏,或者由于围岩内已有的层理和节理等松弛、剥离,使岩石和泥砂等发生大量塌落的现象,称为塌方。它是和剥落相类似的现象,但塌方的规模比剥落大。

塌方过程大致为:开挖→围岩塑性变形→支护过大变形→支护局部破坏→支护与围岩破坏失稳→塌方。隧道开挖时、开挖后、施工支护后,甚至在衬砌之后,都可能发生隧道塌方。

1.8.2.1 塌方类型

徐林生、李永等人按破坏形式和作用机理,将公路隧道施工过程中的围岩塌方划分为以下5种主要类型。

(1)重力坍塌型

重力坍塌型塌方的破坏机理是,洞内临空围岩在自重应力作用下沿软弱结构面掉落或倒塌。其表现为掉块或小塌方,规模不大,一般的喷锚支护即可加以防治。

(2)碎裂松动型

碎裂松动型塌方是断层破碎带和碎裂结构岩体变形破坏的主要形式。隧道开挖后,如果围岩应力超过了围岩的屈服强度,这类围岩就会因为沿多组已有断裂结构面发生剪切错动而首先发生松弛,并且围绕洞体形成一定范围的碎裂松动带或松动圈。这类松动带(圈)本身是不稳定的,特别是当有地下水的活动参与时,极易导致顶拱的坍塌和边墙的失稳。由于松动带(圈)的厚度会随时间的推移而逐步增大,当破坏所造成的崩落向上发展时,顶扳中央的压应力就迅速随冒落高度增加而增大。在这种场合下,如不及时采取防治措施,顶拱的崩落作用必将累进性地加速发展,进而造成严重的塌方事故。

(3)张裂塌落型

张裂塌落型塌方通常发生于厚层状或块体状岩体内的洞室顶拱。当岩体产生拉应力集中,且其值超过围岩的抗剪强度时,顶拱围岩就会发生张裂破坏,并造成顶拱塌落,危及施工。

(4)弯折内鼓型

这类变形破坏是层状,特别是薄层状围岩变形破坏的主要形式。从力学机制来看,它是隧道洞室开挖后板裂结构岩体产生溃屈破坏而发生的塌方。

(5)剪切滑移型

这种破坏形式多发生于厚层状或块体状结构的岩体内。在水平应力大于垂直应力的应力场中,这类破坏多发生在顶拱压应力集中程度较高,且有斜向断裂发育的部位,多以三角形岩块形式产生滑移拉裂而冒落;在垂直应力大于水平应力的应力场中,这类破坏则多发生在边墙上压应力集中程度较高,且有陡倾角断裂发育的部位,当断裂面上的剪应力超过其抗剪强度时,围岩即沿断裂面发生剪切滑移,进而造成边墙失稳。

《公路隧道设计规范 第一册 土建工程》(JTG 3370.1—2018)按照塌方高度或塌方体积将塌方分为三类,详见表1.24。

表1.24 塌方类型

塌方类型	小塌方	中塌方	大塌方
塌方高度/m	<3	3～6	>6
塌方体积/m³	<30	30～100	>100

1.8.2.2 塌方原因

塌方主要包括:断层带及楔形部位塌方;正洞与辅助坑道或避难坑道连接处塌方;地层覆盖过薄地段塌方,是在沿河傍山浅埋偏压地段、沟谷凹地浅埋地段和丘陵浅埋地段等处塌方的主要原因;开挖方法和爆破药量不当,以及工序不紧凑等引起塌方;洞口地段支撑不当引起塌方;洞口刷方过高以及地表水处理不当引起塌方。具体来说可以概括为如下几方面。

(1)自然因素

1)地质因素。大量工程事实证明,隧道及地下工程施工安全事故(坍方、塌陷)中起决定性的是地质因素。在开挖的过程中,遇到下列情况容易发生塌方:①围岩的地质条件发生突变,如从Ⅲ级围岩突然变化到Ⅴ级围岩,存在岩层分界面、岩土分界面等不利结构。②在隧道施工范围内或隧道周边出现断层、破碎带、软弱夹层、结构不利面、岩层的不整合接触带等。③在隧道施工范围内或隧道周边出现了特殊的不良地质,如膨胀岩(含高岭土、蒙脱石、伊利岩的矿物)、高地应力、溶洞、涌水等。④隧道穿越不利地形、地貌(地层覆盖过薄地段;地表水源,如水塘、水库、沟槽、冲沟等;不良地质和特殊地层等)。

Ⅲ～Ⅵ级围岩地段开挖均可能发生塌方。现将可能发生塌方的地质条件按围岩结构形状、破碎程度和结构面充填情况等工程地质特征综述如下。

a.散体结构:围岩被破碎成散体介质,如土、砂、碎石角砾状,开挖后的稳定性极差,常见于挤压强烈的断层破碎带、极破碎的接触破碎带、完全风化带和一般的第四系地层。

b.碎石状压碎结构:围岩经3组以上小间距(多小于0.2 m)节理切割成碎石状,节理间多有充填物,开挖后稳定性很差,常见于一般的断层、接触破碎带和强风化带。

c.块、碎镶嵌结构:围岩经3组以上间距多小于0.4m的节理切割,节理发育,呈块石和碎石镶嵌状,节理大部分有充填物,常见于褶曲构造的轴部和断层影响带内。当围岩R_b(抗压强度)为3～30 MPa或R_b>30 MPa时有层状软弱夹层或硬软岩夹层,或层状落岩(厚度小于0.1 m),或中层(层厚0.1～0.5 m),层间结合差,多有分离现象,开挖有时可能失稳。

d.大块状砌体结构:围岩经2～3节理切割,节理较发育,节理间距多大于0.4 m,岩体呈大块状,节理多数为密封,少充填物,开挖的稳定性好,开挖后不易失稳,常见于断层影响带外和褶皱的邻近地段。

Ⅲ级围岩拱部无支护时,可产生小塌方,爆破震动过大时易塌方;Ⅳ级围岩拱部无支护时,可产生较大的塌方,侧壁有时失稳;Ⅴ级围岩拱部易塌方,处理不当会出现大塌方,侧壁经常小塌方;浅埋时易出现地表下沉和塌方至地表;Ⅵ级围岩极易塌方,极易变形,有水时会发生流泥、流沙,浅埋时易塌方至地表。地质多变地段容易发生塌方,尤其在软硬岩交界和地质突变处,更容易发生塌方。

2)地下水。地下水是使隧道围岩丧失稳定性的重要原因,其影响主要有三个方面。一是软化围岩,软质岩石(土)体受水饱和后,其强度有不同程度的降低。水浸入泥质岩层,能使岩质软化;水浸入无水石膏或以蒙脱石为主要成分的黏土,地层膨胀而对隧道产生极大的膨胀压力。二是软化结构面,泥质充填或具有软弱夹层的软弱结构面遇水后,即发生液化变软或填充物被冲走,从而降低结构面的抗剪强度,使岩体易于滑动。三是承压水作用,围岩受到水压作用后,更易失去稳定性。

(2)设计因素

1)选线不合理。无论是公路、铁路,还是城市地铁,有时过多地考虑到投资等经济因素,线路的选择和确定不能完全从技术、地质、实际功能需求和可行性来考虑,所以会出现一些选线不合理的情况。如果线路不合理,隧道穿越的地层就有可能为不良地质地段,容易出现隧道塌方。比如长大隧道,为减少投资,将线路标高提高,原来的长隧道变短,隧道通过的地层由原来较为稳定的岩层,变为土质地层与含水砂层接触带,给施工带来极大困难,造成工期、投资得不偿失。此外,洞口的位置选择不恰当,如位于较大的滑动体、断层之中,或存在偏压,也会引发洞口塌方。

2)地质勘察深度不够。地质勘察是隧道修筑过程中的一个重要环节,地质勘探不详,对隧道区域内的主要地层及地质构造把握不够,不能真实地反映实际隧道的工程地质情况,将严重影响隧道的设计方案和施工方法的确定。

在隧道的设计过程中,如果对围岩判断不准或情况不明,从而使设计的支护类型与实际要求不相适应,会导致施工过程中围岩产生松弛坍塌等异常现象,具体表现在以下几个方面:①设计条件与施工条件存在差异;②地质调查不细,未能作详细的分析,或未能查明可能塌方的原因,隧道施工开始,也未能补钻、补勘;③由于设计所提供的工程地质及水文地质资料不详,或与实际出入较大,引起施工指导或施工方案的失误;④设计支护方法不适合围岩赋存条件,支护设计强度、刚度不够;⑤设计未能随着围岩变化而进行变更,设计与施工脱节;⑥设计忽视了对塌方的预防。

(3)施工因素

选择不正确的开挖方法易引起塌方。一般情况下,开挖面积小于 100 m² 的隧道,Ⅱ、Ⅲ级围岩采用全断面法开挖,Ⅳ、Ⅴ级围岩采用台阶法开挖;开挖面积为 100~200 m² 的隧道,Ⅱ级围岩采用全断面法开挖,Ⅲ、Ⅳ级围岩采用台阶法开挖,Ⅴ、Ⅵ级围岩采用中隔墙(Center Diaphragm,CD)法、交叉中隔墙(Cross Diaphragm,CRD)法或侧壁导坑法进行开挖。对破碎、软弱围岩或大断面施工,要采取一些辅助措施配合开挖:上半断面采用环形开挖,留核心土,喷射混凝土封闭开挖工作面,设临时仰拱封闭成环;设超前锚杆、超前管棚、插板、预注浆加固等。在隧道渗水或涌水较大情况下,应采用较为保守的施工方法。

施工中经常存在以下情况:施工方法与地质条件不相适应,地质条件发生变化,没有及时改变施工方法,如应该采用半断面开挖而实际采用了全断面开挖,应该采用分步开挖而实际采用了全断面或半断面开挖;开挖方法转换时不注意支护变化;地层暴露过久,引起围岩松动、风化;忽略了围岩的变形规律,围岩的变形同时具有连续变形和突然变形的特征。当开挖距离小于 D(D 为隧道开挖宽度)时,围岩两端由于受到边墙和开挖掌子面支撑的约束作用,以及成环或未成环初期支护作用,拱顶或拱腰处围岩连续变形较小,在这个距离范围内由于侧边墙和开挖面支承的"空间效应"的影响,即使初期支护抗力不足以支承围岩滑移力也不至于失稳;当这个距离为(1.5~3)D时,"空间效应"的影响完全消失,初期支护抗力小于滑移力的问题立刻暴露出来,围岩急剧变形,极易引起塌方。例如一次开挖进尺过长时,极易导致坍塌事故的发生,特别是软弱破碎围岩地段,上半断面应一次开挖一榀钢架,下半断面Ⅳ级围岩一次开挖不超过两榀钢架,Ⅴ级围岩一次开挖不超过一榀钢架。以上情况,致使一次开挖跨度过大或高度过高,超出了围岩自身稳定自然拱跨度,使隧道周边围岩形成塑性滑移楔体,直接造成塌方或支护结构的剪力破坏。除了上述原因,还有以下几种典型情况:

1) 初期支护不及时、不到位。隧道上半断面开挖后,初期支护不及时尤其是钢拱架支护不及时,导致开挖后不久就出现塌方。采用钢拱架支护时,钢拱架拱脚位置地基处治不符合要求,例如钢拱架支撑在虚渣上,拱脚超挖严重,用虚土回填等。

2) 台阶法开挖时,下端面开挖先挖中槽。采用上下断面施工,下断面开挖先挖中槽,造成拱脚下围岩松动,而且挖中槽的距离长,因拱脚失稳而造成塌方。

3) 上半断面开挖进尺大,未留核心土。

4) 边墙基础开挖距离过长,造成墙角初期支护悬空而塌方。

5) 未及时处理初期支护变形,边墙初期支护出现开裂、大变形时,未及时加固造成塌方。

1.8.3 涌突水(泥)、涌沙

1.8.3.1 概念

(1) 涌突水

涌水,指在地下水面以下岩(土)体中采矿、开挖基坑或地下硐室时,地下水不断流入场地的现象。围岩空隙中的地下水(孔隙水水源、裂隙水水源、岩溶水水源)和地表水水源,在压力作用下涌出,称为涌水。量大、势猛突发的涌水,称为突水,水流量一般大于 $0.1\ m^3/s$。

严格地说,涌水是指隧道施工开挖时揭穿水体(岩溶充填水,包括溶洞水、地下暗河水、岩溶管道水、溶缝水)、含水体(地下水储存运移通道,包括节理密集发育破碎岩体含水体、断层破碎带含水体和地下向斜构造含水体),水体及含水体中的水向隧道宣泄的现象;突水是指由于隧道的开挖,造成隧道开挖面与前方水体间、隧道周边与隧道洞壁外侧存在的水体或含水体间岩盘厚度过薄,致使岩盘不足以抵抗水体或含水体侧向压力,或由地下水位的上升,水体、含水体侧向压力增大导致隧道开挖面与前方水体间、隧道周边与隧道洞壁外侧存在的水体、含水体间岩盘破坏,水体、含水体中的水向隧道宣泄的现象。

(2) 涌突泥

涌泥,指由于隧道施工开挖,揭穿充填饱水或过饱水黏土岩溶(洞穴、管道、溶缝),呈流塑状的饱水或过饱水黏土向隧道流泻的现象。

突泥则是隧道开挖时使充填在岩溶中的干硬黏土暴露,由于开挖面与黏土/充填水界面间厚度不足,在充填水压力作用下,干硬黏土向隧道突出的现象,或由于隧道开挖工作面和隧道周边与充填饱水或过饱水黏土岩溶间岩盘过薄,饱水或过饱水黏土在侧向压力作用下突破岩盘向隧道突出的现象。突泥、涌泥一般是指突水、涌水中含有的泥沙等物质超过50%。

(3)隧道内泥石流

隧道洞内泥石流指由于隧道施工开挖揭穿充填饱水或过饱水黏土夹块石岩溶、压性断层上盘强烈破碎带饱水或过饱水黏土夹块石,岩溶中充填的饱水或过饱水黏土夹块石向隧道或导坑的涌出,以及压性断层上盘强烈破碎带饱水或过饱水黏土夹块石坍塌后向隧道或导坑开挖工作面后方的涌流。

与地面泥石流灾害发生的降雨诱发不同,隧道施工洞内泥石流是隧道施工开挖揭穿充填饱水或过饱水黏土夹块石岩溶、压性断层上盘强烈破碎带饱水或过饱水黏土夹块石,岩溶中充填的饱水或过饱水黏土夹块石、压性断层上盘强烈破碎带饱水或过饱水黏土夹块石在重力作用下产生塑性流动的结果。

(4)涌沙

涌沙,指由于隧道施工开挖或钻孔揭穿充填粉细沙及水的岩溶,含沙量大于10%的涌水向隧道涌出,且由于涌水速度的下降,携带的粉细沙淤埋隧道、导坑,或隧道施工开挖揭露全风化花岗岩脉,饱水花岗岩风化坍塌向开挖面后方涌流的现象。

1.8.3.2 成因

1)首先是水的作用,水是突水涌泥灾害发生的最大根源。其次是压力高,隧道一般埋深都比较大,通过爆破开挖之后,打破原有平衡压力,处于高压状态。此外,还有不良地质,隧道一般存在长、大、深等特点,沿途经历围岩变化繁多,隧道在穿越溶洞、断层破碎带或接触带、地下河等不良地质时,特别容易发生突水突泥灾害。综合来看,"富水、高压、不良地质"(溶洞、断层破碎带或接触带、地下河等)三者不利组合是诱发涌水突泥灾害的主要地质条件。

2)突水涌泥灾害大多发生在开挖环节。对不良地质围岩的盲目、不合理开挖,开挖进尺过大,是造成突水突泥的主要原因。

3)在很多大型突水涌泥灾害发生前,都会发生前期小型、局部、小范围的突水涌泥,在处理方法及措施不完善的情况下,盲目进行清淤工作,极大地增加了后期发生大型突水涌泥灾害的风险。

4)未进行超前预测预报,或者是敷衍了事,大大地增加了不良地质突水涌泥灾害的发生概率。

5)不良地质围岩初期支护未按照设计要求施作,钢架型号不符,存在钢架间距过大、系统锚杆长度及数量不足、锁脚锚杆长度及角度不够、喷锚不密实背后脱空等不规范的施工作业,以及在初期支护后未及时、长期地进行围岩量测工作,未及时掌握围岩变化情况。

1.8.3.3 突水涌泥发生条件

1)在开展岩溶隧道工程建设工作时,岩溶水中含有大量的酸碱离子,会对岩土体产生侵蚀的作用,使得围岩结构的强度大大降低。这样一来,岩土体内就容易形成突水涌泥的结构面。

2)在岩溶区域,土体内部分布着大量的裂隙、裂缝以及节理构造。岩溶发育期间,会生成较多的断层面以及沉积层面,一旦岩溶隧道发生突水涌泥病害,这些裂隙、断层面等都将为水体的流动提供通道。同时,在岩溶水压力的影响下,隧道周围岩的有效应力将发生变化,岩体会出现溶蚀软化问题,这也为突水涌泥的发生提供了便利条件。

3)在较高水压的影响下,水流量将逐渐增大。这期间,水压力将会转换为水动能。随着岩溶水对隧道围岩结构的不断溶蚀,围岩结构的自身稳定性将大大降低,进而导致突水涌泥的发生。

1.8.3.4 危害性分析

涌突水(泥)灾害的实质是围岩的含水层结构、水动力条件和围岩力学平衡状态因隧道开挖而发生急剧变化,存储在地下水体中的能量瞬间释放,并以流体形式高速地向隧道内运移的一种动力破坏现象。

1)涌突水的直接危害表现为对施工隧道、导坑、洞内施工机具、设备的淹没,冲毁洞内施工机具、设备、设施、材料,对洞内施工人员生命造成直接威胁,严重者甚至冲毁洞口外工程、堆放材料及临时设施;间接危害是造成隧道上方地表水源的流失乃至枯竭和地面塌陷。

2)涌突泥、涌沙的危害表现为:淤塞隧道、导坑,掩埋洞内施工机具设备设施和施工人员,间接导致隧道上方地面塌陷(带走大量的泥沙,使得土体内部的空洞区域越来越大,在重力作用的影响下,地表可能出现沉降或塌陷问题)。

3)随着涌突水量的不断增大,隧道附近区域的地下水位、地表水位将可能出现下降。另外,在涌突水(泥)过程中,施工现场大量的泥浆等物质将会被水流带走,进而会对周围环境产生一定的污染。

4)涌突水(泥)灾害可能影响到隧道工程的施工进度,导致工程延期等问题出现。

第2章 不良地质与特殊岩土段超前地质预报技术

超前地质预报的定义为：在分析既有地质资料的基础上，采用地质调查、物探、地质超前钻探、超前导坑等手段，对隧道开挖工作面前方的工程地质与水文地质条件及不良地质体的工程性质、位置、产状、规模等进行探测分析及预报，并提出技术措施建议。

随着我国经济持续发展和技术水平的不断提高，公路、高速公路的建设里程数越来越大，公路从地质条件简单的平原区向地质条件复杂的山区挺近，因而隧道的数量也越来越大。因此，在不良地质和特殊岩土地段修建隧道，若事先不能探明这些不良地质和特殊岩土的类型、分布规模，施工时往往会造成塌方、围岩大变形、涌水、突泥或岩爆等事故。为了防止这些事故的发生，应用超前地质预报技术探测隧道工作面前方不良的地质构造，准确预测隧道工作面前方规定范围内的工作地质、水文地质，为隧道工程设计和施工提供地质依据。根据超前预报的成果提出相应的技术措施与可行性建议，从而使隧道工程施工安全性、经济性显著提高。

本章对超前预报的目的与原则、预报方法的适用性、预报方案的设计、预报的实施、预警管理等内容进行较为详细的介绍，为隧道超前预报的设计与实施提供参考，以便减少不良地质与特殊岩土给隧道施工带来的不利影响。

2.1 预报目的、内容、对象与原则

2.1.1 预报目的

通过超前地质预报工作，可以及时掌握和反馈隧道地质条件信息，调整和优化隧道设计参数、防护措施，为优化隧道施工组织、制定施工安全应急预案、控制工程变更设计提供依据。做好隧道超前地质预报工作，可以为各类突发地质灾害提供预警，以便采取积极措施，降低地质灾害发生概率，实现隧道工程安全、质量、工期、环境和投资控制目标，直接或间接地创造巨大的经济效益和社会效益。综上所述，隧道超前预报的主要目的如下。

1）指导施工：在施工前期地质勘察成果的基础上，进一步查明掌子面前方一定范围内围岩的地质条件，进而预测前方不良地质以及隐伏的重大地质问题。

2）降低风险：避免或降低地质灾害发生的概率和危害程度。

3)动态设计:通过超前地质预报尽可能提前反映实际地质情况,为优化工程设计提供地质资料。

4)竣工运营:为编制竣工文件提供地质资料,为隧道长期运营及维护提供基础资料。

2.1.2 预报对象

由于可行性研究阶段和勘察阶段投入的限制,依据既有地质资料和有限的钻孔地质资料、水文地质资料、物探资料及钻孔岩石岩芯物理力学试验资料做出的施工设计与实际不符的情况经常出现,因此隧道地质超前预报在下列情况下显得尤为重要:

1)深埋长大隧道;
2)地质复杂隧道;
3)水下隧道;
4)可能存在大断层、岩溶、大量涌水涌泥、岩爆、瓦斯突出等工程地质灾害的隧道;
5)可能因开挖造成环境生态破坏的隧道。

2.1.3 预报内容

1)地层岩性预测预报,特别是对软弱夹层、破碎地层、煤层及特殊岩土的预测预报;
2)地质构造预测预报,特别是对断层、节理裂隙密集带、褶皱等影响岩体完整性的构造发育情况的预测预报;
3)不良地质预测预报,特别是对岩溶、人为坑洞、瓦斯等发育情况的预测预报;
4)地下水预测预报,特别是对岩溶管道水及富水断层、富水褶皱轴、富水地层中的裂隙水等发育情况的预测预报。

2.1.4 预报原则

隧道超前地质预报应以地质分析为基础,运用地质调查与物探相结合、长短探测相结合、洞内与洞外相结合、物探与钻探相结合、超前导洞与主洞探测相结合、地质构造探测与水文探测相结合的综合预报方法,并相互验证。具体来说可以概况为以下几个方面:

1)应该做。隧道超前地质预报是保证隧道施工安全的重要环节和重要技术手段,应将其列为隧道施工的必要工序。

2)分级做。应进行复杂程度分级,确定重点预报地段,并遵循动态设计原则,根据预报实施中掌握的地质情况,及时调整隧道区段的地质复杂程度分级、预报方法和技术要求等。

3)五结合。采用地质调查与勘探相结合、物探与钻探相结合、长距离与短距离相结合、地面与地下相结合、先行洞与后行洞相结合的方法,并对各种方法预报结果综合分析,相互验证,提高预报的准确性。

4)先行洞指导。应充分利用平行超前导坑、正洞超前导坑、先行施工的隧道开展隧道超前地质预报工作。

隧道常用超前地质预报技术与方法,以施工图详勘资料为基础,针对性地进行"一看、二探、三钻、四综合",层层深入,相互验证,提高准确性。

一看(掌子面地质素描):现场观察隧道洞内工作面的工程地质与水文信息并进行推断,初步核定围岩级别。

一看(地质素描):详细观察开挖工作面及附近,初步判定围岩级别和推断前方风险。这是隧道地质超前预报的最基本方法。其主要内容为:

a. 看部位:前后、左右、上下。

b. 看内容:BQ -[BQ],抗压强度 R_c,完整性 K_v(K_1地下水、K_2软弱结构面、K_3初始应力)。

c. 强度(敲击):强度及声音。

d. 完整性:节理数、结构面、地下水数量及部位,摄影、录像或三维扫描。

e. 施工工序:断面大小、进尺、打眼数量、炸药量、开挖质量。

f. 施工质量:超前支护、钢架、喷混凝土、锚杆数量与时机。

二探(物探技术):通过多手段、多方法、长短结合的物探技术探测掌子面前方一定范围内的地质信息,初步判定施工风险。

二探[物探(选做),针对性与专业性]:物理探测法是利用物体物理性质(如电阻率、电性等)进行地质判断的间接方法。物理探测距离大、施工干扰小,但准确预测难度大,存在一定的局限性。目前常用的物探地质探测方法包括地震波反射法、电磁波法(地质雷达法)、瞬变电磁法、水平声波法、红外线法等。

三钻(必要时钻探验证):对在物探过程中发现的可能存在的重大不良地质采用超前钻孔(导坑)重点分析、验证、核实施工风险具体地段。

三钻:超前钻孔及平导需要时间长,对进度影响较大,一般不采用,在复杂、灾害地质时,用于物探验证。超前钻探用于断层破碎带、断层涌突水、岩溶、瓦斯等情况。平行导洞主要为高速公路左右线隧道、通风平导、等级公路平导、施工平导等,主要用于特长隧道。

四综合(结合详勘和预报):基于详勘资料,结合地质预报成果,对隧道工作面前方围岩级别、施工风险进行综合分析,并制定针对性处置措施与施工方案。

由于地质条件的复杂性、物探的多解性和不确定性,在实际过程中很难用一种方法较为准确地对复杂地质做出准确的解译。在地质勘察基础上,将掌子面地质素描、物探、钻探的资料进行综合分析,最终获得相对准确的地质成果,并修正地质勘察资料,用于指导现场施工。

2.2 预报方法

隧道地质超前预报的方法和种类较多,常用的有地质调查法、地震波反射法和超前地质钻探法等,下面对各种预报方法进行简要介绍。

(1)地质调查法

地质调查法是在收集、整理、分析既有地质资料的基础上,补充隧道地表地质调查、洞内开挖工作面地质素描和洞身地质素描、地层分界线及构造线地下和地表的相关性分析、地质作图等。通过地质调查结果,编制完整的隧道地质纵剖面图和隧道地质展示图,预测、预报隧道工作面前方地质条件,特别是隧道施工遇到的不良地质体(带)的出露位置、范围,隧道围岩级别，塌方、涌水、岩溶、岩爆等地质灾害发生的规模和里程位置；对于可能发生重大地质异常的地段，提出工程处理措施建议或进一步探测的措施手段。地质调查法的核心内容是地质分析法，包括断层参数预测法、地质体投射法、掌子面编录预测法，适用于各种地质条件。

（2）地震波反射法

地震波反射法利用地震波在不均匀地质体中产生的反射波特性来预报隧道掘进面前方及周围临近区域地质情况。探测对象与相邻介质应存在较明显的波阻抗差异，并具有足以被探测的规模；断层或岩性界面的倾角应大于35°，构造走向与隧道轴线的夹角应大于45°。在软弱破碎地层或岩溶发育区，每次预报距离宜为100 m左右，不宜超过150 m；在岩体完整的硬质岩地层，每次可预报120～180 m，不宜超过200 m。连续预报时，前、后两次应重叠10 m以上。该法主要适用于断层破碎带、节理密集带、软硬岩界面（含煤层）等规则结构面的探测，也可用于规模较大、足以被探测的岩溶形态。

（3）电磁波反射法

电磁波反射法是利用电磁波在隧道开挖工作面前方岩体中的传播及反射，根据传播速度和反射脉冲波走时探测工作面前方地质情况。探测目的体与周边介质之间应存在明显介电常数差异，且探测目的体应具有足以被探测的规模；断层或岩性界面的倾角应大于35°，构造走向与隧道轴线的夹角应大于45°。在完整灰岩地段，预报距离宜在30 m以内；连续预报时，前、后两次重叠长度应在5 m以上。该法主要适用于岩溶探测，也可用于断层破碎带、软弱夹层等不均匀地质体的探测。

（4）红外探测法

由于分子的振动和转动，岩体中的水体时刻都在由内向外发射红外波段的电磁波，形成具有一定能量、动量、方向和信息的红外辐射场。当地质体中存在含水体时，含水体产生的红外场叠加在正常场上，形成异常场，根据异常场的特征来判断隧道围岩的含水特征。红外探测法就是根据这一原理，通过接收和分析红外辐射信号来判断掌子面前方、洞壁四周或隧底是否存在隐伏的含水构造。当全空间、全方位探测地下水体时，需在拱顶、拱腰、边墙、隧底等位置沿隧道轴向布置测线。有效预报距离应在30 m以内；连续预报时，前、后两次重叠长度应大于5 m。该法适用于定性判断前方有无水体存在及其方位，不能定量提供水量等参数。

（5）超前地质钻探法

超前地质钻探法利用钻机在隧道开挖工作面进行钻探以获取前方地质信息。断层、节理密集带或一般性破碎富水地层，每循环不得少于一个钻孔；富水岩溶发育区每循环不得少于3个钻孔，揭示岩溶时，应增加钻孔数量，必要时应在洞径周边一定范围内进行斜向钻探，斜向钻孔数量不得少于4个，应覆盖隧道未开挖区域的顶部、底部、左侧和右侧，斜向钻孔深度和角度应以满足安全施工和溶洞处理所需资料为原则。在需连续钻探时，每循环可钻进30～50 m，必要时可钻100 m以上的深孔；连续钻孔时，前、后两循环孔应重叠5～8 m。可能发生涌水、突泥的地段必须进行超前钻探，且超前钻探必须设有防突装置。该法适用于各种地质条件，尤其是富水软弱断层破碎带、富水岩溶发育区、煤层瓦斯发育区、重大物探异常区等地质条件复杂地段。

(6)加深炮孔探测法

加深炮孔探测法利用风钻或凿岩台车等在隧道开挖工作面钻小孔径浅孔以获取地质信息。钻孔应较爆破孔(或循环进尺)深 3 m 以上,孔径宜与爆破孔相同;孔数、孔位应根据开挖断面大小和地质复杂程度确定。在富水岩溶发育区,发现异常情况及时反馈信息,严禁盲目装药放炮。钻到溶洞和富水地层时,应视情况采用超前地质钻探和其他探测手段,查明情况。加深炮孔探测严禁在爆破残眼中实施。该法适用于各种地质条件,尤其适用于岩溶发育区。

(7)瞬变电磁法

瞬变电磁法是以岩石的导电性、导磁性和介电性为主要物性基础,根据电磁感应原理,通过观测和研究电磁场空间与时间分布规律,探测掌子面前方地质情况。该法适用于地下水、断层构造(断层的空间位置和相对富水性)的探测,尤其是查明因含水引起的低阻异常地质体。

(8)陆地声呐法

陆地声呐法是利用锤击方式激发弹性波,并在激震点旁设检波器接收被测物体的反射波,通过提取不同频段的反射波并进行对比分析,分辨掌子面前方地质情况。在软弱破碎地层或岩溶发育区,每次预报距离宜为 20~50 m,不宜超过 70 m;在岩体完整的硬质岩地层,每次可预报 50~70 m,不宜超过 100 m;连续预报时,前、后两次应重叠 10 m 以上。该法适用于探察断层等近似平面型的地质体(包括测出断层破碎带的影响范围)和溶洞等有限大小地质体。

(9)高分辨直流电法

高分辨直流电法是以岩石的电性差异为基础,在全空间条件下建立电场,通过研究电场或电磁场的分布规律预报开挖工作面前方储水、导水构造分布和发育情况。现场采集数据时,必须布设 3 个以上的发射电极进行空间交汇,区分各种影响,并压制不需要的信号,突出隧道前方地质异常体的信号。有效预报距离不宜超过 80 m;连续探测时,前、后两次应重叠 10 m 以上。该法适用于探测任何地层中所存在的地下水体位置及相对含水量的大小,如断层破碎带、溶洞、溶隙、暗河等地质体中的地下水。

从上述分析可知,每一种方法都具有一定的适用条件和优缺点,具体见表 2.1 所示。

表 2.1　隧道地质超前预报常用方法的适用条件和优缺点

序号	方法名称	适用条件	优点	缺点
1	地质调查法	适用于各种地质条件	不占用施工时间,所用设备简单、操作方便,预报效率高、效果好、费用低,能为整座隧道提供完整的地质资料;在隧道埋深较浅、构造不太复杂的情况下有很高的准确性	对与隧道交角较大而又向前倾的结构面容易漏报;构造比较复杂地区和隧道深埋较大的情况下,该方法工作难度较大,准确性较差;对操作人员地质知识水平要求较高,一般要求由专业地质人员来完成

续 表

序号	方法名称	适用条件	优点	缺点
2	地震波反射法	主要适用于断层破碎带、节理裂隙密集带、软硬岩界面(含煤层)等规则结构面的探测,也可用于探测规模较大、足以被探测的岩溶形态	适用范围广,适用于极软岩至极硬岩的任何地质情况;预报距离长,能预报掌子面前方100～200 m范围内的地质状况,围岩越硬越完整,预报长度就越大;对隧道施工干扰小,可在隧道施工间隙进行	弹性波速与实际波速存在差异,导致地质体预报位置与实际情况有所差异;预报断层、软弱结构面等面状结构反射信号较为明显,分辨率高,对小型溶洞反映不明显
3	电磁波反射法	主要适用于岩溶、采空区探测,也可用于断层破碎带、软弱夹层等不均匀地质体的探测	具有分辨率高、快速、无损、连续检测、实时显示等特点。在地表探测5～30 m范围内的地下地层或地质异常体(溶洞、土洞、断裂、空隙等)反射信号比较明显,是一种比较理想的手段	探测距离太短,一次只能探测5～30 m;隧道内的环境条件与地质雷达的理论基础——半无限空间不吻合,加之洞内钢拱架、钢筋网、锚杆、钢轨等金属构件的影响,往往造成假异常,形成误判
4	红外探测法	适用于定性判断前方有无水体存在及其方位	红外探测能准确判断出探测点前方有无水体存在及其方位;对水体的探测有较高的准确率	不能对水量、水压等重要参数进行预报;对数据采集点的条件要求高,探测数据受影响程度较高;不适用于浅埋岩溶隧道掌子面前方含水体探测
5	超前地质钻探法	适用于各种地质条件,尤其是富水软弱断层破碎带、富水岩溶发育区、煤层瓦斯发育区、重大物探异常区等地质条件复杂地段	可比较直观地显示出钻孔所经过部位的地层岩性、岩体完整程度、裂隙度与地下水情况	费用高、占用时间长(超前地质钻探),且资料只是一孔之见(理论上讲,由于溶洞发育的复杂性、多变性,几个钻孔难以100%地提前预报掌子面前方的管道、岩溶提前预报)。遇软弱岩层取芯困难,对岩溶隧道布孔位置带有偶然性,在复杂地质条件下很难预测到掌子面前方小断层和贯穿性大节理
6	加深炮孔探测法	适用于各种地质条件,尤其适用于岩溶发育区		

续表

序号	方法名称	适用条件	优点	缺点
7	瞬变电磁法	适用于地下水、断层构造（断层的空间位置和相对富水性）的探测，尤其是查明因含水引起的低阻异常地质体	操作简单、预报时间短；为中距离超前预报；对水体较为敏感，用于对突涌水进行探测；可以判断含水体及变化趋势	对低电阻较为敏感，钢拱架、锚杆、钢筋网等对预报结果影响较大；对围岩质量、破碎程度不敏感；只能作为一种辅助方法；对电力和通信信号等电磁场的抗干扰能力差
8	陆地声呐法	适用于探查断层等近似平面形的地质体（包括测出断层破碎带的影响范围）和溶洞等有限大小地质体	该法分辨率高，可避开许多干扰波，反射波能量高，探查岩溶和洞穴效果好，图像简单易辨，预报距离为50～100 m	只对直立目标体有明显反映，而对倾斜目标体和折射特征明显的宽大破碎带，特别是对破碎带中是否充有承压水则不易识别
9	高分辨直流电法	用于探测任何地层中所存在的地下水体位置及相对含水量的大小，如断层破碎带、溶洞、溶隙、暗河等地质体中的地下水	适用于探测地层中存在的地下水位置及含水量	受隧道环境影响较大，当隧道内有淋水或积水时会造成局部电阻失真；隧道长度必须大于100 m

2.3 预报方案设计

2.3.1 预报距离分类

《公路隧道施工技术规范》(JTG/T 3660—2020)将超前地质预报按预报距离分为3类，即长距离预报、中距离预报、短距离预报，详见表2.2。

表2.2 超前地质预报按预报距离分类

按预报长度分类	预报长度 L/m	说明
短距离预报	$L<30$	可采用地质调查法、地质雷达法及超前钻探法等
中距离预报	$30 \leqslant L<100$	可采用地质调查法、弹性波反射法及超前钻探法等
长距离预报	$L \geqslant 100$	可采用地质调查法、弹性波反射法及超前钻探法等

2.3.2 预报分级

《公路隧道施工技术规范》(JTG/T 3660—2020)根据隧道工程地质与水文地质条件和复杂程度、地质因素对隧道施工影响程度、诱发环境问题程度等,针对不同类型地质问题,列出了不同方法和手段,分段、分级进行超前地质预测预报,详见表2.3。

表2.3 地质预测预报分级表

地质预测预报分级影响因素		地质预测预报分级			
		A(复杂)	B(较复杂)	C(中等复杂)	D(简单)
地质复杂程度(含物探异常)	岩溶发育程度	极强,厚层、块状、质纯灰岩,大型溶洞、暗河发育,岩溶密度大于15个/km²,最大泉流量大于50 L/s,钻孔岩溶率大于10%	强烈,中厚层灰岩夹白云岩,地表溶洞落水洞密集,地下水以管道水为主,岩溶密度5~15个/km²,最大泉流量为10~50 L/s,钻孔岩溶率为5%~10%	中等,中薄层灰岩,地表出现溶洞,岩溶密度为1~5个/km²,最大泉流量5~10 L/s,钻孔岩溶率为2%~5%	微弱,不纯灰岩与碎裂岩互层,地表地下以容隙为主,最大泉流量小于10 L/s,钻孔岩溶率小于2%
	涌水、涌泥程度	特大突水(涌水量大于1×10^5 m³/d)、大型突水(涌水量1×10^4~1×10^5 m³/d)、突泥,高水压	中小突水(涌水量1×10^3~1×10^4 m³/d)、突泥	小型涌水(涌水量1×10^2~1×10^3 m³/d)、涌泥	涌水量小于1×10^2 m³/d,涌突水可能性极小
	断层稳定程度	大型断层破碎带,自稳能力差,富水,可能引起大型失稳坍塌	中型断层带,软弱,中~弱富水,可能引起中型坍塌	中小型断层,弱富水,可能引起小型坍塌	中小型断层,无水,掉块
	地应力影响程度	极高应力,严重岩爆(岩石点荷载强度与围岩最大切向应力的比值小于0.083),大变形	高应力,中等岩爆(岩石点荷载强度与围岩最大切向应力的比值为0.083~0.15),中~弱变形	弱岩爆(岩石点荷载强度与围岩最大切向应力的比值为0.15~0.20),轻微变形	无岩爆(岩石点荷载强度与围岩最大切向应力的比值大于0.20),无变形
	瓦斯影响程度	瓦斯突出:瓦斯压力$P\geqslant0.74$MPa,瓦斯放散初速度$\Delta p\geqslant10$,煤的坚固性系数$f\leqslant0.5$,煤的破坏类型为Ⅲ类及以上	高瓦斯:全工区的瓦斯涌出量不小于0.5 m³/min	低瓦斯:全工区瓦斯涌出量小于0.5 m³/min	

续表

地质预测预报分级影响因素	地质预测预报分级			
	A(复杂)	B(较复杂)	C(中等复杂)	D(简单)
地质因素对隧道施工的影响程度	危及施工安全,可能造成重大安全事故	存在安全隐患	可能存在安全问题	局部可能存在安全问题
诱发环境问题的程度	可能造成重大环境灾害	施工、防治不当,可能诱发一般环境问题	特殊情况下可能出现一般环境问题	
超前地质预报方式	采用地质分析法、弹性波反射法(地震波法、水平声波剖面法、陆地声呐法)、地质雷达法、高分辨率直流电法、瞬变电磁法、激发极化法、超前水平钻探法等进行综合预报	采用地质分析法、弹性波反射法(地震波法、水平声波剖面法、陆地声呐法),辅以高分辨率直流电法、瞬变电磁法、激发极化法、地质雷达法,必要时进行超前水平钻孔	以地质分析法为主,对重要地质界面、断层或物探异常地段宜采用弹性波反射法(地震波法、水平声波剖面法、陆地声呐法)进行探测,必要时采用超前水平钻孔	采用地质分析法,必要时补充其他方法

隧道地质复杂程度分级应根据开挖过程中的超前地质预报成果和实际地质条件进行动态调整。

2.3.3 预报方法的选择

隧道超前地质预报应坚持"地质调查与勘探相结合、物探与钻探相结合、长距离与短距离相结合、地面与地下相结合,综合分析,相互验证"的实施原则,在分析既有地质资料的基础上,依据隧道地质复杂程度分级结果,针对不同里程段不同的地质问题,选择不同的方法和手段,并贯穿于隧道施工的全过程。具体原则如下:

1)构造位置采用弹性波反射法长距离探测预报原则。
2)构造形状采用地质雷达法短距离精确探测预报原则。
3)构造性含水性及含水体采用探水专用方法(瞬变电磁法、红外法)探测预报原则。
4)界面间介质性质、岩溶充填物性质综合分析判断原则,即在界面位置、岩溶形状探测预报的基础上,结合预报人员经验及其对隧道所处工程地质水文地质条件的掌握、掌子面的地质条件预报、掌子面前方地质条件变化趋势,进行综合分析判断。
5)互为验证、跟踪预报和钻孔法精准验证原则。

隧道地质超前预报的方法和种类较多,常用的有地质调查法、物探法和超前地质钻探等。每种方法具有一定的局限性,且每座隧道的地质条件各不相同,因此,预报方法的选择一定要结合隧道的地质条件进行综合分析。

对地质条件较简单的隧道,可采用洞内地质编录的方法,对掌子面前方的地质条件进行预测。

对地质条件比较复杂的隧道,在采用地质编录的基础之上,在地层分界线、角度不整合接触带、物探异常段、富水段等地质条件较复杂的地段采用地震波反射法基本贯通,在富水带采用红外探水,在无浅埋段地层分界线采用地质雷达等方法进行预报。

对高风险隧道,在采用洞内地质编录的基础上,采用物探地质超前预报方法(地震波反射法、地质雷达法、红外探水法等),对隧道掌子面前方的地质条件进行预报。

对富水段、物探地质超前预报异常段,在地质编录、物探地质超前预报(地震波反射法、地质雷达法、红外探水法)的基础上,采用超前水平钻探进行地质超前预报,以确定物质组成、富水情况等,分析施工中可能存在的地质问题,并提出工程措施建议。

2.3.4 预报设计

对每一种超前地质预报方法采集的信息均应进行及时、认真的分析研究,提出单一方法的地质预报分析资料。地质综合判析是综合地质预报方法的中枢,它对各种预报手段获得的分析资料进行归纳、分析、对比和相互印证,提出最终预报成果和工程措施建议,指导隧道施工,并确定下一步预报的方案和各预报手段的工作计划。各种预报手段的组合不是一成不变的,应根据地质条件和各预报手段的优缺点灵活选用,以实现预报、解决实际问题为目的。预报资料必须体现出及时性,以便随时指导施工开挖。

隧道超前地质预报设计,根据各隧道地勘资料所提供的具体地质情况,可以采用以下几种方案进行。

2.3.4.1 Ⅲ、Ⅳ级围岩地段

这是适用于设计围岩等级为Ⅲ、Ⅳ级围岩的常规地质条件(即无不良地质、构造、特殊岩土、富水地层和低阻异常等)地段的超前地质预报。对于地勘资料所述的Ⅲ、Ⅳ级围岩常规地质条件地段,按以下步骤进行预报设计:①采用地质调查法对区域工程地质及水文地质情况进行宏观掌握;②采用 TGP/TSP[隧道地球物理勘探(Tunnel Geophysics Prediction,TGP)/隧道地震勘探(Tunnel Seismic Prediction,TSP)]地震波反射法进行长、中长距离探测。若不存在物探异常区(不良地质段),则根据预报结论中的围岩级别判定情况,确定是否需要调整支护参数;若存在物探异常区,则根据物探异常分布情况,补充超前地质预报方案(如采用地质雷达法、加深炮孔法、红外探测法中的一种或几种等)。

2.3.4.2 Ⅴ级围岩地段

这是适用于设计围岩等级为Ⅴ级围岩地段的超前地质预报。具体步骤为:①采用地质调查法进一步掌握与核实所处地区的基本工程地质及水文地质条件;②采用 TGP/TSP 地震波反射法进行长、中长距离探测,确定具有规则结构面或规模较大地质体的位置及范围;③采用地质雷达进行短距离精确探测,必要时采取钻探法、配合 TGP/TSP 地震波法查明掌子面前方地质情况。

2.3.4.3 断(层)裂构造及其破碎带或岩性接触带地段

对于地勘资料所述存在断层破碎带或岩性接触带地段,超前地质预报应探明断层破碎带或岩性接触带的产状、富水情况,在隧道中的分布位置,断层破碎带的性质、规模、物质组成等,并分析其对隧道的危害程度。预报时应以地质调查法为基础,以弹性波反射法探测为主,结合多种物探手段进行综合超前地质预报。根据隧道所在区域水文地质情况,可以采用以下两种实施方案。

1) 适用于不富水的断层破碎带或岩性接触带地段的超前地质预报。其具体步骤为:①采用地质调查法进一步核实断层破碎带及岩性接触带的产状、位置与规模等;②采用TGP/TSP地震波反射法进行长、中长距离探测,确定断层破碎带或岩性接触带在隧道内的大致位置和宽度;③辅以地质雷达对断层破碎带或岩性接触带进行短距离精确探测。

2) 适用于富水断层破碎带或岩性接触带地段的超前地质预报。其具体步骤为:①采用地质调查法进一步核实断层破碎带及岩性接触带的产状、位置与规模等;②采用TGP/TSP地震波反射法进行长、中长距离探测,确定断层破碎带或岩性接触带在隧道内的大致位置和宽度;③辅以地质雷达对断层破碎带或岩性接触带进行短距离精确探测;④必要时,采用高分辨直流电法、瞬变电磁法、红外法探测断层破碎带或岩性接触带的地下水发育情况;⑤根据物探资料,采用超前地质钻探法(加深炮孔)预报断层的确切位置和规模、破碎带的物质组成及地下水的发育情况等。

预报的要点如下。

(1) 断层破碎带的准确定性

对断层破碎带的准确定性所采用的主要技术手段是在短距离地质超前预报,特别是在断层前兆预测法的基础上,对隧道掌子面刚刚揭露的断层破碎带予以准确判断。

识别隧道内断层及断层破碎带的主要标志有:断层破碎带的出现,如构造透镜体、断层角砾岩等;任何沿走向延伸的线状、面状地质体沿走向突然中断或被错移;断面及断面构造的出现,如见到断层面、摩擦镜面、擦抹晶体、阶步、擦痕等;断层影响带的出现,如出现构造强化带,岩层产状突然变化,节理化、劈理化带的突然出现,小褶皱急剧增加,出现挤压破碎现象、牵引构造等;地层的重复与缺失。

(2) 断层破碎带发生塌方可能性的判断

断层破碎带塌方的判定和警报主要包括断层破碎带塌方影响因素的正确分析、断层破碎带围岩级别的准确鉴定和塌方即将发生前兆的及早发现。

影响断层破碎带塌方的地质因素有断层上下盘岩性、断层的力学性质、断层破碎带厚度、物质组成、固结程度、围岩结构、产状及其与隧道的空间关系和地下水等。

塌方即将发生的前兆有:①顶板岩石开裂,裂隙旁有岩粉喷出或洞内无故尘土飞扬;②支撑拱架变形或发出声响;③拱顶岩石掉块或裂隙逐渐扩大;④干燥围岩突然涌水;等等。

2.3.4.4 岩溶发育地段

对于地勘资料所述的岩溶发育地段,超前地质预报应探明岩溶在隧道内的分布位置、规模、充填情况及岩溶水的发育情况,分析其对隧道的危害程度。预报时应以宏观预报指导微观预报,以长距离预报指导中短距离预报,以地质调查法为基础,以超前钻探法为主,结合多种物探手段进行综合超前地质预报。根据隧道所在区域水文地质情况,有以下两种实施方案。

1)适用于不富水的岩溶发育地段的超前地质预报。其具体步骤为:①采用地质调查法分析岩溶发育的规律,宏观掌握区域岩溶发育情况;②采用 TGP/TSP 地震波反射法进行长、中长距离探测,探明规模较大的岩溶形态;③辅以地质雷达对岩溶进行短距离精细探测,查明岩溶位置、规模和形态;④掌子面施工时,根据物探资料,针对岩溶发育部位进行加深炮孔探测,获取掌子面前方岩溶发育情况。

2)适用于富水岩溶发育地段的超前地质预报。其具体步骤为:①采用地质调查法分析岩溶发育的规律,宏观掌握区域岩溶发育情况;②采用 TGP/TSP 地震波反射法进行长、中长距离探测,探明规模较大的岩溶形态;③辅以地质雷达对岩溶进行短距离精细探测,查明岩溶位置、规模和形态;④必要时,可采用红外探测法、瞬变电磁法、高分辨直流电法等探测方法,对含水构造进行定性、定位和估量探测;⑤根据物探资料,采用超前地质钻探法对岩溶发育区进行靶向探测,探明溶洞的充填情况及富水情况,验证预报结论。

对富水岩溶发育地段,超前地质钻探必须连续、重叠进行。超前钻探应根据物探资料布置验证。探孔,并应终孔于隧道开挖轮廓线以外 5~8 m;超前钻探揭示岩溶后,应适当加密钻探。岩溶地段还应进行隧道周边及隧底隐伏岩溶洞穴的探测,查明隐伏岩溶洞穴的位置、规模。

3)适用于岩溶不发育或轻微发育的可溶岩地段的超前地质预报。其具体步骤为:①采用地质调查法分析岩溶发育的规律,宏观掌握区域岩溶发育情况;②采用地质雷达对岩溶进行短距离精细探测,查明岩溶位置、规模和形态;③掌子面施工时,根据物探资料,针对可能存在的岩溶发育部位进行掌子面加深炮孔探测,获取掌子面前方岩溶发育情况。

2.3.4.5 低阻异常地段

对于地勘资料中出现的低阻异常(节理密集带、破碎富水地层等)地段,需采用综合超前地质预报探明该地段的岩性及地下水情况,确定造成低阻异常的原因。具体步骤为:①采用地质调查法进一步掌握与核实所处地区的基本工程地质及水文地质条件;②采用地质雷达对掌子面前方地质体进行短距离精细探测;③采用瞬变电磁法、红外探测法等对低阻异常段进行探测,尤其是因地下水引起的低阻异常,查明含水地质;④若存在富水地层,可采用超前地质钻探对富水地质体进行靶向探测,查明地层及富水情况。

2.3.4.6 瓦斯

瓦斯及有害气体隧道超前地质预报是指在分析既有地质资料的基础上,采用地质调查、物探、超前地质钻探、超前导坑等手段,对隧道开挖工作面前方煤层瓦斯和有害气体的工程性质、位置、产状、规模等进行探测,分析判释及预报,并提出技术措施及建议。

高瓦斯和煤(岩)与瓦斯突出隧道,应采用物探法初步预判煤层在隧道内的位置;结合弹性波反射法、地质调查法、地表与地下相关性分析、地层趋势分析及地质作图等手段预测预报煤层在隧道内的里程,确定实施超前地质钻探法的范围。开挖掌子面距离煤层 100 m 之前,应开始实施超前地质钻探。

煤层瓦斯预报应探明煤层分布位置、煤层厚度,测定瓦斯含量、瓦斯压力、涌出量、瓦斯放散初速度、煤的坚固性系数等,判定煤的破坏类型,分析判断煤的自燃及煤尘爆炸性、煤与瓦斯突出危险性,评价隧道瓦斯严重程度及对工程的影响,提出技术措施及建议等。

瓦斯隧道超前地质预报包括瓦斯地层岩性预测预报(主要采用地质调查法和超前钻探法)、瓦斯地质构造预测预报(主要采用地质调查法、超前钻孔法、弹性波和电磁波反射法)、瓦斯涌出量及压力预测预报(超前探孔分析)。

《公路隧道设计细则》(JTG/T D70—2010)对煤层瓦斯地段的超前地质预报的要求如下:每个钻孔均应穿透煤层并进入顶(底)板不小于0.5 m;正式探测孔应取完整的岩(煤)芯,进入煤层后宜用干钻取样;各钻孔直径不宜小于76 mm;钻孔过程中应观察孔内排出的浆液、煤屑变化情况,并做好记录。

2.3.4.7 突水和涌泥

突水、涌泥地段的超前预报应以地质调查法为基础,以超前钻探法为主,结合多种物探手段进行综合超前地质预报。对突水、涌泥地段超前地质预报的要求如下:可能发生突水、涌泥地段必须进行超前钻探,且超前钻探必须设计防突装置;隧道通过煤系地层、金属和非金属等矿区中的采空区时,应查明采矿巷及废弃矿巷与隧道的空间关系,分析评价其对隧道的危害程度;当斜井、反坡地段处于富水区时,实施超前钻探作业前应设计好钻孔突涌水处治预案,确保人员与设备的安全,避免淹井事故的发生。

(1)突水的主要地质类型

1)断层突水属于较常见的突水类型,但大多数情况下规模较小(多为涌水级,少数可达小型突水级)。造成断层裂隙型突水的主要地质条件有:①以压冲逆断层为主或扭性平移断层为主的断层,其上盘为脆性、厚度较大、裂隙很发育的含水透水岩层(如砂岩、石英岩等),下盘为塑性、裂隙很不发育的隔水岩层(如页岩、泥岩、片岩等)。这样的断层及上、下盘组合常发生涌水或小型突水。②以硬岩中发育的张滑正断层为主断层或以扭性平移断层为主断层,其断层破碎带地表与处于低洼地貌的地表水体沟通,或地下与暗河、大型溶洞沟通,也可以发生涌水或小型突水。

2)溶洞突泥突水和暗河突水。岩溶发育地区的施工隧道,突泥突水的规模一般都很大,这种突泥突水造成的危害很大,是重点防范对象。

3)稀性岩溶淤泥带突水。稀性岩溶淤泥带突泥突水多发生在我国南方岩溶发育地区的施工隧道中,规模一般都很大,可达中~大型突水级。

(2)地下水源体的性质

1)各种水源体的生成环境:断层水、溶洞、暗河、稀性岩溶淤泥带、老窑、老腔的生成环境。

2)储水构造形态与充填物特征:断层水、溶洞、暗河、稀性岩溶淤泥带的各自储水构造形态与充填物特征。

3)临近断层水源体的前兆:下盘泥岩、页岩等隔水岩层明显变化、软化,出现淋水现象及水源痕迹。

4)临近大型溶洞水体的前兆:较多的铁锈染或夹泥的裂隙出现;小溶洞出现的频率增加。

5)临近暗河的前兆:出现大量铁锈染裂隙或小溶洞;大量出现的小溶洞含有洞砂;钻孔中的涌水量剧增且夹有泥沙或小卵石。

(3)隧道突水发生可能性的判断

隧道施工中,预报突泥突水发生的可能性,主要依据超前钻孔的涌水量来进行,即炮眼水喷射距预报法。

掌子面前方水源的潜在涌水量与爆破前工作面上炮眼水流量密切相关,可用下式表示:

$$S = v^2 y/g$$

式中:S——炮眼的水平射距;

v——炮眼水的流速(射速);

y——炮眼距隧道洞底的距离;

g——重力加速度。

一般情况下,堵死其余炮眼,只留一个喷射距离最远的炮眼后,可根据其喷射距离来预测涌水级别。

1)喷距 $S<5$ m,相当于涌水量小于 100 m³/h,为小、中、大股涌水级。

2)喷距 $5 \leqslant S<9$ m,相当于涌水量为 100~300 m³/h,为小型突水级。

3)喷距 $9 \leqslant S \leqslant 12$ m,相当于涌水量为 300~400 m³/h,为中型突水级。

4)喷距 $S>12$ m,相当于涌水量大于 400 m³/h,为大型突水级。

(4)隧道施工突泥预报

造成突泥的主要不良地质为岩溶发育地区的岩溶和淤泥带。岩溶的预报方法与特征前兆在施工过程中突水预报中说明。淤泥带的特征如下:

1)物质成分组成上,含有大量的黄泥和碎石。

2)在剖面上规模向下逐渐变小,到一定深度消失,所以距地表较近的隧道隧洞遇到较多。

3)淤泥带的物质成分在剖面上也有变化,一般地表或地表下一定深度由黄泥夹碎石组成,往深处碎石含量减少,黄泥含量增多,再往深处逐渐变为黄泥,最后以稀性黄泥和地下水为主。

4)地下水位以上的淤泥多呈干涸状态,而地表水位以下的淤泥带则变成能够流动的黄泥。

2.3.4.8 岩爆

1)根据特殊的地质现象进行宏观预测。这些特殊的地质现象诸如:钻孔岩芯断裂;现场大剪试验或表面应力解除时,岩体四周应力解除后,底部会自动断裂,甚至会被弹起,并伴有断裂声;应力-应变全过程曲线异常;等等。这些现象多预示着该区岩体具有较高的地应力,可以帮助判断岩爆是否会发生。

2)声发射现场监测预报。根据李强(1994)和 Langstaff(1977)的研究,无论是室内试验,还是现场初步监测,结果都表明:声发射信号急剧增加都超前岩体(石)的变形破坏,根据这一特点,可以将岩体声发射技术推广应用到岩爆监测预报中。

3)σ_θ/R_b 判据现场测定预测法。国内外学者多将有限元方法计算得到的开挖断面切向应力 σ_θ 和岩石单轴抗压强度 R_b 之比值作为岩爆判据。

4)电磁辐射监测预报法。该方法是依据完整岩石压缩变形破坏过程中,弹性范围内不产生电磁辐射,峰值强度附近电磁辐射最强烈,软化后无电磁辐射这一原理,采用特制的仪器,现场监测岩体变形过程中发出的电磁辐射"脉冲"信号,通过数据处理和分析,来预报岩爆。这一方法首先由俄罗斯学者提出,我国王来贵等人也在开展具体应用研究工作,目前该方法主要应用在煤爆监测预报领域。

5)地质超前预测法。岩爆的发生不仅取决于地应力条件,还与岩性及其分布特征、岩体结构、断裂和地下水状况及其他扰动因素有关,岩爆往往发生在硬脆性夹层侧。

6)微重力法。微重力法是采用物探的方法对岩爆进行预测,其理论基础是脆性岩石的"扩容"现象,即岩石在应力的作用下,力学参数会发生明显的变化,当其应变超过临界值时,岩石的体积会突然增大,此时岩石的微重力异常变化是由正到负。岩爆发生前,处于临爆状态的岩石出现负重力异常极值,所以可以用微重力量测值作为岩爆发生的准则。当重力异常长时间处于正常水平上时,岩爆不可能发生。

7)樊建平提出了用岩石单轴饱和抗压强度(R_b)与最大主应力(σ_1)的比值作为评价岩爆发生的条件进行预测:当 $R_b/\sigma_1=3\sim 6$ 时就会发生岩爆;当 $R_b/\sigma_1<3$ 时可能发生严重岩爆。

8)分形理论。谢和平、李玉生运用分形几何学的方法,用分形的数目与半径的关系考察微震事件的位置分布,发现微震时间具有集聚分形结构。岩爆发生前,微震活动的积聚程度明显增加,并相应地出现在一个主岩爆临近发生时。分形理论更多地是从现象学的角度对岩爆发生给予定性描述,在定量说明岩爆发生原因和破坏过程方面尚有大量工作要做。

2.3.4.9 小结

在隧道超前地质预报中,一般根据不同的地质情况采取相应的预报措施,具体见表2.4。

表 2.4 预报措施一览表

序号	地质情况		预报措施
1	Ⅲ、Ⅳ级围岩常规地质条件地段(即无不良地质、构造、特殊岩土、富水地层和低阻异常等)		地质调查法+TGP/TSP地震波反射法
2	Ⅴ级围岩地段		地质调查法+TGP/TSP地震波反射法+地质雷达法
3	断层破碎带或岩性接触带地段	不富水	地质调查法+TGP/TSP地震波反射法+地质雷达法
		富水	地质调查法+TGP/TSP地震波反射法+地质雷达法+高分辨直流电法(或瞬变电磁法、红外探测法等)+超前地质钻探法

续表

序号	地质情况		预报措施
4	岩溶发育地段	不富水	地质调查法+TGP/TSP地震波反射法+地质雷达法+加深炮孔法
		富水	地质调查法+TGP/TSP地震波反射法+地质雷达法+高分辨直流电法（或瞬变电磁法、红外线法等）+超前地质钻探法
		岩溶不发育或轻微发育的可溶岩地段	地质调查法+TGP/TSP地震波反射法+地质雷达法+加深炮孔法
5	低阻异常地段（节理密集带、破碎富水地层等）		地质调查法+TGP/TSP地震波反射法+地质雷达法+瞬变电磁法（或红外线法等）+超前地质钻探法
6	瓦斯		地质调查法+TGP/TSP地震波反射法+地质雷达法+高分辨直流电法（或瞬变电磁法、红外探测法等）+超前地质钻探法
7	岩爆		宏观预测+声发射+电磁辐射+地质超前预测+微重力法
7	涌水、突泥		地质调查法+TGP/TSP地震波反射法+地质雷达法+瞬变电磁法（或红外探测法等）+超前地质钻探法

2.4 预报实施

2.4.1 地质调查法

地质调查法是根据隧道已有勘察资料、地表补充地质调查资料和隧道内地质素描，通过地层层序对比、地层分界线及构造线地下与地表相关性分析、断层要素与隧道几何参数的相关性分析、临近隧道内不良地质体的可能前兆分析等，利用常规地质理论、地质作图和趋势分析等，推测开挖工作面前方可能揭示的地质情况的一种超前地质预报方法。地质调查法应包括隧道地表补充地质调查和隧道内地质素描，可适用于各种地质条件下的隧道超前地质预报。

2.4.1.1 地质调查的内容

（1）隧道地表补充地质调查的主要内容

对存有疑虑的相关重大地质问题和地段，补充必要的地面地质调查工作。超前地质预报工作一般只对地表进行补充地质调查,若需进行地表补充地质勘探工作,原则上由隧道原勘察设计单位实施,以满足设计变更和优化的需要。主要内容包括:

1)对已有地质勘察成果的熟悉、核查和确认;

2)确定地质调查线路布置与隧道轴线一致,可视地层、岩性、构造出露情况布置左右穿插(呈S形),绘制沿隧道的带状图;

3)调查地层、岩性在隧道地表的出露及接触关系,特别是对标志层的熟悉和确认;

4)调查断层、褶皱、节理密集发育带等地质构造在隧道地表的出露位置、规模、性质及其产状变化情况;

5)调查地表岩溶发育位置、规模及分布规律;

6)调查煤层、石膏、膨胀岩、含石油天然气、含放射性物质等特殊地层在地表的出露位置、宽度及其产状变化情况;

7)调查人为坑洞位置、走向、高程等,分析其与隧道的空间关系;

8)隧道通过地表水体附近和下部时,应调查隧道至地表水体地段的地层岩性、产状、节理裂隙发育程度、地下水径流排泄特征、富水程度等;

9)地质调查或观测点布置原则应为控制特殊地质界线、标志层;

10)根据隧道地表补充地质调查结果,结合设计文件、资料和图纸,核实和修正超前地质预报重点区段。

(2)隧道内地质素描主要内容

隧道内地质素描是将隧道所揭露的地层岩性、地质构造、结构面产状、地下水出露点位置及出水状态、出水量、煤层、溶洞等准确记录下来并绘制成图表,是地质调查法工作的一部分,包括开挖工作面地质素描和洞身地质素描,见表2.5及表2.6。

表 2.5 地质情况记录及围岩分级表

隧道名称			掌子面位置	里程桩号		评定
				距洞口位置/m		
掌子面状态	毛洞状态	稳定	正面掉块	正面挤出	正面不能自稳	
	与隧道轴线交角			是否利于隧道稳定		
岩性指标	岩石名称		地质年代		地质符号	硬岩中硬岩软岩极软岩
	岩石强度	锤击反弹、强烈锤击沿裂隙裂开	锤击易裂开、呈薄片状	锤击易崩裂、呈片状	无法锤击、用指甲产生划痕	土砂状
	抗水软化能力			浸水后状态		
	岩石基本特征	颜色		褶皱发育情况		

续 表

隧道名称				掌子面位置		里程桩号			评定
						距洞口位置/m			
岩体完整状态	地质构造程度			轻微	较重		严重	很严重	完整 较完整 较破碎 破碎 松散
	地质结构面	组次	产状	间距/m	长度/m	粗糙度	张开性/mm	充填物	
		1							
		2							
		3							
		4							
	断层	产状		宽度/m		特征		与隧轴线夹角	
地下水	岩面干燥		岩面有湿斑	整体湿润		局部渗水		滴水	线状滴水
	其他说明的问题								
初始应力状态	埋深 $H=$ m								高地应力 偏压
	地质构造应力状态								
	其他								
围岩级别	Ⅰ		Ⅱ		Ⅲ		Ⅳ	Ⅴ	Ⅵ
初期支护情况									
二次衬砌情况									
其他									
	掌子面素描图			左侧壁素描图			右侧壁素描图		

表 2.6 隧道地质素描

项目名称		项目编号	
建设单位		施工单位	
隧道名称		洞　名	
掌子面桩号		围岩级别	
仪器型号		仪器编号	
日　期		天　气	

续 表

掌子面地质素描图

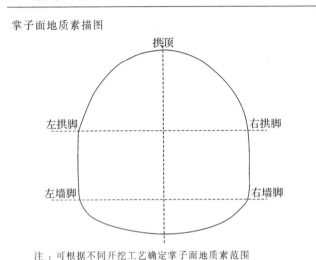

现象描述（片帮现象、岩爆现象、渗水涌水状态，发生时间等）：

注：可根据不同开挖工艺确定掌子面地质素范围

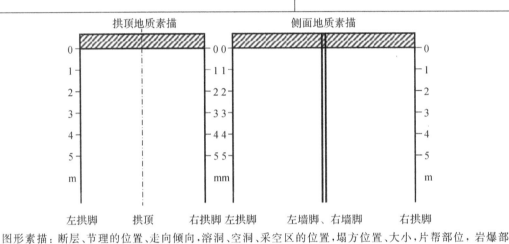

图形素描：断层、节理的位置，走向倾向，溶洞、空洞、采空区的位置，塌方位置、大小，片帮部位，岩爆部位，渗水涌水的位置等。

观察：　　　　　　记录：　　　　　　复核：　　　　　　日期：

1）工程地质。

a.地层岩性：描述地层时代、岩性、层间结合程度、风化程度等。

b.地质构造：描述褶皱、断层、节理裂隙特征、岩层产状等。地质构造包括断层的位置、产状、性质、破碎带的宽度、物质成分、含水情况以及与隧道的关系；节理裂隙的组数、产状、间距、充填物、延伸长度、张开度及节理面特征、力学性质。通过地质构造可分析组合特征，判断岩体完整程度。

c.岩溶：描述岩溶规模、形态、位置、所属地层和构造部位，充填物成分、状态，以及岩溶展布的空间关系。

d.特殊地层：煤层、沥青层、含膏盐层、膨胀岩和含换铁矿层等应单独描述。

e.人为坑洞：影响范围内的各种坑道和洞穴的分布位置及其与隧道的空间关系。

f. 地应力:包括高地应力现实性标志及其发生部位,如岩爆、软弱夹层挤出、探孔饼状岩心等现象。

g. 塌方:应记录塌方部位、方式与规模及其随时间的变化特征,并分析产生塌方的地质原因及其对继续掘进的影响。

h. 应记录有害气体及放射性危害源存在情况。

2)水文地质。

a. 地下水的分布、出露形态及围岩的透水性、水量、水压、水温、颜色、泥沙含量测定,以及地下水活动对围岩稳定的影响分析,必要时进行长期观测。地下水的出露形态分为渗水、滴水、滴水成线、股水(涌水)、暗河。

b. 水质分析,判定地下水对结构材料的腐蚀性。

c. 出水点和地层岩性、地质构造、岩溶、暗河等的关系分析。

d. 必要时进行地表相关气象、水文观测,判断洞内涌水与地表径流、降雨的关系。

e. 必要时应建立涌突水点地质档案。

3)围岩稳定性特征及支护情况。记录不同工程地质、水文地质条件下隧道围岩稳定性、支护方式以及初期支护后的变形情况。对于发生围岩失稳或变形较大的地段,详细分析、描述围岩失稳或变形发生的原因、过程、结果等。

4)进行隧道施工围岩分级:依据标准规范进行分级。

5)影像:对隧道内重要的和具代表性的地质现象应进行拍照或录像。

2.4.1.2 临近隧道内不良地质体的可能前兆分析

1)临近大型溶洞水体或暗河的可能前兆主要有:①裂隙、溶隙间出现较多的铁锈染;②岩层明显湿化、软化,或出现淋水现象;③小溶洞出现的频率增加,且多有水流、河沙或水流痕迹;④钻孔中的涌水量剧增,且夹有泥沙或小砾石;⑤有哗哗的流水声;⑥钻孔中有凉风冒出。

2)临近断层破碎带的可能前兆主要有:①节理组数急剧增加;②岩层牵引裙曲出现;③岩石强度明显降低;④压碎岩、碎裂岩、断层角砾岩等出现;⑤临近富水断层前断层下盘泥岩、页岩等隔水岩层明显湿化、软化,或出现淋水和其他涌突水现象。

3)大规模塌方的可能前兆主要有:①拱顶岩石开裂,裂缝旁有岩粉喷出或洞内无故尘土飞扬;②初支开裂掉块、支撑拱架变形或发生声响;③拱顶岩石掉快或裂缝逐渐扩大;④干燥围岩突然涌水;等等。

4)临近人为坑洞积水的可能前兆主要有:①岩层明显湿化、软化,或出现淋水现象;②岩层裂隙有涌水现象;③开挖工作面空气变冷或出现雾气;④有嘶嘶的水声;⑤临近煤层老窑积水的前兆是岩层中出现暗红色水锈或渗水中挂红。

5)煤与瓦斯突出的可能前兆主要有:①开挖工作面地层压力增大,鼓壁,深部岩层或煤层的破裂声明显,响煤炮,掉渣,支护严重变形;②瓦斯浓度突然增大或忽高忽低,工作面温度降低,闷人,有异味等;③煤层结构变化明显,层理紊乱,由硬变软,厚度与倾角发生变化,煤由湿变干,光泽暗淡,煤层顶、底板出现断裂或波状起伏等;④钻孔时有顶钻、夹钻、顶水、喷孔等动力现象;⑤工作面发出瓦斯强涌出的嘶嘶声,同时带有粉尘;⑥工作面有移动感。

2.4.1.3 地质分析方法

1)掌子面编录预测法,又称地质素描法,包括岩层岩性和层位预测法、地质体延伸预测法。岩层岩性和层位预测法:在掌子面和隧道两壁出露的岩层与地表某段岩层为同一岩层并确认标志层的前提下,用地表岩层的层序预报掌子面前方将要出现的岩层。地质体延伸预测法:在长期超前地质预报得出的不良地质体厚度的基础上,依据掌子面已揭露的不良地质体的产状和单壁始见的位置,经过一系列的三角函数运算,求得条状不良地质体在隧道掌子面前方消失的位置。

2)断层参数预测法:利用断层影响带内的特殊节理和其集中带有规律分布的特点,采用大量断层影响带系统编录得出的经验公式,预报隧道断层破碎带的位置和规模。由于大多数不良地质(溶洞、暗河、岩溶陷落柱、淤泥带等)与断层破碎带有密切的关系,按地质学原理,依据断层破碎带推断不良地质体的位置和规模。

3)地质体投射法:在地表准确鉴别不良地质体的性质、位置、规模和岩体质量及精确测量不良地质体产状的基础上,应用地质界面和地质体投射公式进行超前地质预报。

2.4.1.4 技术要求

1)隧道开挖工作面地质素描和洞身地质素描应符合下列技术要求:①开挖工作面地质素描主要描述工作面立面围岩状况,应使用统一格式,并统一编号,填写围岩级别判定卡;②洞身地质素描是对隧道拱顶、左右边墙进行的地质素描,直观反映隧道周边地层岩性及不良地质发育规模、在空间上对隧道的影响程度等,通过隧道地质展示图形式表示;③地质素描应随隧道开挖及时进行,对地层岩性变化点、构造发育部位、岩溶发育带附近等复杂、重点地段,应每个循环进行一次素描,其他一般地段应不超过 10 m 进行一次素描。

2)地质调查法应符合下列工作要求:①隧道地表补充地质调查应在实施洞内超前地质预报前进行,并在洞内超前地质预报实施过程中根据需要随时补充,现场应做好记录,并于当天及时整理。②地质素描图应采用现场绘制草图、室内及时誊清的方式完成,必须在现场根据实际情况记录,不得回忆编制或室内制作。地质素描原始记录、图、表应当天整理。③隧道地表补充地质调查和洞内地质素描资料应及时反映在隧道工程地质平面图和纵断面图上,并应分段完善、总结。④标本应按要求采集,并及时整理。

2.4.2 电磁波法

地质雷达探测的工作过程是,由置于地面的发射天线发送入地下一高频电磁脉冲波(主频为数十兆赫兹至数百兆赫兹乃至上千兆赫兹),地层系统的结构层可以根据其电磁特性(如介电常数)来区分,当相邻的结构层材料的电磁特性不同时,就会在其界面间影响射频信号的传播,发生透射和反射。一部分电磁波能量被界面反射回来,另一部分能量会继续穿透界面进入下一层介质,电磁波在地层系统内传播的过程中,每遇到不同的结构层,就会在层间界面发生透射和反射。各界面反射电磁波由接收天线接收并由主机记录,利用采样技术将其转化为数字信号进行处理。从测试结果剖面图得到从发射经地下界面反射回到接收天线的双程走时 t。当地下介质的波速已知时,可根据测到的 t 值求得目标体的位置和埋深,并根据反射波组的波形与强度特征,通过数据处理得到地质雷达波形图像。通过对电磁波反射信号的时频特征、振幅特征、相位特征等进行分析,便能了解地层的特征信息(如介电常数、层厚、空洞等)。

脉冲波走时为

$$t = \sqrt{4z^2 + x^2}/v$$

式中:t——脉冲波走时(ns);

z——反射体深度(m);

x——收发距离(m);

v——雷达脉冲波波速(m/ns)。

相对于地质雷达所用的高频电磁脉冲而言,岩土介质是以位移电流为主的低损耗介质。在这类介质中,反射系数和波速主要取决于介电常数。

$$r = \frac{\sqrt{\varepsilon_1} - \sqrt{\varepsilon_2}}{\sqrt{\varepsilon_1} + \sqrt{\varepsilon_2}}, \quad v = \frac{c}{\sqrt{\varepsilon}}$$

式中:r——反射系数;

v——速度;

ε——相对介电常数,下角标"1、2"分别表示上、下介质;

c——光速,常数。

空气的相对介电常数为1,水的相对介电常数为81,水泥及岩土的相对介电常数为几到十几。

2.4.2.1 相对介电常数

介电常数又叫介质常数、介电系数或电容率,它是表示物质绝缘能力特性的系数(表征了电介质存储电荷能力),以字母 ε 表示,定义为电位移 D 和电场强度 E 之比,即 $\varepsilon = D/E$。某种电介质的介电常数 ε 与真空介电常数 ε_0 之比称为该电介质的相对介电常数 ε_r。

介质在外加电场中会产生感应电荷而削弱电场,原外加电场(真空中)强度与最终介质中电场强度的比值即为相对介电常数,又称诱电率,与频率相关。介电常数是相对介电常数与真空中绝对介电常数的乘积。如果有高介电常数的材料放在电场中,电场强度会在电介质内有可观的下降。理想导体的相对介电常数为无穷大。根据物质的介电常数可以判别高分子材料的极性大小。通常,相对介电常数大于3.6的物质为极性物质;相对介电常数在2.8~3.6范围内的物质为弱极性物质;相对介电常数小于2.8的物质为非极性物质。隧道中常见介质的电性特征(如电导率、介电常数等)见表2.7。

表2.7 隧道中常见介质的电性特征

介质	电导率/(S·m^{-1})	介电常数(相对值)	速度/(m·ns^{-1})	衰减系数/(dB·m^{-1})
空气	0	1	0.3	0
纯水	$10^{-4} \sim 3 \times 10^{-2}$	81	0.033	0.1
花岗岩(干)	10^{-8}	5	0.15	0.01~1

续 表

介质	电导率/(S·m^{-1})	介电常数（相对值）	速度/(m·ns^{-1})	衰减系数/(dB·m^{-1})
花岗岩(湿)	10^{-3}	7	0.1	0.01～1
玄武岩(湿)	10^{-2}	8	0.15(干)	
灰岩(干)	10^{-9}	7	0.113	0.4～1
灰岩(湿)	2.5×10^{-2}	8	0.106	0.4～1
淤泥	10^{-3}～0.1	5～30	0.07	1～100
黏土(湿)	10^{-1}～1	8～12	0.06	1～300
页岩(湿)	10^{-1}	7	0.09	1～100
砂岩(湿)	4×10^{-2}	6		
干混凝土	0.001～0.01	4～10	0.09～0.15	
湿混凝土	0.01～0.1	4～10	0.07～0.09	
钢筋	∞	∞	0	
聚氯乙烯		3	0.173	

电导率表示了物体传导电流的能力,雷达的电磁场导致介质内电荷移动,造成能量消耗,这就使电磁波在介质中的穿透深度随电导率增加而减小,当电导率大于10 S/m时,地质雷达不适用。

2.4.2.2 分辨率

(1)目标体的分辨率

分辨率决定了地球物理方法分辨最小异常介质的能力。目标体的几何形状、目标体的电性、围岩的不均一性等都可影响雷达的分辨率。探地雷达是根据介电差异来区分物质体的,那么目标体与围岩的介电差异最小到什么程度雷达可以分辨出来呢?

目标体功率反射系数为

$$P_r = \left|\frac{\sqrt{\varepsilon_h}-\sqrt{\varepsilon_T}}{\sqrt{\varepsilon_h}+\sqrt{\varepsilon_T}}\right|^2$$

式中:ε_h——周围介质的相对介电常数;

ε_T——目标体的相对介电常数。

从理论上说,只有当$P_r \geqslant 0.01$时,雷达才能从周围介质中分辨出目标体。

(2)垂直分辨率

垂直分辨率是能探测到的物体的垂向最小尺度。根据应用实践,分辨率与深度有关,随着深度h的增大,分辨率降低。

1)估算法。可用下式估算垂直分辨率R_V:

$$R_V = \begin{cases} 0.08h, & 0 < h < 3 \text{ m} \\ 0.5h, & h \geqslant 3 \text{ m} \end{cases}$$

举例:对于埋深为2 m的目标体,雷达的垂向分辨率为0.16 m,而对于垂直方向小于这个尺寸的目标体,雷达是分辨不了的。

2)理论计算法。研究表明地质雷达在垂直方向可探测到目标体的厚度为雷达子波波长的1/4。可用下式估算测试成果的垂直分辨率:

$$R_V = \frac{\lambda}{4}$$

垂直分辨率是垂直方向上可以划分的最薄层次,理论上可把雷达天线主频波长的1/8作为垂直分辨率的极限,但由于外界干扰等因素,一般把波长的1/4作为其下限。表2.8为探地雷达不同天线垂直分辨率的经验值(假设在混凝土中 $v=0.1$ m/ns)。

表2.8 不同频率天线的垂直分辨率

频率/MHz	100	200	400	900	1 200
子波长度/m	1.0	0.5	0.25	0.11	0.08
分辨率/m	0.273	0.15	0.067	0.03	0.025

(3)水平分辨率

水平分辨率是雷达能够分辨的物体的水平最小尺度(包括单个目标体的最小尺寸、两个水平目标体的最小间距)。水平分辨率对于工程探测来说是头等重要的技术指标。根据Fresnel(菲涅尔)原理,菲涅尔带中心垂直反射与边缘反射的波程差为 $\frac{\lambda}{2}$,菲涅尔带半径 r_f 为

$$r_f = \sqrt{\frac{h\lambda}{2} + \frac{\lambda^2}{16}}$$

式中:h——异常体埋藏的深度。

由于菲涅尔带的存在,当2个有限的目标体的间距小于菲涅尔带半径时,不易区分开。

1)单个目标体水平尺寸的分辨率。当异常体水平尺寸为菲涅尔带半径的1/2时,能接收到清晰的反射波,地质雷达的水平分辨率高于菲涅尔带半径的1/2,即单个目标体水平尺寸的分辨率 r 为

$$r = \frac{r_f}{2} = \frac{1}{2}\sqrt{\frac{h\lambda}{2} + \frac{\lambda^2}{16}}$$

2)两个目标体的水平分辨率。假定雷达波以锥面形式向下传播,物体上表面将大部分能量反射回来,则水平分辨率可根据下式估算:

$$R_f = \sqrt{\lambda h + \frac{\lambda^2}{4}}$$

式中:R_f——圆柱半径;
λ——电磁波长;
h——柱体顶面埋深。

只有当两个目标体的水平距离大于 R_f 时,雷达图上才能将两个目标体区分开。

2.4.2.3 探测深度

雷达的探测深度与天线的发射功率、使用的频率、介质的导电特性及仪器的动态范围有

关。各种不同的仪器差别较大。发射功率大的仪器探测深,但是功率增大与探测深度成对数关系,动态范围的增大与探测深度成线性关系。动态范围大,探测深。反映动态范围的指标是采样位数,即 A/D(模/数)转换位数,24 bit 最好,16 bit 次之,最差的是 8 bit。在其他条件相同的条件下,三者的探测深度比为 16:8:1。

地质雷达所能探测到的异常体的深度称为地质雷达的探测距离,理论上可用雷达的探距公式进行计算得到,也可使用简易法估算。商用地质雷达一般允许介质的吸收耗损达到 60 dB。当介质吸收系数小于 0.1 dB 时,符合通常的地质环境,Annan 给出了探测深度 d_{max} 简易估算式:

$$d_{max} \leqslant \frac{30}{\beta} \quad \text{或} \quad d_{max} \leqslant \frac{35}{\sigma}$$

式中:β——介质吸收系数;

σ——电导率。

在实际工作中,异常体深度是一个非常重要的问题,如果异常体深度超出系统探测深度的 50%,那么地质雷达方法就要排除。

也有的工程技术人员认为,探地雷达的探测深度约为 10 倍雷达子波的波长。

2.4.2.4 适用条件

电磁波反射法(地质雷达法)超前地质预报适用于岩溶探测,亦可用于断层破碎带、软弱夹层等不均匀地质体的探测。电磁波物探法超前地质预报应具备下列条件:

1)探测对象与其相邻介质应存在一定的物性差异,并具有可被探测的规模。

2)存在电、磁、振动等外界干扰时,探测对象的异常能够从干扰背景中区分出来。

3)探测体与周边介质之间应存在明显介电常数差异,电磁波反射信号明显。

4)探测体具有足以被探测的规模,探测体的厚度大于探测天线有效波长的 1/4,探测体的宽度或相邻被探测体可以分辨的最小间距大于探测天线有效波第一菲涅尔带半径。

5)断层或岩性界面的倾角应大于 35°,构造走向与隧道轴线的夹角应大于 45°。

6)避开高电导屏蔽层或大范围的金属构件,即不能探测极高电导屏蔽层下的目标体。

7)完整灰岩地段预报距离宜在 30 m 以内,岩体破碎、构造发育、含水较高的高电导率和高磁导率的地段预报距离宜在 20 m 以内,在岩溶发育地段的有效探测长度则应根据雷达波形判定。连续预报时,前、后两次重叠长度应在 5 m 以上。

2.4.2.5 现场实施

(1)准备工作

1)资料收集:工程地质资料、隧道设计图、隧道区各种介质物性参数、施工组织设计等资料。

2)场地调查:隧址区内不应有较强的电磁波干扰,现场测试时应清除或避开测线附近的金属物等电磁干扰物,当不能清除或避开测线附近时应在记录中注明,并标出位置。

3)掌子面清理:测线上天线经过的表面应相对平整,无障碍,且天线易于移动,测试过程中,应保持工作天线的平面与探测面基本平行,距离相对一致。

4)掌子面素描:对掌子面的岩性、岩层产状、岩层厚度、风化程度、节理裂隙的间距、力学性质、延伸长度、结构面的宽度、充填状况、渗漏水情况、地质构造等进行描述,并绘制地质素描图。

(2)测线布置

测网密度、天线间距和天线移动速度应反映出探测对象的异常。由于开挖方式多,工作面很狭小,根据工作面的具体情况,在检测过程中宜采用两横两竖式、一横三竖式或两横或半弧式布线等,但是一般情况下不少于两条水平测线,如图2.1所示。可根据现场情况灵活布置测线,原则上应尽可能靠近工作面轴心位置,使测线距离尽可能长,尽可能多地采集数据,以备后期数据的分析处理。

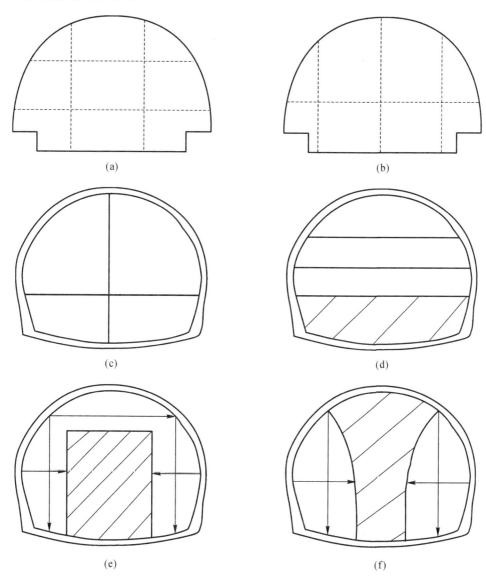

图 2.1 测点布线方式

(a)两横两竖式(全断面开挖);(b)一横三竖式(全断面开挖);(c)一横一竖式(全断面开挖);
(d)三横式(全断面开挖);(e)弧形式(环形开挖留核心土);(f)两个十字型(双侧壁导坑)

(3)参数设置

当掌子面平整时,采用连续测量,否则采用点测。

点测(距离模式):测点距为 0.10 m,记录时窗 $w=300\sim650$ ns,不少于 32 次叠加,扫描速度应小于等于 64 道/秒(scans/s)。

连测(时间模式):25~50 scans/s;记录时窗 $w=300\sim650$ ns,5~8 点增益,3 次叠加,采样率为 512 点/scans。

1)扫描速率。扫描速率是定义每秒雷达采集多少扫描线记录,扫描速率大时采集密集,天线的移动速度可增大,因而可以尽可能地选大的扫描速率。

当扫描速率 Scans(单位 scans/s)确定后,就要认真估算天线移动速度 TV 了。估算移动速度的原则是要保证最小探测目标(SOB,单位 cm)内至少有 20 条扫描线记录,即

$$TV \leqslant Scans \cdot SOB/20$$

扫描速率是表示在 1 s 内,探地雷达可以发射并采集多少道(scans)数据,该参数是直接影响水平分辨率的参数,同时也决定在测试时天线移动的最高速度。

为保证可以有效探测到目标体,穿过目标体的数据至少要达到 20 scans 或更高。假设探测目标体最小尺寸为 20 cm,天线移动速度为 1 m/s,则要求探地雷达的扫描速率至少为 100 scans/s。

2)扫描样点数。扫描样点数有 128、256、512、1 024、2 048 可供选用,为保证高的垂直分辨率,在容许的情况下尽量选大值。对于不同的天线频率 F_a、不同的时窗长度 Range,选择样点数 Samples 应满足下列关系:

$$Samples \geqslant 10^{-8} Range \cdot F_a$$

该关系保证在使用的频率下一个波形时有 10 个采样点。例如对于 900 MHz 天线,40 ns 采样长度的时窗,要求每扫描道样点数大于 360,可以选择接近的值 512。

3)采样率。采样率分为空间采样率和时间采样率。时间采样率是记录的数据采样点之间的间隔,其大小由 Nyquist 采样定律控制,即采样率至少应达到记录的有效波最高频率成分的 2 倍。

对大多数探地雷达系统,频带与中心频率之比大致为 1,即发射脉冲能量覆盖的频率范围为(0.5~1.5)倍中心频率。这就是说,反射波的最高频率大约为中心频率的 3 倍。为使记录波形更完整,Annan 建议采样率为天线中心频率的 6 倍。当天线的中心频率为 f(单位 MHz)时,采样率 Δt(单位 ns)为

$$\Delta t = 1\ 000/6f$$

空间采样率是地面测点之间的间距。离散测量时,测点间距取决于选择的天线的中心频率与地下介质的特性。为了确保地下介质的响应在空间上不重叠,亦应遵循 Nyquist 采样定律,其空间采样间隔 Δx 应为围岩中波长的 1/4,即

$$\Delta x = 75/f\varepsilon^{1/2}$$

式中:f——天线中心频率(MHz);

ε——围岩相对介电常数。

如果测点间距大于该值,倾斜目标体就不能很好地确定。当目标体较平缓时,点距可适当放宽,以减少工作量,提高工作效率。

4)时窗。时窗可以按照下面两种情况确定。

根据采用点数、采样频率确定：

$$时窗=(采样点数/采样频率)×1\,000$$

根据超前预报距离及掌子面围岩的平均电磁波波速,按下式确定：

$$T = K\frac{2H}{V}$$

式中：K——折算系数,取 1.3～1.5；

H——超前预报距离(m)；

V——掌子面围岩的电磁波平均波速(m/ns)。

(4)数据采集

将天线与仪器主机连接好,开机,设置好参数,进行调试,使仪器处于正常工作状态,确认无误后,可以开始数据采集。地质雷达探测的数据采集应符合下列要求：

1)通过试验选择雷达天线的工作频率,确定介电常数。当探测对象情况复杂时,宜选择两种及以上不同频率的天线。当多个频率的天线均能符合探测深度要求时,宜选择频率相对较高的天线,一般宜采用 100 MHz 屏蔽天线。

2)采样点数应大于 512 个,采样频率应大于所用天线中心频率的 6 倍。

3)测网密度、天线间距和天线移动速度应适应探测对象的异常反应；掌子面上宜布置两条测线,必要时可布置成"井"字形或其他网格形式(详见图 2.1)。

4)选择合适的时间窗口和采样间隔,并根据数据采集过程中的干扰变化和图像效果及时调整工作参数。

5)宜采用连续测量的方式,不能连续测量的地段可采用点测。连续测量时天线应匀速移动,并与仪器的扫描率相匹配；点测时应在天线静止状态采样,且测点距不大于 0.2 m。

6)隧址区内不应有较强的电磁波干扰；现场测试时应清除或避开测线附近的金属物等电磁干扰物；当不能清除或避开时应在记录中注明,并标出位置。

7)支撑天线的器材应选用绝缘材料,天线操作人员应与工作天线保持相对固定的位置。

8)测线上天线经过的表面应相对平整,无障碍,且天线易于移动；测试过程中,应保持工作天线的平面与探测面基本平行,距离相对一致。

9)现场记录应注明观测到的不良地质体与地下水体的位置与规模等。

10)重点异常区应重复观测,重复性较差时宜进行多次观测并查明原因。

2.4.2.6 数据处理

地质雷达探测质量检查的记录与原探测记录应具有良好的重复性,波形一致,没有明显的位移。

(1)数据质量评价标准

地质雷达数据总体质量评价分为合格、不合格两种：

1)数据质量合格的标准：①观测系统布置(测线,天线选择等)正确,采集方法正确；②记录信噪比高,雷达波信号清晰；③测线与雷达采集数据图像对应正确。

2)数据质量不合格的标准：①电磁波信号无法分辨；②信噪比低,干扰波严重影响到预报范围的电磁波；③地质雷达采集数据图像坐标与测线坐标对应误差大于 20 cm。

(2) 地质雷达探测资料的处理

地质雷达探测资料的处理应符合下列规定：①参与解释的雷达剖面应清晰；②雷达数据中地质雷达探测资料的处理出现全正、全负或正负半周不对称的情况时，应进行去除直流漂移处理；③数据处理时，可用平滑数据的点平均法去除信号中的高频干扰，参与平均的点数宜为奇数，最大值宜小于采样率与低通频率之比；④数据处理应通过宽角法或穿透法测试成果计算预报地层的电磁波速度，并应将雷达时间剖面转换为深度剖面；⑤通过反射波形、能量强度、初始相位等特征确定异常体性质；⑥通过对异常同相轴的追踪或利用异常的宽度及反射时间，计算异常体的平面范围和深度；⑦结合地质条件、介质电性特征、被探测物体的性质和几何特征、已知干扰进行综合分析，必要时应制作雷达探测的正演和反演模型；⑧在提交的时间剖面中应标出地层的反射波位置或探测对象的反射波组。

(3) 数据处理方法

超前地质预报数据处理方法包括剔除坏道、时间零点、零偏去除、背景消除、滤波、增益等。数据处理方法应符合下列规定：

1) 数据剪切与合并，每一条测线形成一个数据文件。

2) 对连续采集的数据进行距离编辑，使每米的扫描数量相同，扫描数量为20~40 scans/m。

3) 去背景处理，消除剖面上的水平背景，包括直达波。

4) 叠加处理，消除剖面上的杂散干扰波和白噪信号。

5) 反褶积处理，压制或消除剖面上的多次波，一般情况下不进行反褶积处理。

6) 数据滤波处理，滤波方式可选低通、高通、带通滤波等。滤波参数选取和数据采集时应一致，也可以对数据进行频谱分析，得到较为准确的频率分布，设定滤波参数进行滤波处理。

7) 如果目标体回波信号幅度较弱，应对采集的数据进行适当的增益处理，增益方式可选线性增益、平滑增益、反比增益、指数增益、常数增益等。

8) 应对图像进行增强处理，可包括振幅恢复、将同一通道不同反射段内振幅值乘以不同权系数、将不同通道记录的振幅值乘以不同的权系数等方法。

9) 以突出有效异常为目的，对图像进行色标调节，获得最佳的视觉效果。

2.4.2.7 资料解释与判定

(1) 资料解释应符合的规定

1) 资料解释前应根据踏勘资料、现场记录及波形、能量强度、频率、多次反射波的特征识别干扰波。

2) 资料解释应依据雷达成果图像上的反射波、能量强度、反射波初始相位、反射界面延续性等特征，即通过对雷达剖面的横向对比分析以及雷达回波在振幅、相位及时间上的变化特点，并结合现场地质情况，划分异常；根据异常的形态特征进行异常的分类和筛选。

3) 层状界面反射波组可根据波形同相性、相似性进行识别。

4) 单个异常体可根据波形双曲线特征、能量和频率特征进行识别，与背景场进行区分。

5) 平行剖面的雷达探测数据，应通过比较相邻测线的雷达剖面图，找出不同雷达图上相似图像特征的反射信息，进行对比分析。

6) 资料解释可依据反射波相位、能量变化特征识别富水异常。

7)将有效异常与经典的经过验证的异常进行对比分析,确定异常的属性;确定异常的位置、规模,计算异常埋深,并在剖面图像上进行注释,对已经确定的异常进行复测和验证,进一步确定其真实性。

(2)雷达目标波相识别的三项基本要点

为获得雷达探测的结果,需要对雷达记录进行处理与判读。判读是理论与实践相结合的综合分析,需要坚实的理论基础和丰富的实践经验。雷达记录的判读也叫雷达记录的波相识别或波相分析,它是资料解释的基础。其基本要点如下。

1)要点1:反射波的振幅与方向。从反射系数的菲涅尔公式中可以看出两点:第一,界面两侧介质的电磁学性质差异越大,反射波越强。从反射振幅上可以判定两侧介质的性质、属性。第二,波从介电常数小的介质进入介电常数大的介质时,即从高速介质进入低速介质,从光疏进入光密介质时,反射系数为负,即反射波振幅与入射波反相。反之,从低速进入高速介质,反射波振幅与入射波同相。这是判定界面两侧介质性质与属性的又一条依据。如从空气中进入土层、混凝土,反射波振幅反相,折射波不反相。从混凝土后边的脱空区再反射回来时,反射波不反相,结果脱空区的反射与混凝土表面的反射方向正好相反。如果混凝土后边充满水,波从该界面反射也发生反向,与表面反射波同向,而且反射振幅较大。混凝土中的钢筋,波速近乎为零,反射自然反向,而且反射振幅特别强。因而,反射波的振幅和方向特征是雷达波判别的最重要依据。

2)要点2:反射波的频谱特性。不同介质有不同的结构特征,内部反射波的高、低频率特征明显不同(见图2.2),这可以作为区分不同物质界面的依据。如混凝土与岩层相比,比较均质,没有岩石内部结构复杂,因而围岩中内反射波明显,特别是高频波丰富,而混凝土内部反射波较少,只是有缺陷的地方有反射。又如,表面松散土电磁性质比较均匀,反射波较弱;强风化层中矿物按深度分布,垂向电磁参数差异较大,呈现低频大振幅连续反射;其下的新鲜基岩中呈现高频弱振幅反射。从频率特性中可清楚地将各层分开。如围岩中的含水带也表现出低频高振幅的反射特征,易于识别。节理带、断裂带结构破碎,内部反射和散射多,在相应走时位置表现为高频密纹反射。但由于破碎带的散射和吸收作用,从更远的部位反射回来的后续波能量变弱,信号表现为平静区。

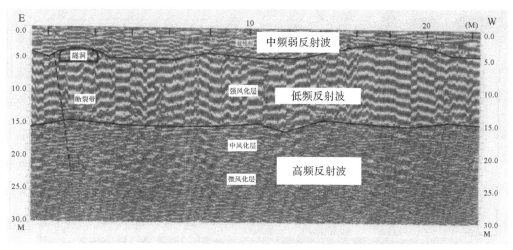

图2.2 反射波的频谱特性

3)要点3:反射波同相轴形态特征。雷达记录资料中,同一连续界面的反射信号形成同相轴,依据同相轴的时间、形态、强弱、方向反正等进行解释判断是地质解释最重要的基础。同相轴的形态与埋藏的物界面的形态并非完全一致,特别是边缘的反射效应,使得边缘形态有较大的差异。对于孤立的埋设物,其反射的同相轴为向下开口的抛物线,有限平板界面反射的同相轴中部为平板,两端为半支下开口抛物线。

灰岩是一种节理、裂隙比较发育的岩体。雷达波可将这种体结构清晰地显现出来,反射波高频成分较多,时强时弱、断断续续,反映了岩体结、产状的特征。致密灰岩的雷达图像特征是非常弱的反射,其周期较黏土明显增大,在灰岩内的某些不规则强反射则是由局部小裂隙充填的石英脉所引起的。

在干燥的不均匀介质中,形成的振幅谱不但主频特征不明显,而且在天线的高端会形成一定的杂波信号。这可能是由高频电磁波在不均匀介质内形成多次干涉造成的。干涉现象势必加宽信号的频带特征。

第四系覆盖层的主要成分为黏土、砂黏土、浅层为种植土,其雷达波同相轴呈连续、平行的条带状,强度大,周期短。

2.4.2.8 典型图例

(1)完整岩体

完整岩体一般介质相对均匀,电性差异很小,没有明显的反射界面,雷达图像和波形特征通常表现为:能量团分布均匀或仅在局部存在强反射细亮条纹;电磁波能量衰减缓慢,探测距离远且规律性较强;一般形成低幅反射波组,波形均匀,无杂乱反射,自动增益梯度相对较小。该类岩体的探测和解释精度通常比较高,其典型图像如图2.3所示。图2.3和图2.4中最上面的几条水平强反射波同相轴为直达波和地表层受爆破松弛影响所致。

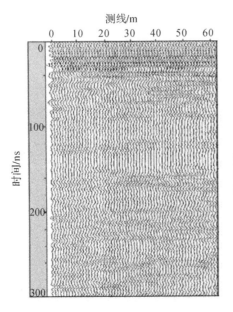

图 2.3 完整岩体的地质雷达特征图像

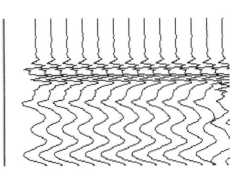

图 2.4 爆破松弛所致强反射波

(2)岩溶

对于小于掌子面的岩溶来说,其同相轴特征为典型的孤立体反射信号,同相轴连续,由于为非充填型的岩溶,有时会出现前、后端面的反射信号,如果岩溶不规则,则反射信号的同相轴不规则反射;规模大于掌子面的非充填型岩溶的反射信号,容易与裂隙混淆,呈典型的层面状,但可以根据前端面以后的反射信号推断出构造的前后纵深,从而判断是否是岩溶或裂隙。一般来说,裂隙的前、后端面信号靠得很近,就像是多次振荡信号,而岩溶的前、后端面的信号相隔较远。对于充填型的岩溶来说,其电磁波反射信号表现出来的是均匀的低频信号,频率有规律地急剧变化,同相轴较为连续、规则,波形均一,信号振幅强,且存在多次振荡信号。当然也存在规模大于掌子面和小于掌子面的情况,详见图 2.5～图 2.9。

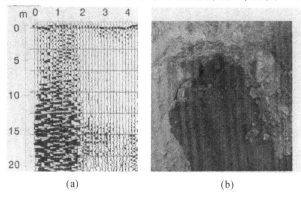

图 2.5 岩溶(非填充)波形及实际照片

(a)岩溶探测雷达波形;(b)岩溶实际照片

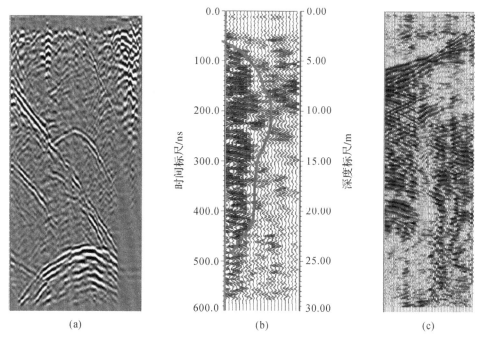

图 2.6 不同岩溶(非填充)规模的反射信号

(a)规模小于掌子面;(b)(c)规模大于掌子面

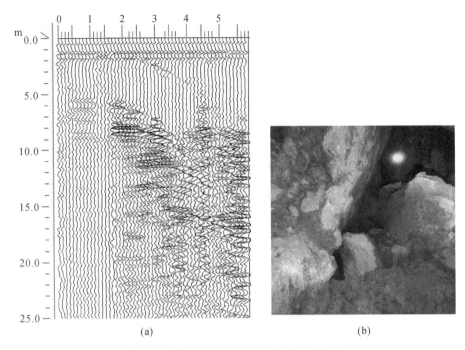

图 2.7 岩溶(非填充)雷达预报及溶洞照片

(a)雷达预报波形;(b)揭露无填充型溶洞照片

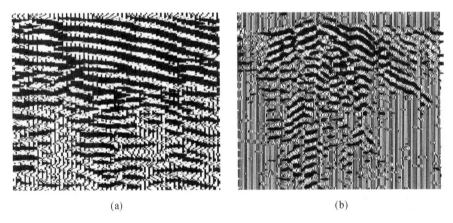

图 2.8 不同岩溶(填充)规模的反射信号

(a)规模大于掌子面;(b)规模小于掌子面

(3)泥化夹层

泥化夹层是指受风化或构造破坏,原状结构发生显著变异并在地下水长期作用下,形成含水量在塑限和流限之间的泥状软弱夹层。根据泥化机制的不同,泥化夹层可划分为泥化型和蚀变-泥化型。电磁波在泥化夹层传播时容易形成振荡信号,如图 2.10 所示。

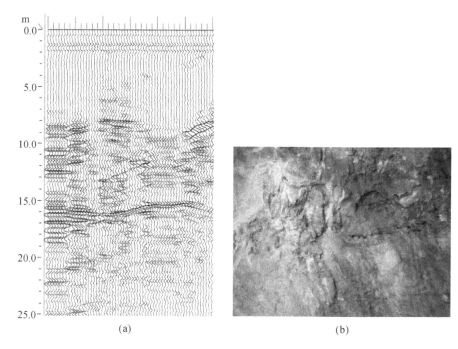

图 2.9　岩溶(填充)雷达预报及溶洞照片

(a)雷达预报波形图;(b)揭露填充型溶洞照片

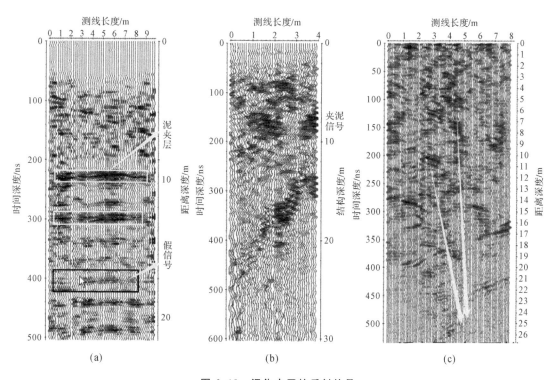

图 2.10　泥化夹层的反射信号

(4)断层破碎带和裂隙带

断层是一种破坏性地质构造,其内通常发育有破碎岩体、泥或地下水等,介质极不均匀,电性差异大,且断层两侧的岩体常有节理和褶皱发育,介质均一性差。裂隙带通常存在于断层影响带、岩脉以及软弱夹层内,裂隙内也有各种不同的非均匀充填物,介电差异大。它们一般都有明显的反射界面,这就为地质雷达创造了良好的应用条件。在断层或裂隙带,其地质雷达图像和波形特征较为相似,通常表现为:断层和裂隙界面反射强烈,反射面附近振幅显著增强且变化大;能量团分布不均匀,破碎带和裂隙带内常产生绕射、散射,波形杂乱,同相轴错断,在深部甚至模糊不清;电磁波能量衰减快且规律性差,特别是高频部分衰减较快,自动增益梯度较大;一般反射波同相轴的连线为破碎带或裂隙带的位置。其典型地质雷达特征图像如图 2.11～图 2.14 所示。

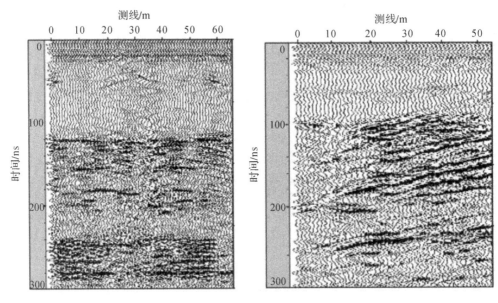

图 2.11　断层破碎带的反射信号　　　　图 2.12　裂隙带的反射信号

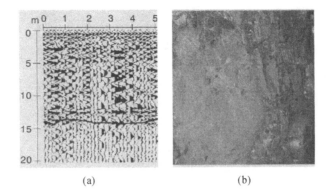

图 2.13　断层破碎带波形和实际照片

(a)断层破碎带波形;(b)断层破碎带实际照片

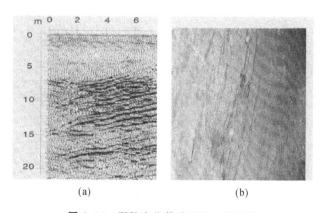

图 2.14 裂隙密集带波形和实际照片
(a)裂隙密集带波形;(b)裂隙密集带实际照片

虽然两者的雷达特征图像相似,但通过对比分析可大致把它们分辨开来:

1)断层破碎带的影响范围通常比裂隙带宽,在地质雷达图像上有较宽的异常反应。相反地,裂隙带异常在雷达图像上一般表现为相对较窄的条带。

2)断层破碎带的波幅变化范围通常比裂隙带大,而裂隙带的振幅一般较大。

3)在相对干燥情况下,断层破碎带在地质雷达图像上同相轴的连续性不如裂隙带,它的同相轴错断更明显,波形更加杂乱,而裂隙带在地质雷达图像上同相轴的连续性反映了裂隙面是否平直、连续。

4)探测时可参考当地的区域地质背景资料和钻孔资料,对可能遇到的地质现象作出大致的判断,为图像解释时对这两种地质现象的分辨识别提供依据。

(5)富水带

地下水经常存在于断层带、裂隙密集带以及岩溶发育带中,含水程度和储水条件主要受构造控制。在常见物质中,水的相对介电常数最大为80,与基岩介质相比存在明显的电性差异。富水带地质雷达图像和波形特征一般表现为:地质雷达波在含水层表面发生强振幅反射;电磁波穿透含水层时将产生一定规律的多次强反射,在富水带内产生绕射、散射现象,并掩盖对富水带内及更深范围岩体的探测;电磁波频率由高频向低频剧烈变化,脉冲周期明显增大,电磁波能量快速衰减,能量团分布不均匀,自动增益梯度很大;因含水面通常分布连续,反射波同相轴连续性较好,波形相对较均一;从基岩到含水层是高阻抗到低阻抗介质的变化,因而反射电磁波与入射电磁波相位相反。其典型地质雷达特征图像如图 2.15 所示。

(6)破碎岩层

破碎岩层中的节理、裂隙发育,裂隙较大,均匀性较差,完整性差,电磁波传播时容易形成间断不连续的反射组,波形看起来比较杂乱,如图 2.16 所示。

地质雷达进行隧道地质超前预报的反射波形相对复杂很多,综上所述,可以初步得出各种地质体的地质雷达图像特征,见表 2.9。

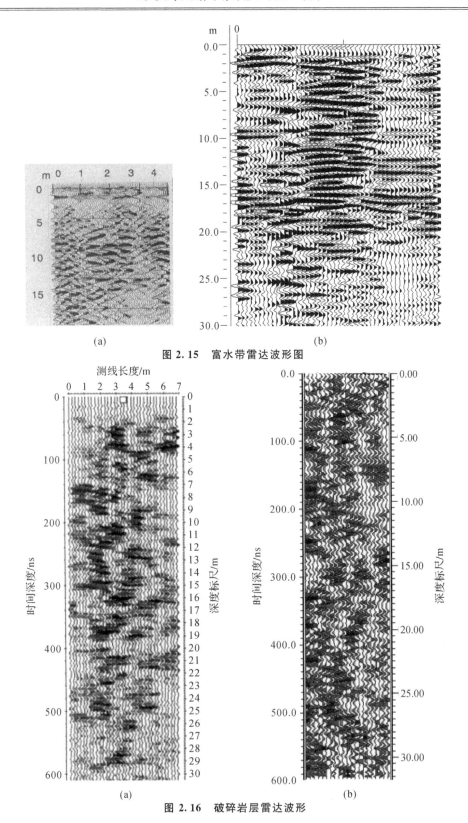

图 2.15 富水带雷达波形图

图 2.16 破碎岩层雷达波形

表 2.9 地质体探地雷达图像及波形特征

地质体名称	频率	同相轴连续性	波形相似性	振幅
完整岩体	均匀的中高频变化小	连续	波形均一	幅值弱、低幅
断层破碎带	不均匀的中低频急剧变化,规律性差	不连续、错段	波形杂乱	幅值较强,变化大
脉状破碎带	不均匀的中频变化较快,规律性差	不连续	波形乱	幅值较强,高幅
岩性变化接触带	较均匀的中高频变化较慢,有规律	基本连续	基本均一	幅值一般
节理、裂隙密集带	均匀的中低频变化较快,有规律	时段时续、不平行	波形乱	幅值较强,高幅
富水带	均匀的低频按规律快速变低	较为连续	基本均一	高、宽幅,且多次
软弱层(夹泥)	较均匀的中低频变化较快,有规律	连续	基本均一	幅值强,且多次
岩溶(非充填型)	不均匀的中低频急剧变化,有规律	较为连续、不规则	波形杂乱	幅值强,有两次
岩溶(充填型)	均匀的低频急剧变化,有规律	较为连续、规则	波形均一	幅值强,且多次

注:高、低幅表示水平方向上振幅大小;宽窄幅表示垂直方向上振幅大小,即频率高低,宽幅表示频率小,窄幅表示频率大。

2.4.3 地震波反射法

2.4.3.1 基本原理

地震波在岩石中以球面波形式传播,当地震波遇到弹性波阻抗差异界面时,例如断层、岩体破碎带、岩性变化或岩溶发育带等,一部分地震信号反射回来,一部分信号透射进入前方介质继续传播。反射的地震信号被高灵敏度的地震检波器接收,反射信号的传播时间与传播距离成正比,与传播速度成反比,因此通过测量直达波速度、反射回波的时间、波形和强度,可以达到预报隧道掌子面前方地质条件的目的。

本节以国内研制的 TGP 隧道超前地质预报系统为例进行介绍。

(1)系统工作原理

少量炸药爆炸后激发的地震波在岩石中以球面波形式传播,当地震波遇到岩石物性界面(即波阻抗差异接口,例如断层、岩石破碎带和岩性变化等)时,一部分地震波信号反射回来,一部分地震波信号透射进入前方介质。反射的地震波信号将被高灵敏度的地震检波器接收。由于反射信号的传播时间和反射界面的距离成正比,故能提供一种直接的测量。通过专用的软件(如 TGP 隧道超前预报系统采用 TGPwin 软件)快速建立地震波波速数学模型,计算和输出隧道掌子面前方及四周的岩石力学参数。其重新开发的具有强大数据处理功能的算法编程可最大限度地保证测量数据评估的可靠性和准确度。TGPwin 可绘出二维或三维效果图,并将所测得的数据以图形或表格的形式输出到外围设备。对隧道地质断层结构的直观分析,使现场施工人员很快计算出危险位置之所在。

(2)系统组成

TGP 系统(见图 2.17)是国内专门为长距离、地质条件复杂隧道的地质超前预报而设计的,它由四大部分构成,分别是人工震源、传感器单元、记录单元和分析处理解释单元。人工震源为系统激发地震波,通常是在隧道的左、右边壁呈直线布置大约 24 个炮点,由少量炸药激发产生;传感器单元用于接收反射地震波;记录单元用于收集、存储地震波信号;分析处理解释单元为系统专用软件 TGPwin。TGPwin 是一套集数据采集、管理以及分析为一体的高度智能化软件,能快速、准确地输出测量结果。TGPwin 基于 Windows 操作平台,操作简便,能高效管理测量数据。

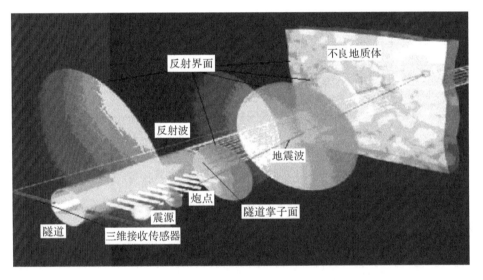

图 2.17 TGP206 系统原理与布设方法

2.4.3.2 适用条件

地震波弹性波反射法适用于划分地层界线、查找地质构造、探测不良地质体的厚度和范围,并应符合下列要求:

1)探测对象与相邻介质应存在较明显的波阻抗差异并具有可被探测的规模。被追踪地层应具有一定的规模,且应大于有效波波长的 1/4。

2)断层或岩性界面的倾角应大于 35°,构造走向与隧道轴线的夹角应大于 45°。

3)被探测的断层应有明显的断距。

4)用弹性波反射法连续预报时,前、后两次应重叠 10 m 以上。

5)地震波反射法在软弱破碎地层或岩溶发育区,每次预报距离宜为 100 m 左右,不宜超过 150 m；在岩体完整的硬质岩地层,每次可预报 120～180 m,不宜超过 200 m。

2.4.3.3 现场实施

(1)准备工作

1)周围没有震源干扰信号,信噪比较高。

2)隧道应该进洞 65 m 以上。

3)二衬和开挖掌子面之间的距离不少于 65 m。

4)已开挖段隧道侧壁围岩钻孔成孔率达到 90% 以上。

5)台阶法开挖隧道,上、下台阶开挖的间距大于 65 m 或小于 10 m。

6)实施地震波反射法的测试区段不能有车行横洞或隧道加宽段。

7)地震波反射法的实施应符合有效激发与接收地震波的基本原则,原则上地震波反射法测试的激发孔和接收孔不宜布设在松散、破碎的Ⅴ级围岩中。

(2)测线布置

1)激发孔与接收孔的布设。上、下台阶法开挖隧道：当台阶长度大于 65 m 时,可在上台阶上开展测试工作；当台阶长度小于 10 m 时,可在下台阶开展测试；当台阶长度介于两者之间时,原则上不应进行地震波反射法测试。如果要开展地震波反射法测试,激发孔和接收孔应高于上台阶至少 1 m。

激发孔在隧道洞壁同一侧沿直线布设,一般距离掌子面 5～10 m 布设第一个激发孔,而后等间距布设,间距一般为 1.5～2 m。软岩岩体波速低,布设间距选择 1.5 m,硬岩岩体波速高,选择 2 m。

接收孔布设在激发炮孔的后方(以面向掌子面为前进方向),接收孔与最近的激发孔的距离一般为 20 m 左右,该距离与预报距离有关：该距离长则预报距离长,该距离短则预报距离短。一般接收孔为左右洞壁对称布设。接收孔与激发孔的布设方式如图 2.18 和图 2.19 所示。

2)接收孔与激发孔的造孔要求。激发孔与接收孔的钻孔深度一般为 2 m,钻孔高度一般以距离当时开挖的隧道底板 1.0～1.2 m 为宜,钻孔向内略向下倾,以保证孔内方便充水。接收孔与激发炮孔的孔径为 50 mm,一般采用 φ50 mm 的钻头钻进。接收孔和激发炮孔终孔结束时要进行冲孔,以保证有效孔的深度。

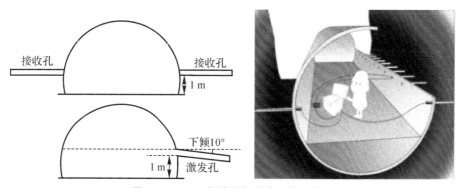

图 2.18 TGP 超前预报测线立体示意图

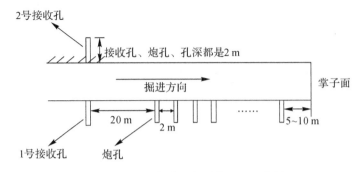

图 2.19 TGP 超前预报测线平面示意图

钻孔完毕后,要测量并记录接收孔的里程桩号、接收孔与同侧第一个激发孔的距离、各激发孔之间的孔距、掌子面的里程桩号和孔位布设段的岩石名称。

3)接收与激发装置的安装条件。接收探头与钻孔岩体密切接触是保证地震波采集质量的关键条件之一。TGP 隧道地质超前预报系统的接收探头在孔内与岩体密切耦合的方式是采用黄油耦合。安装接收探头之前,首先利用专用工具将黄油耦合剂注入接收孔的孔底,注入黄油的长度以 30~35 cm 为宜。采用专用工具将接收探头定向推入接收孔的孔底,使接收探头在接收孔底部与钻孔岩体密切耦合。在推入的过程中要保证探头推进器不转动,保持接收探头的定位槽朝向上方。

探头安装完成后,使用孔口减震器将接收孔孔口密封,以避免管波进入接收孔产生干扰波。

激发系统采用小药量炸药爆炸产生地震波作为震源,一般将药量控制在 50 g 为宜。炸药推至孔底、孔内灌满水后进行激发。激发同步脉冲信号的取得,考虑到每个雷管受电起爆延迟时间的不一致性,不采用直接从起爆器上获取脉冲信号触发仪器采集的方式,而是采用在炸药起爆的瞬时炸断信号线,开路触发仪器而采集的方式。因此,在炸药卷上绑扎一段回路线(将 5 m 的单股电线绑在炸药卷上形成回路线),将回路线引出至激发孔口外(回路线的末端不能浸泡在水中),与触发信号连接电缆相连,引至仪器主机的触发插座。回路线和电雷管线要做好绝缘处理,在洞口处需要将二者分开一定距离,以免激发电压损坏仪器。激发放炮要严格按照国家的安全规程操作。

4)激发与接收的连接。炸药卷的回路线与仪器的触发信号线接电缆连接,电雷管线通过起爆连接电缆与起爆器连接。接收探头与仪器主机相连,将接收到的地震波信号送至 TGP 主机。

(3)参数设置

1)接收点数:测试时所用接收探头的个数。每个探头采集 3 道数据。与激发孔同侧的为第 1 接收点,第 1 接收点采集的数据与地震记录中的 1~3 道对应,连接探头时应注意不要接错。

2)采样间隔:通常又称为"采样率"。采样间隔的选择根据采集信号的频率决定:高频信号采用小的采样时间间隔,低频信号采用大的采样时间间隔。

激发信号的频率:一般爆速高的炸药产生的震源频率高,炸药量小时产生的震源频率高;钻孔围岩完整、坚硬,易产生高频信号;孔内注水条件好,易产生高频信号。

震源频率在岩体中的传播与岩体的完整新鲜程度、密度有关,一般传播速度高的岩体传播频率也高一些;反之,传播速度低的岩体传播频率也低。同时,在传播的过程中震源频率与传播距离有关,随着传播距离的增加,高频信号容易衰减。实现高频信号的检测有利于提高预报工作的高分辨能力,但是与增加预报距离的要求存在矛盾,因此选择合适的范围,使其既能满足预报的分辨要求,又能满足预报的距离要求。实际工作中一般通过试验确定。

3)每道采样:采集过程中总共采集的样点数,用鼠标点击"每道采样"框右侧按钮进行设置,可在 1 024、2 048、4 096、8 192、16 384 中进行选择。

4)接收点里程:将光标移到该条目框中输入 1 号接收点的实际里程数值。

5)炮点起始距离:1 号接收孔与最近的炮孔之间的距离。其与地质预报距离有关:在激发能量满足的条件下,起始距离大,会增加管道波到达的时间,推迟对有效反射回波的影响,达到增加地质预报的距离的目的。一般地,预报的炮点起始距离以 15～20 m 为宜。

6)每炮向前步进:相邻激发孔之间的距离。

7)对侧偏离距离:当接收探头布置在两侧洞壁时,两个接收孔孔底之间的距离(也就是洞宽加两个孔深)。

8)掘进面距离:掌子面与接收孔的距离。

9)前进方位角:此处无须更改,默认为 0 即可。

(4)数据采集

在接收孔中安装接收探头完毕后,在激发孔中将扎有回路信号线的炸药安装好并灌满水,连接好起爆电缆和触发信号连接电缆。

准备工作完成后,即开始仪器站的工作。仪器站应选择避开滴漏水和易掉块的地段。从减震箱内取出仪器,一般情况下仪器放置在减震箱体上为宜,以规避由于隧道地面潮湿而杂散漏电的影响。打开仪器,将接收探头的连接电缆与仪器的输入通道相连,要保证各接收孔的电缆连接无误;将触发信号线插头与仪器面板上的触发孔相连;将电源连接线的红色夹子夹在 DC12V 电瓶的正极(+)上,把黑色夹子夹在电瓶的负极(-)上,另一端插头与 TGP 仪器面板上的电源插座连接。①设置采集参数:采集参数主要包括采样间隔、采样数、传感器分量(应用 $X、Y、Z$ 三分量接收)以及接收器。②噪声检查:数据采集前,应对仪器本身及环境的噪声进行检测。仪器工作正常,在噪声振幅峰值小于 78 dB 时,方可引爆雷管炸药,接收记录。③数据记录:放炮时,准确填写隧道内记录,在放炮过程中应采用炮序号递增或递减的方式进行,确保炮点号正确。

1)质量控制。通过检查显示地震道的特征进行数据质量控制:

a.在记录完每一炮数据后,应显示所记录的地震道,据此对记录的质量进行控制。

b.用直达波的传播时间来检查放炮点的位置是否正确,以及使用的雷管是否合适。

c.根据信号能量,检查信号是否过强或过弱。若直达波信号过强或过弱,应将炸药量适当减少或增加。

d.根据初至波信号特性,对信号波形进行质量控制。若初至后出现鸣振,表明接收器单元没有与围岩耦合好或套管内污染严重。应清洁套管和重新插入接收器单元,直至信号改善为止。

e. 根据每一炮记录特征,了解存在的噪声干扰,必要时应切断干扰源,同时也可检查封堵炮孔的效果。

f. 对记录质量不合格的炮,应重新装炸药补炮,接收和记录合格的地震道。

2) 单炮记录质量评价。单炮记录质量评价分为合格、不合格两种。凡有下列缺陷之一的记录,应为不合格记录:

a. X、Y、Z 三分量接收器接收时,存在某一分量不工作或工作不正常的现象。

b. 初至波时间不准或无法分辨。

c. 信噪比低,干扰波严重影响到预报范围的反射波。

d. 记录序号(放炮序号)与炮孔号对应关系错误。

除上述规定的不合格记录,其余记录为合格记录。

3) 总体质量评价。总体质量评价依据所有的单炮记录,按偏移距大小重排显示(地震显示)进行。总体质量评价可分为合格、不合格两种。当符合下列要求时为总体合格:

a. 观测系统(炮点、接收点等设计)正确,采集方法正确。

b. 记录信噪比高,初至波清晰。

c. 单炮记录合格率大于 80%。

当有下列缺陷之一时,为总体不合格:

a. 隧道内记录填写混乱,记录序号(放炮序号)与炮孔号对应关系不清。

b. 采用非瞬发电雷管激发,或者初至波时间出现无规律波动(延迟)。

c. 连续 2 炮以上(含 2 炮)记录不合格或空炮,或者存在相邻的不合格记录和空炮。

d. 空炮率大于 15%。

2.4.3.4 数据处理

处理前应剔除不符合记录要求的地震道数据,只有合格的才能参与处理。总体质量不合格的资料不得用于成果分析。应根据预报长度选择合适的用于处理的时间长度;带通滤波参数合理,避免波形发生畸变;提取的反射波,应确保波至能量足够;速度分析时,建立与预报距离相适应的模型;反射层提取时,根据地质情况和分辨率选择提取的反射层数目。

采用仪器配套的处理软件进行分析。TGP 隧道地质超前预报系统的数据处理系统为"TGPwin 处理系统"。其处理过程如图 2.20 所示。

《公路隧道施工地质预报技术规程》(DB42/T 561—2009)对 TGP 超前预报数据的处理方法进行了归纳、分析。

(1) 记录编排

现场采集的记录输入记录编排后,根据激发炮位的排序编排成纵波、水平横波和垂直横波三种波型的激发排列记录,三个不同分量采集三种波型。

(2) 采集参数输入

采集参数的输入包括等激发孔间距、非等激发孔间距、激发孔与接收在同侧、激发孔与接收孔不在同侧等。

(3) 接收幅度调整

激发孔的激发条件不一定相同,造成激发能量差异,处理软件应具有道间均衡的功能。

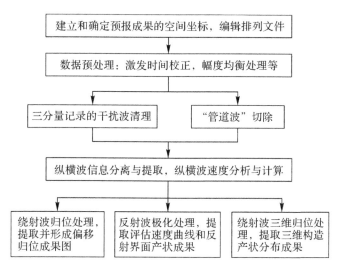

图 2.20 TGPwin 处理系统处理过程

(4) 非正常地震道的处理

一般遇到的接收非正常现象是触发时间出现异常,直达波旅行时间明显小于左右道,这是先爆炸后触发引起的故障。这种非正常现象表现为初至波和同相轴异常,处理的依据是建立在大多数地震道正常的基础上,方法是调整道时间,使其下移或上移,移动量的控制一般是采用首波初至与左右道初至连线对齐。处理后的记录有利于反射回波同相轴的对比分析。

(5) 回波提取

检波器接收到的波既有激发孔激发的直达波,又有来自各方面的反射波。来自开挖工作面前方岩体中的反射回波是预报的有效波,因此在应记录全貌的地震信息中,把由隧道工作面前方反射的回波提取出来,作为处理的另一个重要环节。

(6) "管道波"切除

在隧道中放炮会产生弹性波,弹性波既在隧道岩体中传播,又会外泄到隧道内产生"管道波",该"管道波"的传播速度近似为空气中传播的声波速度。这种"管道波"的振动能量较强,其视速度近似为空气的声波速度。这种"管道波"对于较远距离的反射回波形成严重干扰,处理时应予以切除,否则会形成诸多反射界面的假相。

(7) 反射波相关拾取偏移

反射波相关拾取偏移处理模块是预报处理方法中的一种,适用于板状界面的反射波处理。偏移计算建立在反射回波基础上,统计诸多反射界面在倾角、截距等方面的相关性,确定工作面前方岩性界面或构造碎裂带界面与隧道的交角和距离。

(8) 绕射波相关拾取偏移

绕射波相关拾取偏移处理是指隧道尺寸的局限性使工作面前方的反射回波具有似绕射波的特征,故采用绕射偏移归位的处理方法,使绕射段界面清晰。

(9) 地质界面产状的提取

地质界面产状的提取是通过地震多波的极化分析与计算实现,要求接收装置采集到明晰分离的弹性波(地震波)信号。处理后得到地质界面产状、反射波极性符号、反射点的位置,以及地质界面与隧道的夹角关系等。对这些成果应结合地质调绘资料进行综合分析,为判断地质界面的性质提供依据。

(10)隧道围岩估算速度参数的提取

岩体具有的各向异性性质和地震波传播路线受构造面控制,不应直接利用获得的反射波速度直接等效掌子面前方的隧道围岩速度。在处理过程中可从具有一定反射系数的地质界面获得相关参数,如地震波传播路径与隧道轴线的夹角、反射点偏离隧道轴线的距离、反射波极性的符号等,以利于对开挖工作面前方的围岩速度进行评估,结合地质资料对围岩进行弹性波分级定性评价。

2.4.3.5 资料解释与判定

资料解释与判定应结合隧道地质勘察资料、设计资料、施工地质资料、反射波分析成果显示图及岩体物理力学参数等进行。综合上述成果资料,推断隧道开挖工作面前方围岩的工程地质与水文地质条件,如软弱夹层、断层破碎带、节理密集带等地质体的性质、规模和位置等。结合岩体物理力学参数、围岩软硬、含水情况、构造影响程度、节理裂隙发育情况等资料,可参照《铁路隧道超前地质预报技术规程》(Q/CR 9217—2015)附录 E 及有关规范对围岩级别进行初步评估。

(1)不良地质体位置的确定

不良地质体反射界面的位置通常可以由直达波和反射波的时距曲线来确定:若反射界面与隧道轴线垂直,则检波器收集的反射波相对于同一震源产生的直达波会显示负视速度形状,那么此时反射波时距曲线的延长线与直达波时距曲线的延长线的交点就是反射界面的大致方位,当反射界面与隧道轴线斜交时,上述关系仍然成立,但需要根据时距曲线的规律顺延,寻求交点来得知反射界面的位置。图 2.21 为地震波反射波传播路径图,以 R 表示检波点位置,R' 是 R 关于反射界面的对称点,S_i 表示测线上的各个炮孔点,X 是各个炮孔点与检波点的距离,L 是检波点到反射界面 A 的距离,l 为震源到隧道边墙的距离,C 为垂足,S_iF_iR 表示反射波的传播路径。

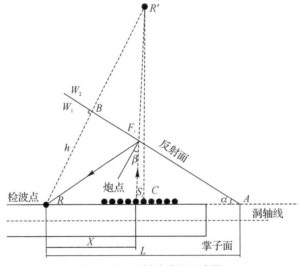

图 2.21 反射波路径示意图

此时直达波的时距曲线方程为

$$t = \frac{\sqrt{X^2 + l^2}}{V}$$

随着 X 的增大,非零偏移距时距曲线会渐渐趋于零偏移距曲线,上式可近似表达为

$$t = \frac{X}{V_1}$$

反射波的时距曲线通过 $\triangle CR'S_i$ 求得,在图 2.21 中容易得知,反射波的传播路径 S_iF_iR 长度与 S_iR' 一致,故在 $\mathrm{Rt}\triangle CS_iR'$ 中,可得反射波的时距曲线方程:

$$t = \frac{\sqrt{(2h\cos\alpha)^2 + (2h\sin\alpha - X)^2}}{V_1}$$

为了直接将传播时间与反射界面到检波点的距离联系起来,将 $h = \sin\alpha$ 代入上式并整理,可得

$$\frac{t^2}{\left(\dfrac{2L\sin\alpha\cos\alpha}{V_1}\right)^2} - \frac{(X - 2L\sin^2\alpha)^2}{(2L\sin\alpha\cos\alpha)^2} = 1$$

这便是反射波的时距曲线方程,这样由反射波和直达波的时距曲线即可确定反射界面的大致位置。如图 2.22 中的 A 点即为反射界面与隧道边墙的交点。

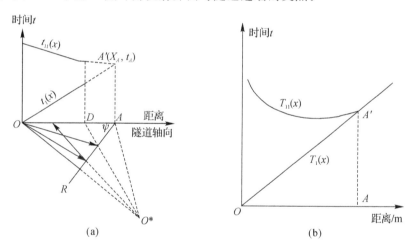

图 2.22 TSP 两种情况下时距曲线与反射界面的位置关系

(2)不良地质体的识别

一般情况下,引爆炮孔炸药会同时产生 P 波(纵波)和 S 波(横波),P 波传播方向与质点振动方向相同,S 波传播方向与质点振动方向垂直,P、S 两种波可以在地层中以不同的速度传播。由弹性波理论可以知道,P 波及 S 波在地层中的传播速度与岩土体弹性参数的关系为

$$V_\mathrm{P} = \sqrt{\frac{E}{\rho} \cdot \frac{(1-\sigma)}{(1+\sigma)(1-2\sigma)}} = \sqrt{\frac{K + 4G/3}{\rho}}$$

$$V_\mathrm{S} = \sqrt{\frac{E}{\rho} \cdot \frac{1}{2(1+\sigma)}} = \sqrt{\frac{G}{\rho}}$$

式中：V_P、V_S——地震纵波、地震横波在地层中的传播速度；

　　　ρ——岩石密度；

　　　σ——泊松比；

　　　E、G、K——岩石弹性模量、剪切模量及体变模量。

由此可知，P 波、S 波的传播速度与岩石的弹性参数直接相关，这说明可以通过分析 P 波、S 波传播速度的变化判断前方岩石性质的变化情况：

$$\frac{V_P}{V_S} = \sqrt{\frac{2(1-\sigma)}{1-2\sigma}}$$

一般情况下，大多数岩石的泊松比的值都在 0.25 左右，又因为 V_P 与弹性模量 E 的二次方根成正比，与岩石密度 ρ 的二次方根成反比，当岩石密度变化不大时，纵波波速主要与弹性模量 E 有关，故纵波波速可以用来评价岩石的弹性强度。考虑到 $V_P \approx 1.73 V_S$，且横波并不能在液体及气体内传播。另外，传播速度较慢的横波可以作为纵波速度资料的补充，因此我们可以通过 V_P、V_S 的数据判断岩石的孔隙度及流体的性质。根据 TSP 的探测原理及大量实际工作的经验累积，业界在不良地质体识别上已经取得了较大发展。

不良地质体在 TGP(TSP)探测中的典型特征：

1)利用 P 波对破碎体的敏感性，预报断层破碎带。断层破碎带多因节理密集、岩体松散或泥化的影响，岩石力学性质并不理想，在 TGP(TSP)资料中表现为 P 波速度迅速降低，反射波组增加，SH、SV 波反射信号加强，等等。

2)利用 SH、SV 波对含水体的敏感性，预报富水地段。由之前的分析可知，V_S 与岩石的剪切模量 G 成正相关关系，而对于液体、气体来说，其内部 $G=0$，横波无法在这样的介质中传播，表现为此地段 V_S 的值迅速降低。具体来说，主要有两种识别方式：如果 V_P/V_S 值突然增加，那么该段极有可能富水；如果泊松比值增大，也可能存在富水地质体。

3)利用 P 波划分围岩级别。围岩级别的划分主要根据 P 波波速分布图来确定，根据获得的 P 波速度，将预报区域内的围岩进行分段划分，根据已开挖段 P 波波速与围岩级别的对应规律来预报未开挖段的围岩级别。另外，对于岩石强度变化，P 波正反射表明前方岩层变硬，负反射则表明前方岩层变软，可以再结合此规律，综合预测前方的岩石强度。

总结大量 TGP 记录的反射波特征，并与隧道开挖地质剖面相对比，在理论分析的基础上，总结出地质对象判断、识别和预报技术指标，用于探测成果的地质解释。反射波的动力学特征与岩体特性的关系如下：

1)反射波振幅为正，表明岩层变硬；反射波振幅为负，表明岩层变软。

2)若 S 波反射强于 P 波，则表明岩体饱水。

3)反射波先负后正时，可能对应断裂带。

反射波的运动学特征与岩体特性的关系如下：

1)若纵横波速比 V_P/V_S 增加或泊松比 σ 突然增大，与流体存在有关。

2)若 V_P 降低，则表明岩体裂隙、孔隙度发育，岩体类别降低，或有断裂破碎带。

《公路隧道超前地质预报技术规程》(DB53/T 1032—2021)通过对大量 TGP 探测成果与实际开挖揭示围岩的统计、比对、总结和分析，建立了非可溶岩中潜在的不良地质单元与 TGP 成果中的反射幅度比、波轴相似度等参数的对应关系。

当掌子面前方(有效探测距离内)存在影响隧道开挖、安全和稳定的破碎带、软弱带等大的不良地质单元时,TGP成果的动态响应特征可参考但不限于以下经验:

1)当纵波估算速度相对已开挖段岩体速度稍有变小,且纵横波的反射幅度比介于0.06~0.08之间,但横波的反射幅度比比纵波的大时,可能是富含地下水的节理裂隙密集带或带内岩体较完整的断层破碎带,其宽度可以根据拟地震波曲线的余震长和偏移归位图的色谱确定。

2)当纵波估算速度相对已开挖段岩体速度不变或基本一致,且横波的反射幅度比比纵波小(其值一般都小于0.08)时,可能是不充水或者含水量较小的张性结构面或宽度较小的软弱带(岩脉和风化夹层等)。

3)当纵波估算速度相对已开挖段岩体速度显著变小,且纵波的反射幅度比大于0.08,波轴相似度也比较高时,在非可溶岩中可能是断层破碎带或断层破碎带的影响带或地质条件骤变(由岩体进入全风化的残积土或软弱带)的情况,需要引起注意。

以上动态响应的总结仅适用于不良地质单元与隧道成大角度相交(大于30°)的情况,角度较小时不适用于上述动态响应特征。

当掌子面前方(有效探测距离内)不存在影响隧道开挖、安全和稳定的大结构面时,TGP成果的动态响应特征可参考但不限于以下经验:

1)纵波估算速度相对已开挖段岩体速度基本不变化或者是以很小的幅度变化,反射面的反射幅度比一般小于0.06。

2)拟地震波曲线不会出现宽度大且余震长的特征。

3)偏移归位图上基本没有颜色强烈变化且宽度较大的异常带,对于一些幅度小、宽度小的异常,可通过反射幅度比、纵波估算速度等综合信息排除其存在异常的可能。

4)尽管探测成果图上的反射面较多且密集,但反射幅度比小于0.06,纵波估算速度也基本不变或者是呈小幅度变化。

2.4.3.6 典型图例

反射幅度比是反射回波幅度与前行波幅度之比,其值越大,表示回波反射越强,界面两侧的波阻抗差异越大。其中,正反射表明界面前方岩体相对于炮孔段向好,负反射表明界面前方岩体相对于炮孔段岩体向差。

拟地震波曲线表征地震波经过反射界面时的变化。低频和余震长表征传播介质破碎或软弱,且其宽度大;高频和余震短表征传播介质宽度小,介质较破碎。估算速度是掌子面前方岩体速度与已开挖炮孔段岩体速度的对应比较。此速度的计算综合考虑纵横波比速度及反射幅度的变化,是一个综合成果,根据估算速度曲线可以推断预报段岩体速度与炮孔段岩体速度的相对关系。

偏移归位图表征隧道掌子面前方岩体中构造面的存在、规模及性质。可根据色谱的颜色及异常段的宽度及其他信息综合对异常进行定性的判断。波轴相似度是指实际的反射回波同相轴与理论的反射同相轴的相似比较,相似度越高,反应结果越可靠。

(1)岩溶

图2.23为某厂家提供的广武高速铁路大瑶山隧道超前预报的偏移成果图。图中偏移异常条带呈现中间宽的尖灭特征,点击异常部位显示出在地震记录上回波同相轴断断续续,

说明断续的回波为绕射波,根据"在界面尺寸与地震波长度相近和小于波长的条件下,在界面产生绕射波"的认识,推断图 2.23 中偏移图异常为岩溶空洞的反应,并根据偏移图异常中心延展趋势推断岩溶发育的延展方向,经过施工反馈证明推断意见基本正确。

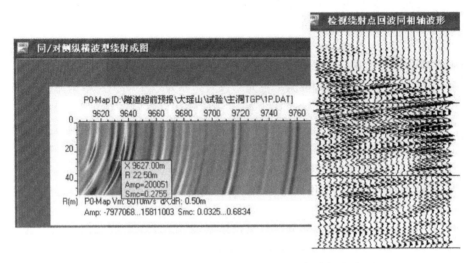

图 2.23　广武高速铁路大瑶山隧道超前预报的偏移成果图

偏移成果图中间大、两端小的带状色条一般可以作为"体"状地质体推断的依据。只有一条带状色条时可能为孤立的硬质岩石,两条以上且有一定的间距带状色条可能为岩溶洞穴和溶腔,如图 2.24 和图 2.25 所示。

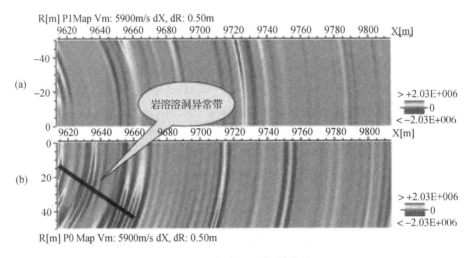

图 2.24　岩溶 TGP 探测波形

(2)断层破碎带或节理密集带

若偏移成果图在一定范围内存在较宽的偏移条带(反映了地质界面),且纵波波速突然降低,可能反映了断层破碎带或节理密集带的存在,如图 2.26 所示。

图 2.25 岩溶实际开挖照片

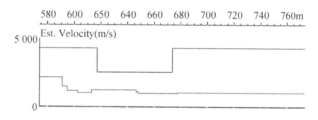

图 2.26 断层破碎带 TGP 波形图

断层破碎带等面状结构的不良地质体能否被成功预报与纵向分辨率有关,而纵向分辨率又与波长有关。一般认为,分辨率为 1/4 个波长。牟元存、王光权等人对 50 多组数据进行了正、反演模拟计算统计,得到了隧道正交的断层破碎带预报的准确性规律:当断层破碎带宽度为 5 m、预报距离为 100 m 时,可对断层破碎带进行有效预报;当预报距离大于 150 m、断层破碎带的宽度大于 10 m 时,预报失效。因此,适当控制预报距离可提高预报准确率。

(3)围岩软岩相间

软硬相间地层的地震反射特征为:红点环带与蓝点环带相邻,先红点环带后蓝点环带,红点环带明显且能量点环大,蓝点环带不明显且能量点环小,如图 2.27 所示。

2.4.4 瞬变电磁法

2.4.4.1 基本原理

瞬变电磁法也称时间域电磁法(Time domain Electromagnetic Methods,TEM)。它是利用不接地回线或接地线源向地下发射一次脉冲电磁场,在一次脉冲电磁场间歇期间,利用不接地线圈或接地电极观测二次涡流场的方法。其基本工作方法是:在地面或井下设置通以一定波形电流的发射线圈,从而在其周围空间产生一次磁场,并在地下导电岩矿体中产生感应电流。断电后,感应电流由于热损耗而随时间衰减。衰减过程一般分为早期、中期和晚期。早期的电磁场相当于频率域中的高频成分,衰减快,趋肤深度小;而晚期的电磁场则相当于频率域中的低频成分,衰减慢,趋肤深度大。通过测量断电后各个时间段的二次场随时间的变化规律,可得到不同深度的地电特征。

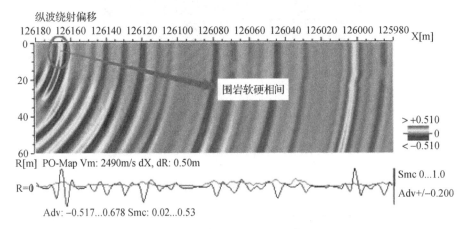

图 2.27 围岩软硬相间 TGP 波形图

在电导率为 σ、磁导率为 μ_0 的均匀各向同性大地表面铺设面积为 S 的矩形发射回线,在回线中供以阶跃脉冲电流 $I(t)$:

$$I(t) = \begin{cases} I, & t < 0 \\ 0, & t \geqslant 0 \end{cases}$$

在电流断开之前,发射电流在回线周围的大地和空间中建立起一个稳定的磁场,如图 2.28 所示。在 $t=0$ 时刻,将电流突然断开,由该电流产生的磁场也立即消失。一次磁场的这一剧烈变化通过空气和地下导电介质传至回线周围的大地中,并在大地中激发出感应电流以维持发射电流断开之前存在的磁场,使空间的磁场不会即刻消失,通过介质的热损耗,逐渐将磁场能量消耗完毕(见图 2.29)。

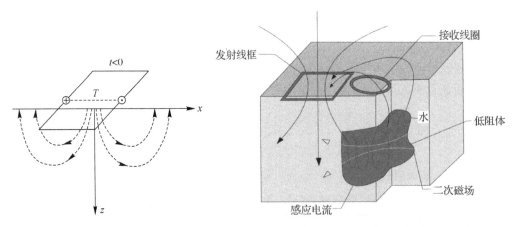

图 2.28 瞬变电磁法工作原理示意图　　图 2.29 瞬变电磁法感应电磁场转换原理示意图

由于电磁场在空气中传播的速度比在导电介质中传播的速度快得多,当一次电流断开时,一次磁场的剧烈变化首先传播到发射回线周围地表各点,因此,最初激发的感应电流局限于地表。地表各处感应电流的分布也是不均匀的,在紧靠发射回线一次磁场最强的地表处感应电流最强。随着时间的推移,地下的感应电流便逐渐向下、向外扩散,其强度逐渐减弱,分布趋于均匀。研究结果表明,任一时刻地下涡旋电流在地表产生的磁场可以等效为一个水平环状线电流的磁场。在发射电流刚关断时,该环状线电流紧挨发射回线,与发射回线具有相同的形状。随着时间推移,该电流环向下、向外扩散,并逐渐变形为圆电流环。等效电流环像从发射回线中"吹"出来的一系列"烟圈",因此,人们将地下涡旋电流向下、向外扩散的过程形象地称为"烟圈效应",如图 2.30 所示。

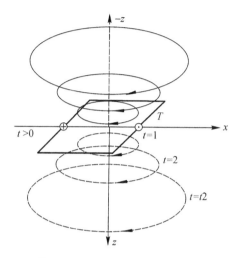

图 2.30 瞬变电磁场的烟圈效应

"烟圈"的半径 r、深度 d 的表达式分别为

$$r = \sqrt{\frac{8c_2 t}{(\sigma\mu_0 + a^2)}}, \quad d = 4\sqrt{\frac{t}{\pi\sigma\mu_0}}$$

式中:a——发射线圈半径。

当发射线圈半径相对于"烟圈"半径很小时,"烟圈"将沿倾斜锥面扩散,其向下传播的速度为

$$v = \frac{\partial d}{\partial t} = \frac{2}{\sqrt{\pi\sigma\mu_0 t}}$$

从"烟圈效应"的观点看:早期瞬变电磁场是由近地表的感应电流产生的,反映浅部电性分布;晚期瞬变电磁场随时间的变化规律,可以探测大地电性的垂向变化。

2.4.4.2 适用条件

瞬变电磁法适用于探测任何地层中存在的地下水体位置及相对含水量大小。例如,断层破碎带、溶洞、溶隙、暗河、采空区、陷落柱等地质体中的地下水,可以对富水断层、节理密集带等影响岩体完整性的构造发育情况进行预测预报;对岩溶水、裂隙水和孔隙水发育位置、规模及性质进行预报;对软弱夹层(含煤系地层)、破碎地层、特殊岩土岩性变化进行地质预报;可以查明掌子面前方有无暗河等不良地质体的分布位置。

瞬变电磁法是一种基于电阻率差异的电磁感应勘探方法,广泛应用于金属矿产资源勘察、地下水探测与评估、煤田采空区探查、地质调查与地质填图等工作中。近年来,瞬变电磁方法作为一种有效的水体探测方法被应用到隧道施工超前地质预报中。目前隧道瞬变电磁超前地质预报探测一般采用中心回线装置或重叠回线装置。关断时间是瞬变电磁发射机的重要技术指标之一,关断时间长,将失掉浅层信号,减弱二次场强度,直接影响探测效果。关断时间可短至 $0.5~\mu s$。关断时间取决于发射机性能、发射电流大小和发射线圈尺寸。其适用条件如下:

1)探测对象与其相邻介质应存在一定的物性差异,并具有可被探测的规模,即探测的目标体与隧道围岩有可观测的电性差异。

2)存在电、磁、振动等外界干扰时,探测对象的异常能够从干扰背景中区分出来;电磁环境噪声和人文因素在可控的范围内。

3)探测隧道掌子面前方目标体距离一般不超过 50 m。

4)探测隧道周边范围为隧道轴线 3 倍洞径内。

5)工程地质、水文地质复杂的长隧道和特长隧道,地下水活跃、围岩软弱、可能发生突水突泥的隧道,应开展隧道瞬变电磁法地质预报工作。

6)存在多种干扰因素的隧道,应通过被探测对象的物性条件与其他探测方法相配合,对所测得的瞬变电磁法资料和其他探测方法资料进行综合分析。

2.4.4.3 现场实施

(1)资料收集

1)隧道地质勘察资料,着重说明不良地质与特殊岩土、可能存在的主要工程地质问题及地质风险。

2)测区工程地质、水文地质、钻孔资料和以往地质勘察资料等。

3)掌握特殊地质构造在隧道轴线上的分布位置,断层及破碎带宽度、性质、产状,明确地层、不良构造与隧道的相互关系及因隧道施工揭露可能发生的地质灾害,初步提出地质预报重点区段。

4)测区的电磁干扰情况。

(2)踏勘

对隧道掌子面地电条件不明或特殊围岩地区应组织现场踏勘,了解掌子面开挖现场、周围环境,调查电磁干扰源及其特征等。

(3)准备工作

1)调查现场作业段的钢拱架架设间距、掌子面有无明水、隧道照明线路情况、作业台架、挖掘机械等因素,清理作业段,减小干扰。在进行掌子面瞬变电磁探测前,应先仔细观察掌子面围岩的稳定情况,对可能掉落的危岩及时处置,以保证探测工作顺利开展。

2)隧址区内不应有较强的电磁干扰;现场测试时,应清除或避开测线附近的金属物等电磁干扰物;当不能清除或避开时,应在记录中标明,并标出位置。

3)对新区开展工作,应对区内各类岩石进行电性参数测定。

4)进行预报方案技术交底及安全培训。

(4)工作装置的选择

装置选择应考虑目标体的特性、电磁干扰、地质环境和现场条件等,并结合超前钻孔进行验证。瞬变电磁法的观测装置与勘探深度和分辨率密切相关,直接影响探测效果。公路工程中常用的观测装置有重叠回线、中心回线和大定源装置,偶极装置应用较少。重叠回线装置和中心回线的发射线框尺寸一般为探测目标最大埋深的 0.5~1.0 倍;大定源回线装置的发射线框尺寸视勘探深度要求,一般在 100 mm×200 mm~300 mm×600 mm 范围内选择。

(5)工作参数的选择

1)发射与接收线圈相关参数选择:由于接收线圈过渡过程对视电阻率的影响呈现出一定的规律性,可以通过合理选择接收线圈的有效面积设计其几何尺寸,使在此时分布参数作用下的电压畸变最小、信号的有效时间范围最宽广。

2)时窗范围确定:时窗范围取决于测区内所要探测的目标体的规模、电性参数的变化范围,以及地电断面的类型、层参数、勘探深度等诸多因素,具体时窗范围应通过野外试验确定。

3)叠加次数:采样叠加次数应根据隧道现场实测的电磁噪声水平和干扰特征经试验后确定。

4)测量点距选择:宜采用连续测量的方式,不能连续测量的掌子面可采用点测。连续测量时天线应匀速移动,并与仪器的扫描率相匹配;点测时应在天线静止状态采样,测量点距不大于 0.3 m。测网密度、天线间距和天线移动速度应适应探测对象的异常反映;掌子面宜布置两条测线,必要时可布置成"井"字形或其他网格形式。

(6)测线布置

1)测线布设应完整、连续,并应尽量避开电磁干扰源;采取措施尽量减小金属支护结构等低阻体、发射线圈和接收线圈的互感效应对探测结果的影响。

2)组装线圈支撑框架,将发射线框和接收探头(线框)固定在线圈支撑框架上。准备工作就绪后,对掌子面进行探测。

按照位置偏移法,一般情况下布置一条测线,掌子面要尽可能平整,确保框架与掌子面平行,从左到右紧贴掌子面移动框架。点测时,每移动 0.3 m 进行一次探测;线测(连续测量)时,点距可为 0.1 m。

按照角度偏移法,分别按不同角度朝多个方向进行探测并准确控制探测方位,在横向上分别朝左偏 45°、左偏 30°、左偏 15°、掘进方向、右偏 15°、右偏 30°和右偏 45°方向进行探测,在横向每个方向探测的基础上再分别进行上偏 45°、上偏 30°、上偏 15°、水平方向、下偏 15°、下偏 30°和下偏 45°等多个方向的探测,如图 2.31 所示。

3)如遇围岩级别较低、钢架紧跟掌子面施作的情况,可将左右边界测点远离边墙 1~2 m 探测,以减小钢拱架等金属质支护结构对探测结果的影响。

4)重点探测区域或异常可疑区域应加密布设。

(7)数据采集

1)探测前对仪器进行详细检查,以确保其性能良好。

2)探测开始前,应进行设备调试,确定瞬变电磁仪器发射频率、采样频率、时窗、采样道数等参数。

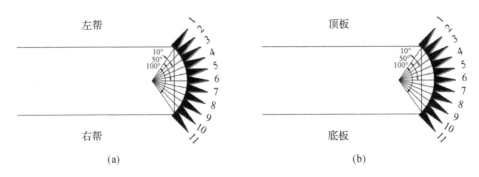

图 2.31 测点布置示意图
(a)掌子面横向扇形探测方式;(b)掌子面上下扇形探测形式

3)连续测量时,天线应按测线方向匀速移动。
4)应记录采集数据对应的掌子面的高度及方向。
5)现场记录应标明观测到掌子面不良地质体的位置与规模以及可能的干扰源信息等。
6)采集过程中遇到掌子面有台架或周围有强电干扰等情况而影响数据采集工作时,应进行数据补测。
7)重点异常区应重复观测,重复性较差时宜进行多次观测并查明原因。
8)探测系统工作时,应采取必要的安全防护措施。
9)完成数据采样后进行数据存储,并确认数据无误后,结束现场测试。

2.4.4.4 数据处理

(1)数据质量评价

1)应从资料的完整性、齐全性、工作参数选择、原始数据质量、噪声干扰水平和质量检查与误差统计的规范性等方面进行数据质量评价。其主要包括下列内容:

a. 数据质量的定性评价:对相邻延时道的衰减曲线进行分析,一般来说,衰减曲线连续性好的数据质量可靠,反之,衰减曲线连续性不好的数据质量不可靠。

b. 测区噪声干扰水平分析:测区的噪声干扰水平对晚期道的数据质量影响大,晚期道的数据信噪比不小于3的测道数据才可靠。

c. 测区工作参数选择的分析:应对工作参数(发射电流、发射线框边长、时窗范围、固定增益、叠加次数等)进行评价。

d. 系统质量检查不应低于总工作量的3%,对异常地段、可疑点、突变点重点检查。

2)系统质量检查时应绘制质量检查对比曲线和误差分布曲线,并附误差统计表。

3)在进行误差统计时,只统计设计时间窗内的测道,系统检查结果应满足设计工作精度要求。

4)预报记录存在下列情况之一者应为不合格:①测点、测线编号与电子文件编号、测量桩号等班报主要内容出现错误;②仪器主要参数设置错误;③信噪比低,干扰严重;④重复观测曲线形态不一致。

(2)数据处理步骤

数据处理前,原始数据应完整、可靠、有效,发现问题应重新检测或补测。

采集的数据视情况可进行去噪、去干扰、滤波处理,对多次复测质量较差的数据予以剔除。资料处理应使用仪器配套的处理软件系统。数据处理流程如图 2.32 所示。

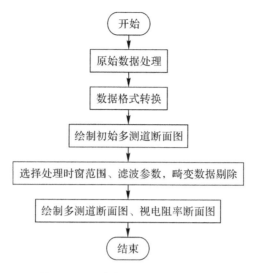

图 2.32 瞬变电磁数据处理流程图

数据处理方法如下:

1)滤波:消除干扰,对资料进行去伪存真。

2)时深转换:资料处理主要采用专用软件进行一维层状反演解释;分别生成各测线的不同装置倾角姿态下的剖面测深曲线图,反演出每条测线的视电阻率-时间剖面图;根据试验或开挖验证所率定的时间与深度关系函数,将视电阻率-时间图转换成视电阻率-深度图。

3)绘制各种参数图件:首先从全区采集的数据中选出每条测线的数据,绘制各测线视电阻率断面图,即沿每条测线电性随深度的变化情况;然后,依据地质钻探等已知地质成果,提取目的层的埋深,绘制顺层切片图等。经上述处理得到视电阻率、视深度等基本参数后,还需根据资料的实际情况选择适当的参数,反复进行滤波、一维层状模型的正反演等处理,直至获得合适的解释数据。

2.4.4.5 资料解释与判定

瞬变电磁法数据解释结果信息应包括:异常类型、形状、里程及规模等,文字报告和成果图件。

解释时在分析各项物性的基础上,按照从已知到未知、先易后难、点面结合、反复认识、定性指导定量的原则进行,并选用典型断面做正演计算。结论应明确,符合隧址区的地质规律,与已知资料解释不一致时,应分析原因,并对推断的前提条件予以说明。应采用仪器配备软件对获得的瞬变电磁资料进行数据处理与解释。在进行解释前应详细了解前期勘察资料,了解预报段附近的围岩岩性、稳定性、地下水类型以及可能存在的不良地质体等;通过综合地质解释,逐个分析异常起因,做出地质解释,并结合成果图加以表述。解释工作分为定性解释、定量解释和综合地质解释。在实际解释工作中,资料整理、定性解释、定量解释和综合地质解释需交叉或反复进行,以使资料解释工作逐步深化。

资料解释应符合下列规定：

1）资料解释应根据试验或开挖验证所得到的异常幅值与背景值来划分异常范围。解释结果应说明探测对象的形态、产状、延伸等要素；对于已知资料不足、暂时不能得出具体结论的异常，应说明原因。解释应充分利用各种探测方法的成果。有钻孔验证的隧道，应充分利用钻探资料对解释结果进行全面修正。

2）单一或十字形测线布置时，应进行各角度及多测线的相关解释，确定异常的范围和走向。凡确定为异常体时，均应提出开挖建议措施，建议书应包括定性和定量解释结果与依据、建议的开挖支护参数及注意事项等。

3）多组测线测量时，应进行各角度三维相关解释，确定异常的范围和走向。

4）资料解释应结合地质勘探、地质分析和其他预报成果解释异常的性质。

在成果图内，等值线数值为瞬变电磁勘探所测的岩层的视电阻率值，颜色由红到蓝表示视电阻率值由高到低的相对变化，此值越小（对应颜色越蓝）表明岩层视电阻率值越低，富水性越强。依据视电阻率值的大小、分布规律、变化率等电性特征，将岩层划分为三个等级：强异常区、弱异常区和高阻区域。

a.强异常区：图中深蓝色区域，视电阻率值非常低，一般是由于岩层较为破碎、裂隙发育，或为溶蚀裂隙区，所以相对富水性强，应引起高度重视。

b.弱异常区：图中浅蓝色区域，视电阻率值相对偏低。

c.高阻区域：图中黄色～暗红色区域，视电阻率值较高。

瞬变电磁数据异常解释结果应包括断层、岩溶、裂隙发育带、地质情况变化等，其异常识别应按照表2.10的规定解释。

不良地质体（储、导水构造）判断应以现场多次采集分析验证的数据为依据，总结规律，找出隧址区异常标准值。根据经验总结并归一化处理，可推断某个视电阻率范围为不良地质体。

表2.10 隧道不良地质体异常特征汇总

不良地质类型	异常剖面图特征
断层	对于掌子面前方存在含水断层的情况，视电阻率等值线基本呈直线，且在断层区域较为密集，视电阻率值随深度的增加而骤减；穿过断层后视电阻率等值线逐渐变稀疏，视电阻率值随深度的增加继续均匀增大
溶洞	对于掌子面前方存在单一富水溶洞的情况，视电阻率等值线会在溶洞所在区域发生弯曲甚至闭合，且该处视电阻率值较其他区域明显偏低；对于掌子面前方存在多个富水溶洞的情况，剖面上多个溶洞对应区域都存在上述现象
裂隙发育带	对于掌子面前方存在多处含水裂隙的情况，视电阻率等值线会在对应区域发生小范围闭合，且该处视电阻率值较低
地质情况变化	对掌子面前方不存在不良地质体的情况，视电阻率等值线基本呈直线，且视电阻率值随深度的增加而均匀变化

2.4.4.6 典型图例

(1)含水断裂破碎带

物探发现掘进头前方29～50 m段为低阻区(见图2.33),巷道往前掘进18 m开始打钻(灰岩巷道,保持超前距不小于10 m),钻探进尺18.5 m(即位于物探掘进头位置前方36.5 m)时出水,水量为75 m^3/h。此段为断裂破碎带。

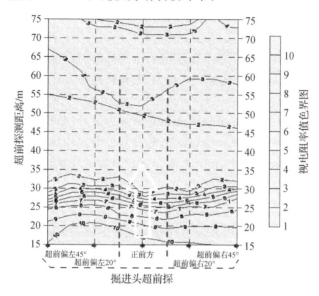

图2.33 掘进头超前探测断裂破碎带

(2)含水岩溶涌水

图2.34为隧道含水构造某掌子面斜上22.5°方向探测剖面图。

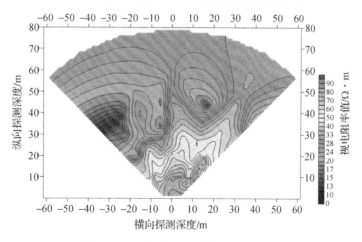

图2.34 斜向上22.5°方向探测剖面图

经超前钻探验证,斜向上20°方向、偏左30°方向,出现大股出水,水平钻,左、右两侧均出现大量出水,中间位置没有出水,与探测结果高度吻合。

2.4.5 红外探测

2.4.5.1 基本原理

红外探测法适用于定性判断开挖工作面前方及成洞段外侧一定范围内有无水体存在及其位置。红外探测设备应满足隧道施工地质预报任务要求。一切物质或物体都是以实体和场两种基本形式存在的。最具有普遍意义的场是红外辐射场。隧道中围岩在向外部发射红外辐射时,必然会把它内部的地质信息传递出来。当掘进断面前方或隧道四壁外围任一空间存在不良含水地质体时,它们自身产生的红外场就叠加在正常场上,从而正常场发生畸变。

由于"场"传播的距离大于"场源",因而在安全距离之外,如前方有异常场时,就可以被红外探测发现。在隧道施工中,主要通过探测掘进掌子面岩体场强的变化差异值和隧道开挖段围岩场强沿纵向的变化规律,来推断前方是否为隐伏含水构造体,有无发生突涌水的可能。

2.4.5.2 适用条件

红外探测系根据一切物质均向外辐射红外电磁波的原理,通过接收和分析红外辐射信号进行超前地质预报,适用于定性判断探测点前方有无水体存在及其所在方位,不能定量提供水量大小等参数。其适用条件如下:

1)红外探水在使用的过程中对周围环境的要求较为严格,探测期间要控制洞内的温度及湿度,并要确保开挖掌子面和已开挖洞段的围岩表面没有水,否则红外探测结果将不准确。使用环境条件:温度 0~40℃;湿度应不大于80%,在潮湿环境工作不应超过 8 h;大气压力$(0.8\sim1.1)\times10^5$Pa;无腐蚀性气体和强电磁场干扰。

2)红外探测技术虽然能判断掌子面前方是否存在含水地质体,但不能判断水量的大小与确切的距离。掌子面的安全值虽能成为判断含水构造是否存在的一个重要依据,但却不能成为是否发生大涌水和突水的限值,因此将红外探测技术与其他地质预报技术(TGP/TSP探测、地质雷达探测、超前钻孔)相结合,作为对其他地质预报探测技术的一种验证。

3)红外探测技术最好的使用条件是掌子面及其后方已开挖区段的围岩表面没有水,如果掌子面及其后方已开挖区段的围岩表面有大面积实体,红外探测就失去了应有的作用。

4)有效预报距离应在 30 m 以内,连续预报时前、后两次重叠长度应大于 5 m。

2.4.5.3 现场实施

(1)进入隧道前的准备工作

1)出发前应与工地主管联系好何时能进洞,要求在放完炮、清完碴,描断面轮廓线这个间隙进行。

2)要检查仪器是否充足电,是否带了皮尺、记号笔和记录本。

(2)进入隧道后的准备工作

1)在隧道中将仪器取出,过 20~30 min 后(使仪器温度与隧道环境温度一致)方可进行数据采集。

2)第一次进入某个特定的隧道进行测试时,要进行仪器的红外系数标定。特别说明:在同一隧道探测,不需要重新校正红外系数,即每个隧道标定一次即可。

(3)正式测试工作

1)测线布置:①当全空间全方位探测地下水体时,需在拱顶、拱腰、边墙、隧底等位置沿隧道轴向布置测线,测点间距宜为 5 m,发现异常时应加密点距,如图 2.35 所示;②开挖工作面测线布置,宜为 3~4 条,每条测线布 3~6 个测点,如图 2.36 所示;③测线布置可自开挖工作面往洞口方向布设,长度宜为 60 m,不得少于 50 m,如图 2.37 所示。

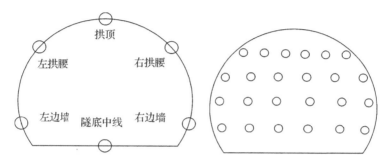

图 2.35 每个断面测点布置示意图　图 2.36 掌子面测点布置示意图

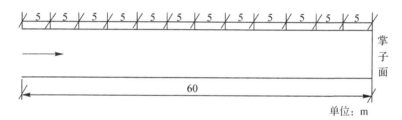

图 2.37 沿隧道轴向(拱顶、左右拱腰、左右边墙、底板)探测断面布置示意图

2)正式开始测试:发现异常后加密测点,并初步分析异常的可能原因,如因喷浆、照明灯等干扰影响,应予以删除,并重测。

红外探水对隧道周边的探测:

a.由掘进断面向后方以 5 m 点距,沿一侧边墙布置 12 个探测顺序号,以 5 m 点距用喷漆标好探测顺序号。

b.在掘进断面处,首先对断面前方探测,在返回的路径上,每遇到一个顺序号,就站在相应的位置上,分别用仪器的激光器打出红色光斑,使之落到左边墙中线位置、右边墙中线位置、左拱脚中线位置、右拱脚中线位置、拱顶中线位置与隧底中线位置(根据隧道断面大小布置测点数量,一般为 6 个点),扣动扳机,分别读取探测值(每点探测两次,取平均值),并做好记录。然后转入下一序号点,直至全部探测完。

c.一般由断面向后方探 60 m,即 12 个探测点。当断面后方有较长一段是含水构造时,为了更好地确定正常场,应当加长探测距离。

d.当遇到拱顶或边墙渗水、滴水、涌水时,不管是否在点位上,只要是途中经过的,都要分别对上方的出水部位、下方的积水部位进行探测。记录者应在相应备注栏内记清仪器读数值。对因施工造成的积水也要用仪器进行探测,并记在备注栏内。

红外探水对掘进断面的探测,当遇到软弱围岩或地层破碎时,初期支护或衬砌往往紧跟掘进断面,不能直接探拱顶、隧底和边墙,而只能探断面:

a. 在掘进断面上布置 4 行,每行设 5 个探点(可以根据隧道断面大小进行相应的调整)。分别用仪器的激光器打出红色光斑,使之落到每个探点上,扣动扳机分别读取探测值,并做好记录。

b. 在正常掘进段,当探测了十几个断面后,根据探测数值可以总结出每行 2 个读数的最大差值范围,以便掌握正常地段差值的变化范围。当掘进前方存在含水构造时,含水构造产生的异常场就会叠加到正常场上,从而使横向差和纵向差变大。如果超出正常变化范围,即可判定前方存在含水构造。

3)每次探测应对岩体的裂隙发育情况和隧道壁渗水情况进行详细记录。

2.4.5.4 数据处理

1)下列情况下所采集的探测数据为不合格:①仪器已显示电池电压不足,未更换电池而继续采集的数据;②开挖断面在进行其他工序时(如炮眼、超前钻孔施钻过程中等)时所采集的数据;③初期支护喷射混凝土尚未完全干燥部位所采集的数据;④测线范围内温差明显所采集的数据;⑤测点附近存在热源场(如照明碘钨灯附近等)时所采集的数据;⑥洞内外温差较大,探测时仪器读数尚未完全稳定所采集的数据。

2)探测完毕,对探测的数据质量进行检查,数据不合格将重新进行测试,数据合格后将所测得的数据输入计算机,使用 EXCEL 或其他工具生成曲线图,再通过曲线图或者数据差值来判断前方地质情况。

2.4.5.5 资料解译与判定

(1)红外探测数据和曲线的分析与判定要求

探测曲线的可靠性建立在正确数据的基础上。当探测读数错误和记录错误或者绘图报错数据,都会得到错误的曲线,错误的曲线将会导致误判。红外探测数据和曲线的分析与判定应符合下列要求:

1)探测数据和曲线的分析与判定应结合现场的工程地质和水文地质条件。

2)通过探测与施工的逐步开挖验证,总结正常场特点,分辨异常场。

3)分析由探测数据绘制的探测曲线前,应认真检查探测数据的可靠性。分析曲线前应审查探测曲线是否正确:如果左边墙和右边墙所测曲线上某个点位出现了高值或低值,而该条曲线相对位置没有任何异常,则显然是探测时读数错误;如果在开挖面上探测,掌子面中部某个点位读数值很低,而周围点位的读数值很接近,这显然也是读数错误,因为这不符合场的变化规律。

4)分析解释时应先确定正常场,再确定异常场,由异常场特征判定地下水体的存在。

5)探测数据和曲线的分析与判定以地质学为基础,并结合现场的工程地质和水文地质条件进行。

6)通过探测与施工开挖验证,总结出正常场的特点,才能分辨出异常场。

7)应将沿隧道轴向的红外探测曲线和开挖掌子面红外探测数据最大值结合起来分析,

在实践中不断总结,作出符合实际的分析。

8)在分析单条曲线的同时,还应对所有探测曲线进行对比,比如两边墙探测曲线的对比、顶底探测曲线的对比,依此确定隐蔽水体或含水构造相对隧道的空间位置。

(2)判据

当隧道掌子面前方围岩的介质相对正常时,所获得的红外探测曲线近似为直线,离散度较小,即为正常场。反之,当掌子面前方或隧道外围存在含水构造时,曲线上的数据产生突变,含水构造产生的红外辐射场叠加到围岩的正常辐射场上,从而使横向差和纵向差变大,探测曲线发生弯曲,形成异常场。如果超出正常变化范围,即可判定前方存在含水构造。红外探水的有效预报距离一般可达 20~30 m。

1)根据掘进掌子面场强差异进行超前探水的判据。通过对比分析掌子面各测点的场强,判定掘进掌子面是否存在含水构造体。根据以往测试经验,判定标准一般设定为:当掘进掌子面测点中最大场强和最小场强的能量差不小于 10 W/cm^2 时,可判定前方存在含水构造体,否则不存在含水构造体。

2)根据隧道走向与场强曲线进行超前探水的判据。建立各测点的场强(y 轴)与测点到掘进掌子面的距离(x 轴)的函数关系,并绘制出函数图形,根据函数图形特征进行超前探水预报:①如果函数图形为一水平直线,表明掌子面前方不存在含水构造,如图 2.38(a)所示;②如果函数图形为一斜线,表明掌子面前方具有存在含水构造的可能性,需要进一步探测,如图 2.38(b)所示;③如果函数图形开始部分存在阶跃突变,后部为水平或斜线,表明掌子面前方存在含水构造,如图 2.38(c)所示。

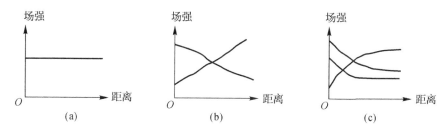

图 2.38 红外探水结果图

(a)前方不含水;(b)前方可能含水;(c)前方含水

2.4.6 超前地质钻探

2.4.6.1 基本原理

钻探法是超前地质预报最直接的一种方法,通过钻探对掌子面前方获取的地层岩性进行鉴别,确定其埋藏距离与厚度(或宽度)、溶洞及充填的性质,能查明钻探深度内的地下水的赋存条件,可进行水量、水压的测定;当为煤层时,可确定煤层厚度和进行瓦斯含量测定,对超前地质预报成果进行验证;同时利用所取岩芯可进行室内实验,测试岩石的物理力学性质。因此,在地质构造复杂地段,对于经地质、物探综合手段超前地质预报确定的重点地段,应施以钻探法确定。

2.4.6.2 适用条件

超前地质钻探法适用于各种地质条件下的隧道超前地质预报。在富水软弱断层破碎带、富水岩溶发育区、煤层瓦斯发育区、重大物探异常区等地质条件复杂地段应采用该方法。超前地质钻探可选择取芯地质钻、凿岩钻。

1)取芯地质钻孔可用于隧道围岩相对完整,断层、破碎带、暗河相对集中的洞段。
2)凿岩钻可用于隧道围岩结构松散,溶洞、暗河、瓦斯地层和地下水发育相对集中的洞段。

2.4.6.3 现场实施

地质风险一般的洞段(断层、节理密集带或一般性破碎富水地层),每循环可只钻1个孔。图2.39为在较强富水地段、断层破碎带及断层前后50 m范围、小型岩溶发育段采用的超前探孔(直径不小于76 mm,探测长度约为30～50 m)。

1)整体性较好的围岩可布置1孔。
2)涌泥突水、冒顶、瓦斯地层高概率洞段除应布置1个循环超前预报钻孔外,还应针对物探预报的异常布置多个钻孔。例如富水岩溶发育区每循环宜钻3～5个孔。揭示岩溶时,应适当增加,以满足安全施工和溶洞处理需要为原则。

图2.40的超前探孔主要在向斜及初步判断前方有大型隐伏溶洞或发育中大型岩溶管地段采用。图2.41的超前探孔在判断隧道前方拱顶、底板均存在大型隐伏溶洞或大规模采空区地段采用(直径不小于76 mm,探测长度约为30～50 m)。

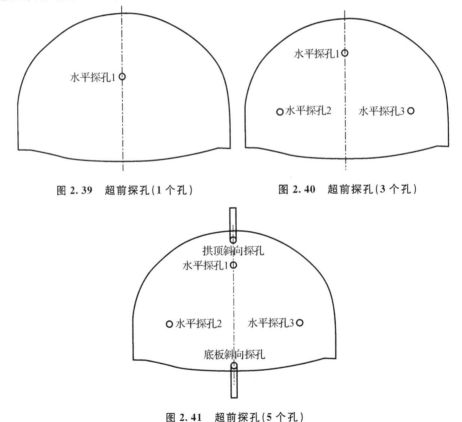

图2.39 超前探孔(1个孔) 图2.40 超前探孔(3个孔)

图2.41 超前探孔(5个孔)

3）煤层瓦斯地段应在距煤层 15～20 m 处的开挖工作面钻 1 个超前钻孔,在距初探煤层 10 m 处的开挖工作面上钻 3 个超前钻孔,分别探测开挖工作面前方上部及左右部位的煤层位置。

4）在需连续钻探时,每循环可钻进 30～50 m,必要时可钻 100 m 以上的深孔。

5）连续钻孔时,前后两循环孔应重叠 5～8 m。

6）富水岩溶发育区,超前钻探应终孔于隧道开挖轮廓线以外 5～8 m。

7）钻孔直径应满足钻探取芯、取样和孔内测试的要求。

8）钻探过程中应进行动态控制和管理,根据钻孔情况适时调整钻孔深度。

2.4.6.4 数据处理

超前钻探现场钻探台班记录、地质班报、测试应符合下列规定:

1）在钻井工作期间,应作好钻探台班记录,资料满足钻孔地质编录要求。

2）取芯地质钻探过程中应记录钻机转速及返水情况,同时应进行岩芯地质编录、照相。

3）凿岩钻机钻探过程中应做好现场钻探记录,记录内容应包括钻进压力、钻进速度、冲洗液颜色和流量变化或外排岩粉颜色变化情况,以及各参数对应的深度和时间,并应同时进行钻孔地质编录。

4）当钻孔内有水时,应进行流量和压力估算。

5）瓦斯地层钻孔时,应在孔口进行有害气体监测试验。

6）钻孔遇到溶洞等空腔时,应对钻孔进行钻孔全景数字成像测试或采用其他物探方法测定空腔规模。

7）应详细了解岩层结构、构造,并应进行钻孔全景成像、单孔声波测试。

8）可采用孔内雷达探测钻孔周围一定范围内的溶洞、暗河、水体等不良地质体。

2.4.6.3 资料解释与判定

(1) 资料解释

超前钻探现场工作完成后,应及时进行资料整理,绘制相应的图表,成果内容应符合下列规定:

1）成果应包括对钻探班报、岩芯编录或钻孔地质记录、钻孔观测试验等原始资料进行的整理、计算。

2）单孔声波测试孔应绘制声波速度曲线,对岩体完整性进行评价和划分。

3）钻孔电视或全景成像孔应形成全孔壁展开图像,对孔壁地层、结构、裂隙、岩溶等地质现象进行描述、统计。

4）钻孔雷达测试孔应进行雷达图像处理,对异常进行定性和定量解释;对涌泥突水异常体应通过多个钻孔雷达图像进行定量解释,确定异常体深度、方向和延伸范围。

5）同一钻孔的观测试验和测试成果宜绘制在一张图上。

6）对同一掌子面的多个钻孔资料应进行对比分析,绘制综合预报成果图。

7）成果应对比分析同一洞段其他方法的预报成果。

(2) 判定

1）根据钻进时间和长度,计算出钻进速度,推荐围岩软硬情况。一般情况下,硬岩钻进速度较慢,软岩钻进速度较快;硬岩钻头磨损大,软岩钻头磨损小。

2)根据冲洗液的颜色、酸碱度、返渣颗粒形状、大小、成分、颜色,判断围岩的岩性、强度情况。一般情况下,灰色砂岩、灰岩冲洗液为乳白色;紫红色泥岩、泥沙岩冲洗液为黄褐色,较浑浊;充填性溶腔(洞)、破碎带冲洗液为黄灰色,较浑浊。根据返渣颗粒直径判断岩石性质:返渣颗粒较大、片状,岩石强度较低,较脆,泥质胶结;返渣颗粒较小、砾状,岩石较坚硬,钙质胶结。

3)根据卡钻、跳钻、坍孔情况判断围岩破碎、溶腔(洞)情况。卡钻时围岩破碎,一般为大裂隙或石质充填破碎带;跳钻时围岩软弱,一般为泥沙质充填性溶腔(洞)或充填性破碎带;坍孔时围岩软弱、破碎,岩层节理裂隙发育,一般为泥土、泥岩、碎屑岩等。根据条钻长度推算溶腔、破碎带宽度。

4)根据水运、水量情况推测水头压力、涌水量大小,根据孔内涌出气体成分、浓度、气味、颜色等推断前方地质情况,若气体为瓦斯,一般为煤层发育地质。

5)通过钻探取芯可以直观地看出围岩的节理、裂隙和产状,通过试验测出岩石强度、成分和性质。

6)根据探孔注水、充气试验,检查围岩的连通性。注水、充气后监测孔内水汽溢出,说明围岩节理裂隙发育,连通性好;反之,则连通性差。

7)根据孔内全景式数字摄影判断地质情况。通过影像可以直接看出围岩岩层面、节理、裂隙,以及围岩溶蚀、管道、溶腔发育情况。

2.4.7 加深炮孔探测

2.4.7.1 基本原理

加深炮孔探测是利用风钻、冲击钻或凿岩台车等在隧道开挖工作面钻小孔径浅孔获取地质信息的一种方法。该方法虽然不能取芯,但可通过冲击器的响声、钻速及其变化、岩粉、卡钻情况、钻杆震动情况、冲洗液的颜色及流量变化等粗略探明岩性、岩石强度、岩体完整程度、溶洞、暗河及地下水发育情况等。

2.4.7.2 适用条件

加深炮孔探测适用于各种地质条件下隧道的地质超前探测,尤其适用于岩溶发育区(主要为掌子面前方地质条件)。加深炮孔探测具有以下特点:

1)加深炮孔探测是地质超前钻探的一种重要补充,因其数量较多,在岩溶发育区大大增加揭示溶洞的概率,效果非常明显。

2)与地质超前钻探相比,加深炮孔探测具有设备移动灵活、操作方便、费用低、占用隧道施工时间短的特点,可与爆破孔同时施作。

3)孔浅,且不能取岩芯。

4)加深炮孔探测严禁在爆破残眼中实施。

5)对地质条件较复杂的地段,如地层分界线、角度不整合接触带、物探异常段、次级断层、富水段等,在地质调查法的基础上,采用加深炮孔探测。

2.4.7.3 现场实施

加深炮孔探测应符合下列要求:
1) 孔深:孔深应较爆破孔(或循环进尺)深 3 m 以上。
2) 孔径:孔径宜与爆破孔相同。
3) 加深炮孔探测严禁在爆破残眼中实施。
4) 孔数、孔位:孔数、孔位应根据开挖断面大小和地质复杂程度确定;加深孔位宜在隧道断面轮廓线上均匀分布,每断面宜为 3~8 个。

一般地段外插角宜控制在 1°~3°;软弱破碎岩层外插角可适当加大;富水岩溶发育区超前地质钻探应终孔于隧道开挖轮廓线以外 5~8 m,外插角宜控制在 10°~15°。

当钻孔遇到岩溶时,钻孔应穿透岩溶顶底板深度,并进入后方完整基岩不小于 5 m;当钻孔遇到煤层时,钻孔应穿透煤层至后方完整基岩不小于 0.5 m。

5) 在富水岩溶发育区,每循环必须按设计认真实施,发现异常情况应及时反馈信息,严禁盲目装药放炮。
6) 钻到溶洞和岩溶水时,应视情况采用超前地质钻探和其他探测手段,查明情况,确保施工安全,为变更设计提供依据。
7) 揭示异常情况的钻孔资料应作为技术资料保存。

2.4.7.4 数据处理

需详细记录钻探时地层岩性、钻进速度及变化情况(具体数据)、岩粉或混合体颜色、遇水部位、水量、水压、是否存在溶洞、溶洞位置及大小、是否充填及充填物成分等,不得缺项。

2.4.7.5 资料解释与判定

1) 根据钻速是否均匀,可以判断岩层等级以及是否均质。
2) 根据是否有卡钻现象,可以判断是否有夹层,围岩是否破碎。
3) 根据钻进过程中的浆液情况,可以判断围岩情况。
4) 根据钻孔后是否有渗水以及渗水量大小,可以判断掌子面前方是否富水。
5) 根据钻孔后是否有气体溢出,可以判断是否含有害气体。

2.5 预警管理、信息反馈与指导施工

防和避是人们应对各种自然灾害、事故的主要方法,科学预警机制是应对各种突发事件的有效手段,因此,建立隧道预警管理机制和信息反馈机制对于提供警示和预防有着重要的作用。

2.5.1 预警管理等级

超前地质预报成果应制定级别管理制度,实行Ⅰ级、Ⅱ级、Ⅲ级管理,具体内容如下:
1) Ⅰ级:有较大地质问题(预报有大~中型断层带,富水,形成失稳塌方,可能酿成大型

事故;高地应力,强岩爆,围岩大变形;大~中型突水、突泥,大的涌水,较大的破碎带等),存在较大结构、施工安全风险,应停止施工。

2)Ⅱ级:有较轻微地质危害情况(预报有小断层、软弱夹层、弱富水,个别小型塌方或有局部块石跨落;中等应力,弱岩爆,中~弱变形;小型突水、突泥;结构层间破碎带等),存在一定结构、施工安全风险,应谨慎施工,加强监控及地质预报工作。

3)Ⅲ级:地质预报结果处于正常状态,无明显地质危害情况(预报开挖后毛洞稳定;应力条件一般,不成岩爆,轻微变形;少量渗水或无水等),可正常进行施工。

预警的方式包括电话、短信通知,以及在线平台中发送预警信息等。

2.5.2 信息反馈

1)属于Ⅰ级管理的超前地质预报成果,应在现场分析、初步确认后,在12 h内送达监控量测、施工、监理单位以及指挥部,会商决策,暂停施工。

2)属于Ⅱ级管理的超前地质预报成果,应在24 h内送达监控量测、施工、监理单位,并加强监测,谨慎施工。

3)属于Ⅲ级管理的超前地质预报成果,应在48 h内送达监控量测、施工、监理单位,正常施工。

2.5.3 指导施工

对不同预报方法发现的异常采用的处治措施不一样,物探法及超前钻探法发现的异常采用的处治措施见第4章。下面对地质调查法在指导施工方面的应用进行简单介绍。

1)开挖后目测到的地质情况与开挖前勘察结果存在较大差异时,应根据目测的情况重新修改设计方案。变更后的围岩级别、地下水情况以及围岩稳定性状态等,由设计单位和监理确认,报建设方审批后,对原设计进行修改。以便选择可行的施工方法,合理地调整有关设计参数。

2)当发现掌子面自稳时间小于1 h时,可采取下列措施:采用分步开挖法,增大核心土的预留面积;对掌子面及前方拱顶范围采用超前锚杆、注浆等加固措施进行加固;对掌子面做喷射混凝土防护后再开挖。

3)开挖后且在没有支护前,发现顶板剥落现象时,可采用下列措施:开挖后尽快施作喷射混凝土层,缩短掘进作业时间;采用分块开挖法,缩短一次掘进长度;对掌子面前方拱顶用斜锚杆进行预支护或采用注浆加固后再开挖;增加钢拱架加强支护。

4)开挖工作面有涌水时,可根据用水量大小,由小到大依次选取下列措施中的一项或几项:增加喷射混凝土中的速凝剂含量,加快凝结速度;使用编织金属网改善喷射混凝土的附着条件;通过打排水孔或设排水导坑等措施对岩面进行排水处理;对围岩进行注浆加固。

5)发现有锚杆拉断或垫板陷入围岩壁面内时,可采取下列措施:增加锚杆长度;使用弹簧垫圈的垫板;使用高强度锚杆。

6)发现存在喷射混凝土与岩面黏结不好而悬空的现象时,可采取下列措施:开挖后尽早进行喷射混凝土作业;增加喷射土层厚度;在喷射混凝土层中加设钢筋网;增加锚杆长度和数量。

7）发现钢拱架有压屈现象时,可采取下列措施:适当放松钢拱架的连接螺栓;使用可缩性U形钢拱架;喷射混凝土层应留出伸缩缝;加大锚杆长度。

8）发现喷射混凝土层有剪切破坏时,可采取下列措施:在喷射混凝土层增设金属网;施作喷射混凝土时留出伸缩缝;增加锚杆长度;使用钢拱架或U形可缩型钢拱架。

9）发现有底鼓现象或侧墙向内滑移现象时,可采取下列措施:尽快施作喷射混凝土仰拱,使断面尽早闭合;在仰拱部增加锁脚锚杆数量;改用台阶法开挖,缩短台阶施工的长度。

上述这些根据目测结果修改设计的措施,可以根据破坏程度的不同,单独采用一项或同时采用几项。在确定采用某项措施时,有时还需参考一些监控量测的结果,特别是参考位移量测结果进行综合分析后再做决定,新发现的破坏现象,必须排除因施工质量不合要求所导致的结果,否则难以对破坏现象做出正确的判断。

第 3 章　不良地质与特殊岩土段施工技术与衬砌设计

隧道通过不良地质、特殊岩土地段时,若施工方案、衬砌结构设计参数不当,可能会出现塌方、涌水、突泥等事故。因此,在不良地质、特殊岩土地段施工时,应在充分调查研究的基础上,根据围岩级别,综合考虑各方面的因素,确定合适的衬砌结构设计参数及施工方案。

不良地质、特殊岩土地段隧道施工,以"先治水、短开挖、弱爆破、强支护、早衬砌、勤检查、稳步前进"为指导原则。隧道选择施工方法(包括开挖及支护)时,应以安全及工程质量为前提,综合考虑隧道工程地质及水文地质条件、断面形式、尺寸、埋置深度、施工机械装备、工期要求、经济和技术的可行性等因素而定。同时,应考虑围岩变化时施工方法的适应性及变更的可能性,以免造成工程失误和增加投资。

本章将对不良地质、特殊岩土段的施工方法、辅助措施及衬砌结构设计内容进行分析。

3.1　开 挖 方 法

应根据地质条件、开挖断面和围岩稳定情况选择隧道开挖方法。不同开挖方法适用的围岩条件和开挖断面见表 3.1。

表 3.1　不同开挖方法适用的围岩条件和开挖断面

序号	开挖方法		围岩级别	
			双车道隧道	三车道隧道
1	全断面法		Ⅰ～Ⅲ	Ⅰ～Ⅱ
2	台阶法	长台阶法	Ⅲ～Ⅳ	Ⅱ～Ⅲ
		短台阶法	Ⅳ～Ⅴ	Ⅲ～Ⅳ
		超短台阶法	Ⅴ	Ⅳ
3	分部开挖法	环形开挖留核心土法	Ⅴ～Ⅵ	Ⅲ～Ⅳ
		中隔壁法(CD 法)	Ⅴ～Ⅵ	Ⅳ～Ⅴ
		交叉中隔壁法(CRD 法)	Ⅴ～Ⅵ	Ⅳ～Ⅵ
		双侧壁导坑法	—	Ⅳ～Ⅵ

注:长台阶的台阶长度为 50 m 以上;短台阶的台阶长度为 5～50 m;超短台阶的台阶长度为 3～5 m,超短台阶也称微台阶。

3.1.1 全断面法

全断面法(见图 3.1)作业空间较大,工序少、干扰小,有利于大型机械配套作业,能提高施工速度,便于施工组织和管理。

根据掌子面围岩稳定情况、爆破振动、钻孔和出渣效率、超挖控制等确定循环进尺:Ⅲ级围岩宜控制在 3 m 左右;对于Ⅰ、Ⅱ级围岩,使用气腿式凿岩机时可控制在 4 m 左右,使用凿岩台车时可根据围岩稳定情况适当调整。采用特殊设计的其他情况每循环进尺应符合设计规定。

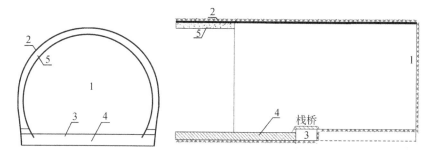

1—全断面开挖;2—初期支护;3—隧道底部开挖(捡底);4—底板(仰拱及填充)浇筑;5—拱墙二次衬砌

图 3.1 全断面法施工工序示意图

3.1.2 台阶法

台阶法因具有灵活多变、适用性强等优点,已成为大断面隧道的主流施工方法。实际施工中视围岩条件和机械设备情况可派生出各种台阶法。采用台阶法时,台阶数、台阶长度要适当。确定台阶的长度主要考虑两个因素:一是初期支护形成闭合断面的时间要求,稳定性愈差的围岩要求闭合时间愈短;二是上半断面施工时开挖、支护、出渣机械设备所需的作业空间。

采用长台阶法时,上、下部可配置同类较大型机械平行作业,当机械不足时也可交替作业;当遇短隧道时,可将上部断面全部挖通后,再挖下半断面。该法施工干扰较少,可进行单工序作业,但是需要控制拱脚下沉。

短台阶或超短台阶两种方法可缩短仰拱封闭时间,改善初期支护受力条件,但施工干扰较大,支护不及时可能造成围岩失稳。软弱围岩必要时需要采用辅助开挖措施稳定开挖面,以保证施工安全。

扩大拱脚、加强锁脚锚杆、加设临时仰拱等措施有利于控制拱脚下沉。

台阶法的台阶数量和台阶高度应综合考虑隧道断面高度、机械设备及围岩稳定性等因素确定。台阶开挖高度宜为 2.5~3.5 m。台阶可采用二台阶或者三台阶,不宜大于三个台阶。上台阶开挖每循环进尺:Ⅲ级围岩宜不大于 3 m,Ⅳ级围岩宜不大于 2 榀钢架间距,Ⅴ级围岩宜不大于 1 榀钢架间距。Ⅳ、Ⅴ级围岩下台阶每循环进尺宜不大于 2 榀钢架间距。

下台阶单侧拉槽长度不宜超过 15 m。下台阶左、右侧开挖宜前后错开 3～5 m,同一榀钢架两侧不得同时悬空。下部施工应减少对上部围岩、支护的干扰和破坏。下台阶应在上台阶喷射混凝土强度达到设计强度的 70% 以后开挖。台阶法包括长台阶法、短台阶法和超短台阶法等三种,如图 3.2 所示。

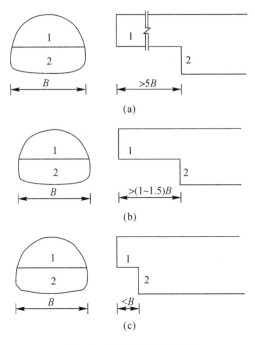

图 3.2 台阶法开挖示意图
(a)长台阶法开挖;(b)短台阶法开挖;(c)超短台阶法开挖

3.1.3 分部开挖法

3.1.3.1 环形开挖留核心土法

当地质条件较差,采用台阶法开挖掌子面自稳能力不足时,可采用环形开挖留核心土法。环形开挖留核心土法可分为两台阶环形开挖留核心土法和三台阶环形开挖留核心土法。

环形开挖留核心土法的台阶开挖高度宜为 2.5～3.5 m。环形开挖每循环进尺,Ⅴ级围岩宜不大于 1 榀钢架间距,Ⅳ级围岩宜不大于 2 榀钢架间距。中下台阶每循环进尺不得大于 2 榀钢架间距。核心土面积不宜小于断面面积的 50%。上台阶钢架施工时,应采取有效措施控制其下沉和变形。拱部超前支护完成后,方可开挖上台阶环形导坑;留核心土长度宜为 3～5 m,宽度宜为隧道开挖宽度的 1/3～1/2。各台阶留核心土开挖每循环进尺宜与其他分部循环进尺相一致。核心土与下台阶开挖应在上台阶支护完成且喷射混凝土强度达到设计强度的 70% 后进行。下台阶左、右侧开挖应错开 3～5 m,同一榀钢架两侧不得同时悬空。仰拱施作应紧跟下台阶,以及时闭合成稳固的支护体系。当地质条件较差,采用台阶法开挖掌子面自稳能力不足时,可采用环形开挖留核心土法。三台阶环形开挖留核心土法和两台阶环形开挖留核心土法施工工序示意图分别如图 3.3 和图 3.4 所示。

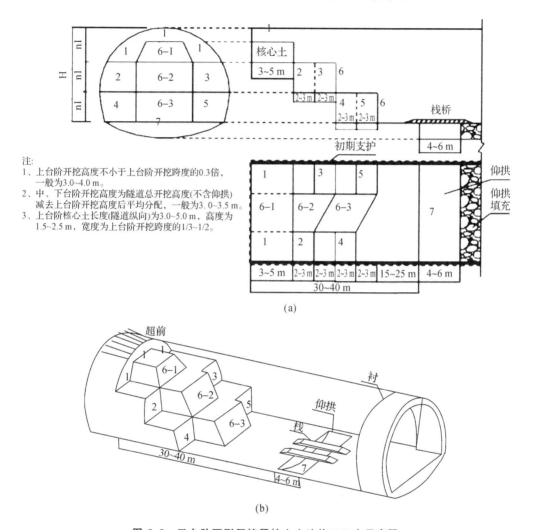

图 3.3 三台阶环形开挖留核心土法施工工序示意图

借鉴截至 2007 年大断面隧道施工的成功经验,规避传统施工方法的局限性,以加快隧道施工进度、保证隧道施工安全、提高施工质量为目的,中铁十二局集团有限公司提出了三台阶七步开挖法施工的工艺流程、施工步骤、控制要点、劳动组织、机具设备等,突出大断面软岩隧道开挖施工的技术特点,总结完善形成了"三台阶七步开挖施工工法"。该工法的主要特点是:施工空间大,方便机械化施工,可以多作业面平行作业;能灵活、及时地转换施工工序,调整施工方法;适应不同跨度和多种断面形式,初期支护工序操作便捷;在台阶法开挖的基础上,预留核心土,左、右侧错开开挖。三台阶七步开挖施工是在隧道开挖过程中,以弧形导坑开挖预留核心土为基本模式,分上、中、下三个台阶七个开挖面,以前、后七个不同的位置相互错开开挖,分部及时支护,形成支护整体,缩短作业循环时间,各部位的开挖与支护沿隧道纵向错开、平行推进的隧道施工方法。其适用于开挖断面为 100~180 m²,具备一定自稳条件的Ⅳ、Ⅴ级围岩地段隧道的施工,不适用于围岩地质为流塑状态、洞口浅埋偏压段(但经过反压处理或施作超前大管棚后可采用)。

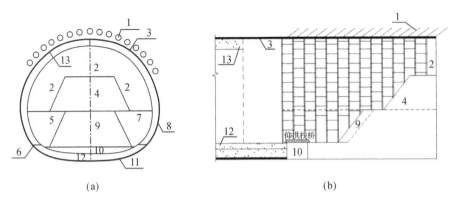

1—超前支护;2—上部环形导坑开挖;3—上部初期支护;4—上部核心土开挖;5、7—两侧开挖;6、8—两侧初期支护;9—下部核心土开挖;10—仰拱开挖;11—仰拱初期支护;12—仰拱及填充混凝土;13—拱墙二次衬砌

图 3.4 两台阶环形开挖留核心土法开挖施工工序示意图

3.1.3.2 中隔壁法

中隔壁法也称CD法,它是在软弱围岩大跨度隧道中,先开挖隧道的一侧,并在设计中间部位作中隔壁,然后再开挖另一侧的施工方法。其主要应用于双线隧道Ⅳ级围岩深埋硬质岩地段、老黄土隧道(Ⅳ级围岩),以及地层较差、岩体不稳定且地面沉降要求严格的地下工程。

中隔壁法各分部开挖时,周边轮廓应圆顺,开挖进尺不得大于1榀钢架间距。初期支护完成、强度达到设计规定后,方可进行下一分部开挖。当开挖形成全断面时,应及时完成全断面初期支护闭合。临时支护拆除宜在仰拱施工前进行,一次拆除长度应与仰拱浇筑长度相适应。临时支护拆除后,应及时浇筑仰拱和仰拱填充、施作拱墙二次衬砌。临时支护拆除前后,应进行变形量测。中隔壁法施工工序示意如图 3.5 所示,现场施工场景如图 3.6 所示,其适用于比较软弱的Ⅳ~Ⅴ级围岩浅埋大断面二、三车道的隧道。

3.1.3.3 交叉中隔壁法

交叉中隔壁法又称CRD法,是将大断面隧道分成 4 个或者 6 个相对独立的小洞室分部施工。施工遵循"小分块、短台阶、短循环、快封闭、勤量测、强支护"的施工原则,自上而下,分块成环,随挖随撑,及时做好初期支护。交叉中隔壁法施工有利于围岩稳定,保证施工安全,目前主要应用于Ⅳ级围岩浅埋、偏压地段以及Ⅴ级围岩段的隧道施工。

交叉中隔壁法施工就是在隧道等地下工程掘进施工中,通过设置中隔壁和临时仰拱(两者交叉)将开挖断面分成 4 个部分,然后再根据围岩情况细分部进行开挖,此法是以新奥法的基本原理为依据,在开挖过程中尽量减少对围岩的扰动,通过超前导管、锚喷网、格栅洞壁支护系统和中隔壁、临时仰拱联结,使断面支护及早闭合,控制围岩的变形,并使之趋于稳定。同时,建立围岩支护结构监控量测系统,随时掌握施工过程中的动态变化,合理安排,调整施工工艺和修改设计参数,确保施工安全。

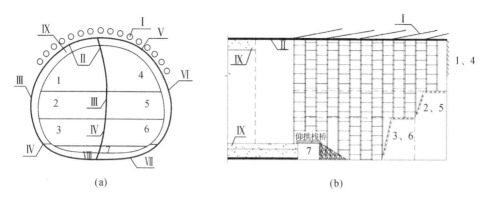

Ⅰ—超前支护;1—左侧上部开挖;Ⅱ—左侧上部初期支护;2—左侧中部开挖;Ⅲ—左侧中部初期支护;
3—左侧下部开挖;Ⅳ—左侧下部初期支护;4—右侧上部开挖;Ⅴ—右侧上部初期支护;5—右侧中部开挖;
Ⅵ—右侧中部初期支护;6—右侧下部开挖;Ⅶ—右侧下部初期支护;7—拆除中隔壁;Ⅷ—仰拱及填充混凝;
Ⅸ—拱墙二次衬砌

图 3.5 中隔壁法施工工序示意图

图 3.6 中隔壁法施工工现场照片

交叉中隔壁法各分部开挖时,周边轮廓应圆顺,开挖进尺不得大于1榀钢架间距。初期支护完成、强度达到设计规定后,方可进行下一分部开挖。每个台阶底部均应按设计规定及时施工临时钢架或临时仰拱。当开挖形成全断面时,应及时完成全断面初期支护闭合。临时支护拆除宜在仰拱施工前进行,一次拆除长度宜与仰拱浇筑长度相适应。临时支护拆除后,应及时浇筑仰拱和仰拱填充、施作拱墙二次衬砌。临时支护拆除前后,应进行变形量测。交叉中隔壁法施工工序示意如图3.7所示,其适用于软弱的Ⅳ~Ⅵ级围岩浅埋大断面二、三、四车道隧道。

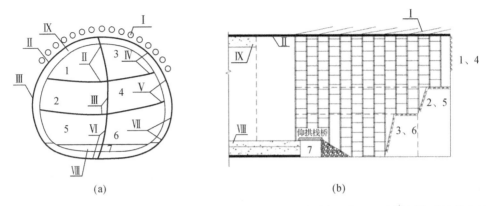

Ⅰ—超前支护;1—左侧上部开挖;Ⅱ—左侧上部初期支护成环;2—左侧中部开挖;Ⅲ—左侧中部初期支护成环;
3—右侧上部开挖;Ⅳ—右侧上部初期支护成环;4—右侧中部开挖;Ⅴ—右侧中部初期支护成环;5—左侧下部开挖;
Ⅵ—左侧下部初期支护成环;6—右侧下部开挖;Ⅶ—右侧下部初期支护成环;7—拆除中隔壁及临时仰拱;
Ⅷ—仰拱及填充混凝土;Ⅸ—拱墙二次衬砌

图 3.7 交叉中隔壁法施工工序示意图

3.1.3.4 双侧壁导坑法

双侧壁导坑法是隧道开挖的一种方式,又称双侧壁导洞法或眼镜工法(见图 3.8)属于新奥法的一个分支,以新奥法基本原理为依据。双侧壁导坑工法是一项边开挖边支护的施工技术。其原理是:利用两个中隔壁把整个隧道大断面分成左、中、右 3 个小断面施工,左、右导洞先行,中间断面紧跟其后;初期支护仰拱成环后,拆除两侧导洞临时支撑,形成全断面。两侧导洞皆为倒鹅蛋形,有利于控制拱顶下沉。双侧壁导坑法开挖适用于围岩较差(黏性土层、砂层、砂卵层等地层)的Ⅴ级围岩条件下的行车隧道开挖,在浅埋大跨度隧道施工时,采用双侧壁导坑法能够控制地表下沉,保持掌子面的稳定,安全可靠。

图 3.8 双侧壁导坑法施工现场照片

双侧壁导坑法开挖时，周边轮廓应圆顺，导坑跨度宜为整个隧道开挖宽度的1/3。导坑与中间土体同时施工时，导坑应超前30～50 m。侧壁导坑开挖后，应及时施工初期支护并尽早形成封闭环。临时支护拆除宜在仰拱施工前进行，一次拆除长度宜与仰拱浇筑长度相适应。临时支护拆除后，应及时浇筑仰拱和填充仰拱，施作拱墙二次衬砌。临时支护拆除前后，应进行变形量测。双侧壁导坑法施工工序示意图如图3.9所示。双侧壁导坑法适用于隧道跨度相对较大、地表沉陷要求严格、围岩条件特别差、单侧壁导坑法难以控制围岩变形的地段。

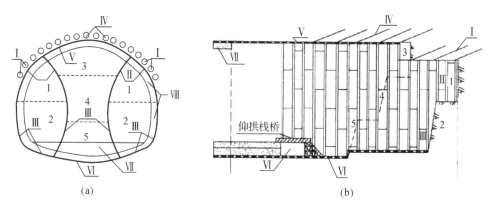

Ⅰ—两侧超前支护；1—左(右)导坑上部开挖；Ⅱ—左(右)侧导坑上部初期支护；2—左(右)侧导坑下部开挖；
Ⅲ—左(右)侧导坑下部支护成环；Ⅳ—拱部超前小导管；3—中壁上部开挖；Ⅴ—中壁拱部初期支护与左、右Ⅱ闭合；
4—中壁中部开挖；5—中壁下部开挖；Ⅵ—中壁下部初期支护与左、右Ⅱ闭合；
Ⅶ—仰拱及填充混凝施工；Ⅷ—拱墙二次衬砌

图3.9 双侧壁导坑法施工工序示意图

3.1.4 超欠挖控制

1)开挖应按设计规定作业，原则上不应欠挖。但在完整的硬岩及中硬岩层中开挖时，由于岩面硬度较大，往往造成个别部位欠挖，如采取补炮，则势必造成较大的超挖，浪费工料，且二次扰动围岩。因此，应严格控制欠挖，当岩层完整、岩石抗压强度大于30 MPa并确认不影响衬砌结构稳定性和强度时，每1 m² 内欠挖面积不宜大于0.1 m²，欠挖隆起量不得大于50 mm；拱脚、墙角以上1 m范围内及净空图折角对应位置严禁欠挖。

2)隧道开挖总难免会有超挖，超挖量随岩质、节理裂隙状况、开挖方式和方法等而异。超挖过多，不仅会因出渣量和衬砌量增多而提高工程造价，而且由于局部挖掉围岩会产生应力集中问题，因此需要尽量减少超挖量。不同围岩地质条件下超挖控制值应符合表3.2规定。

超挖应回填密实。超挖回填应符合设计规定，设计没有规定时应符合下列规定：

1)拱部坍塌形成的超挖处理应编制方案，并经审批后按方案处理。

2)对于沿设计轮廓线的均匀超挖：有钢架时，可采用喷射混凝土回填，或增大钢架支护断面尺寸，使钢架贴近开挖轮廓，在施工二次衬砌时，以二次衬砌混凝土回填；无钢架时，可在施工二次衬砌时，以二次衬砌混凝土回填。

3)局部超挖,超挖量不超过 200 mm 时,宜采用喷射混凝土回填密实。

4)边墙部位超挖,可采用混凝土或片石混凝土回填。

表 3.2 平均和最大超挖控制值

部位及围岩条件		超挖控制值/mm	检验方法和频率
拱部	破碎岩、土 (Ⅳ级、Ⅴ级、Ⅵ级围岩)	平均 100,最大 150	全站仪或断面仪, 每 20 m 一个断面
	中硬岩、软岩 (Ⅱ级、Ⅲ级、Ⅳ级围岩)	平均 150,最大 250	
	硬岩(Ⅰ级围岩)	平均 100,最大 200	
边墙	每侧	+100,0	尺量,每 20 m 检查 1 处
	全宽	+200,0	
仰拱、隧底		平均 100,最大 250	水准仪,每 20 m 检查 3 处

注:1. 最大超挖值系指最大超挖处至设计开挖轮廓切线的垂直距离。

2. 表列数值不包括测量贯通误差、施工误差。

3. 炮孔深度大于 3 m 时,允许超挖值可根据实际情况另行确定。

3.2 辅助工程措施

隧道通过浅埋、严重偏压、岩溶、流泥地段,砂土层、砂卵(砾)石层、回填土、软弱破碎带、断层带等自稳性差的地段,以及大面积淋水或涌水地段时,采用锚杆、喷射混凝土、钢架等常规支护难以稳定围岩,容易出现开挖掌子面垮塌、围岩失稳、地表沉陷,甚至隧道冒顶、坍塌、突水、突泥等恶劣现象。这不仅使围岩条件更加恶化,给施工带来极大困难,而且影响施工安全,延误工期,影响工程质量和隧道使用年限。此时,需要采用一定的辅助工程措施,加固围岩,稳定掌子面,提高围岩的自承能力,提高施工的安全性和隧道的长期稳定性。

在隧道通过不良地质、特殊岩土地质地段时,是否一定要采用辅助施工措施,应根据隧道所处的地质和水文地质条件、隧道长度、埋置深度、施工机械装备、工期和经济等方面综合考虑决定。

辅助施工是为保证施工安全而采取的临时支护或临时加固措施,可不考虑其支护能力对结构永久安全的影响。如需考虑其永久作用,应进行专门分析研究后确定。隧道常用辅助施工措施包括围岩加固措施(地面砂浆锚杆、地表注浆、超前注浆加固、超前旋喷桩、洞内径向注浆、锁脚锚杆等)、超前支护措施(超前管棚、超前小导管、超前锚杆、超前旋喷桩、超前玻璃纤维等)、涌水处理措施(开挖后径向注浆堵水、超前注浆堵水、超前钻孔排水、泄水洞排水、井点降水等)、隧底加固措施(预制桩、树根桩、钢管桩、旋喷桩等),各种方法具体的适用条件详见表 3.3。

表 3.3 常用辅助施工措施分类

措施	方法	适用范围
围岩加固措施	地面砂浆锚杆	适用于浅埋隧道的Ⅴ级围岩地段、洞口地段
	地表注浆	
	超前注浆加固	适用于Ⅴ级和Ⅵ级围岩地段、断层破碎带地段、塌方地段以及其他不良地质地段,是在洞内对前方未开挖地段地层进行加固的措施
	超前旋喷桩（竖直旋喷桩）	适用于Ⅴ级和Ⅵ级软弱围岩（如淤泥、流沙等）,土层含水率大、地下水位高的地层,对隧道上方道路、管线、周边建筑等有很好的保护作用
	洞内（小导管）径向注浆	适用于围岩松散、自稳能力较差的地段。
	锁脚锚杆（管）	适用于钢架之后拱肩至边墙脚部位的拱架、钢架接头位置
超前支护措施	超前管棚	适用于地质较差的隧道洞口段、地面沉降有较高控制要求的浅埋段,以及塌方段、围岩破碎段、砂土地层、堆积地层、水平薄层状地层、充填岩溶等
	超前小导管	适用于隧道开挖后掌子面不能自稳地段、拱部易出现剥落或局部坍塌的地段,以及塌方段、浅埋段、地质较差的洞口段
	超前锚杆	适用于无地下水的软弱地层、薄层水平层状岩层、开挖数小时内拱顶围岩可能剥落或局部坍塌的地段
	超前旋喷桩（水平旋喷桩）	适用于Ⅴ级和Ⅵ级软弱围岩（如淤泥、流沙等）,土层含水率大、地下水位高的地层,对隧道上方道路、管线、周边建筑等有很好的保护作用
	超前玻璃纤维锚杆	适用在软弱地层采用大断面或全断面开挖、浅埋地段严格控制沉降的隧道
涌水处理措施	开挖后径向注浆（全面断面径向注浆、局部径向注浆、径向点注浆）堵水	适用于围岩自稳性较好但地下水丰富、地下水排放对隧道周边地下水和地表水影响较大的地段,以及隧道开挖后周边围岩出现涌水、股状水、大面积渗水时
	超前（帷幕、周边、局部）注浆堵水	适用于地下水丰富且排水时挟带泥沙引起前方围岩失稳的破碎带、风化带,可能存在涌水突泥隐患的地段或排水后对隧道周地下水和地表水影响较大的地段
	超前钻孔排水	适用于开挖前方有高压地下水或有充分补给源的涌水,排放地下水对围岩稳定、周边环境影响较小的地段
	泄水洞排水	适用于地下水丰富、出水季节性强、洞内排水能力不足而又无法封堵的隧道
	井点降水	适用于地下水位高于隧道开挖底高程 3.0 m 以上且补给源明确的砂质土、碎石土及亚黏土地层的浅埋隧道

续表

措施	方法	适用范围
隧底加固措施	预制桩	适用于淤泥、淤泥质土、黏性土、粉土、砂土和人工填土等地基承载力不满足要求的地段
	树根桩	适用于黏性土、粉土、砂土及人工填土等地基承载力不满足要求的地段
	钢管桩	适用于软岩、淤泥质土、黏性土、粉土、砂土和人工填土等地基承载力不满足要求的地段
	旋喷桩	适用于黏性土、粉土、砂土、黄土、人工填土、碎石土及淤泥、淤泥质土等地基承载力不满足要求的地段

1)辅助措施可按照以下规定执行：

a. 当围岩自稳时间大于24 h时，如为Ⅰ～Ⅲ级围岩，可不必采用超前支护等辅助施工措施。

b. 当围岩自稳时间在12～24 h时，如为Ⅳ级围岩，宜采用超前锚杆辅助施工措施；如为Ⅴ级围岩，宜采用超前钢管等辅助施工措施，防止局部稳定块体坍塌。

c. 当围岩自稳时间在3～12 h时，如为Ⅴ～Ⅵ级围岩地段，宜考虑超前小导管等辅助施工措施。

d. 当围岩自稳时间小于3 h时，如为地下水较丰富的Ⅵ级围岩地段，宜考虑采用超前预注浆等辅助施工措施。

2)对施工中不稳定的作业面应采取掌子面封闭、设置临时仰拱封闭等临时或局部辅助措施，在完成开挖或主体结构支护封闭后，临时封闭措施应予以拆除。

3)在地层极其松散、软弱的地段，为预防洞室周边岩体坍塌、减少洞室周边地层的变形，宜采用地层加固措施；在地质条件较差且地下水较为丰富的地段，宜采用注浆止水措施。

4)辅助施工措施应与隧道主体支护结构的设计、施工开挖方法的选择密切配合，在施工过程中应加强监控量测与信息反馈，以便及时调整辅助施工方法或设计参数，使设计更加符合施工现场条件。

3.2.1 超前普通锚杆

在无地下水的软弱地层、薄层水平层状岩层、开挖数小时内拱顶围岩可能剥落或局部坍塌的地段，可采用超前锚杆。超前锚杆设计应符合下列规定：

1)宜采用普通砂浆锚杆，直径宜为22～28 mm。围岩破碎不易成孔的地段可采用自进式锚杆，自进式锚杆直径可取28～76 mm。

2)长度宜为3.0～5.0 m，采用自进式锚杆时长度宜为5.0～10.0 m。

3)环向间距宜为300～400 mm，外插角宜为5°～15°，纵向水平搭接长度不应小于1.0 m。

4)尾端应支承在钢架上。
5)砂浆宜采用早强砂浆,其强度等级不应低于M20。
6)自进式锚杆应注水泥浆,其强度等级不应低于M20。

3.2.2 超前自进式锚杆

在不易成孔且钢管难以直接顶入的松散碎石土地段,可采用超前自进式锚杆。其设计宜符合以下规定:

1)宜采用自进式锚杆。
2)杆体直径可为 $\phi25$ mm、$\phi28$ mm、$\phi32$ mm、$\phi40$ mm、$\phi50$ mm,具体直径应根据杆体长度及地层条件确定。
3)杆体长度宜为500 cm,掌子面稳定性极差时可采用800~1 000 cm,实际施工长度应根据地质条件确定。
4)纵向搭接长度应不小于150 cm,特殊情况下可采用200~300 cm。
5)环向间距宜为30~40 cm,当地质条件偏差时可取低值,当地质条件偏好时可取高值。
6)自进式锚杆设置范围宜为衬砌中线两侧各45°~60°区域,当地形地质条件明显不对称时应采用不对称布置。
7)拱部外插角宜为5°~20°,边墙外插角宜为10°~20°。施作时锚杆方向应根据岩体结构面产状确定,以尽量使锚杆穿透更多的结构面为原则。

3.2.3 超前钻孔注浆

超前钻孔注浆加固是把具有充填和凝胶性能的浆液材料,通过配套的注浆机具设备压入所需加固的地层中,经过凝胶硬化作用后充填和堵塞地层中缝隙,提高注浆区围岩密实性或减小渗水系数及隧道开挖时的渗漏水量,并能固结软弱和松散岩体,使围岩强度和自稳能力得到提高。在软弱围岩及断层破碎带、堆积土地层,隧道开挖可能引起掌子面突泥、流坍地段,可采用超前钻孔注浆对隧道周边围岩或开挖掌子面进行加固。超前钻孔注浆设计应符合下列规定:

1)适用范围:"浸透"注浆、"裂缝"注浆和"空穴"注浆适用于破碎岩体、砂卵石地层、中细粉砂层等;"劈裂"注浆适用于黏性土地层,先劈裂再充填,起挤压加固作用。
2)应根据地质条件及地下水情况,确定加固范围,选用注浆材料。

注浆材料按浆液主剂性质分为无机系列和有机系列两大类:无机系列注浆材料包括单液水泥类浆液、水泥黏土类浆液、可控域黏土固化浆液、水泥-水玻璃类浆液、水玻璃类浆液,有机系列注浆液包括丙烯酰胺类浆液、木质素类浆液、脲醛树脂浆液、聚氨酯类浆液以及其他有机类浆液。

对于断层破碎带及砂卵石地层,裂隙宽度(或粒径)大于1 mm或渗透系数大于5×10^{-4} m/s时,应采用来源广、价格便宜的注浆材料(水泥类浆液、水泥-水玻璃类浆液)。一般无水松散地层优选单液水泥浆,无水强渗透地层优选水泥-水玻璃双液浆。

对于断层带,裂隙宽度(或粒径)大于 1 mm 或渗透系数大于 1×10^{-4} m/s 时,应优选水玻璃类或木胺类浆液。

对于细粉砂层、细小裂隙岩层及断层弱透水地层,选渗透性好、低毒及遇水膨胀的化学浆液,如聚氨酯类或超细水泥类。

对于不透水黏土地层,选水泥浆、水泥-水玻璃双液浆,用高压劈裂注浆。

3)应根据加固范围、浆液材料、扩散半径以及工程要求等条件布置注浆孔,使各注浆孔浆液扩散范围相互重叠。

加固范围:可能是整个开挖范围及其周边,也可能是一侧、拱部或其他局部区域,如图 3.10 所示。

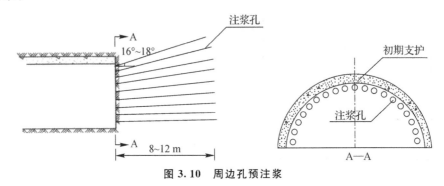

图 3.10 周边孔预注浆

注浆孔布置:超前钻孔注浆的注浆孔布置可由工作面向开挖方向呈伞形辐射状,在开挖面正面分层布置,根据隧道施工开挖方式分全断面一次布孔和半断面多次布孔两种,钻孔布置成一圈或数圈,长短孔相结合,如图 3.11 所示。

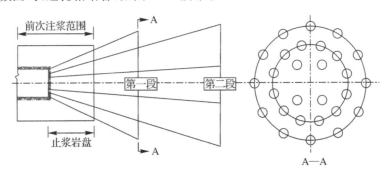

图 3.11 超前钻孔注浆钻孔布置

孔间距及扩散半径:注浆孔布置受孔底间距控制,孔底间距取 1.4~1.7 倍浆液扩散半径,浆液扩散半径按 1.0~2.0 m 控制。

4)注浆材料比:水泥浆,水灰比为 0.5∶1~1.1,需缩短凝结时间时加入速凝剂;水泥-水玻璃,水泥浆水灰比为 0.5∶1~1∶1,水玻璃浓度为 25~400 °Bé′(波美度),水泥与水玻璃体积比为 1∶1~1∶0.3。

5)注浆范围宜控制在开挖轮廓线外 3.0 m 以内。

6)注浆钻孔孔径应不小于 75 mm,注浆压力应根据现场实验确定。

7)一次注浆加固段纵向长度可取 30~50 m。

3.2.4 超前小钢管与小导管

超前小导管是沿隧道拱部开挖轮廓线布置,向纵向前方外倾5°～12°角度打设密排注浆小导管。小导管的外露端需支承在紧邻开挖面的钢架上,与钢架组成纵横向支撑体系,通过小导管向前方围岩注浆,使浆液渗透到围岩,这样既能加固一定范围内的围岩,又能支托围岩。超前小导管具有管棚的作用,比超前锚杆的支护能力强,比管棚简单易行,灵活经济,但支护能力较管棚弱;通过减小小导管纵向循环间距来增加小导管每循环间搭接长度,可起到双层小导管作用。

在岩体破碎时,导管间岩体可能塌落,可考虑设双层小导管,内层小导管外插角为5°～12°,外层小导管外插角为10°～30°,交错布置。当洞口采用双层小导管时,两层小导管间距不宜大于300 mm。

Ⅳ～Ⅴ级围岩的土质地段宜设置超前小钢管或超前小导管(见图3.12～图3.14),其作用效果与超前锚杆类似。超前小钢管宜使用在地质条件较差但又不需要注浆或不宜注浆的地段,以充分发挥钢管抗弯刚度较大的特点。超前小导管是利用钢花管对隧道开挖面前方的拱部软弱围岩进行注浆加固的一种辅助施工方法,可用于隧道开挖后掌子面不能自稳地段,拱部易出现剥落或局部坍塌的地段,地下水量较小的砂石土、砂卵(砾)石层、断层破碎带、软弱围岩地段,以及浅埋段、塌方段、地质较差的洞口段等地段。

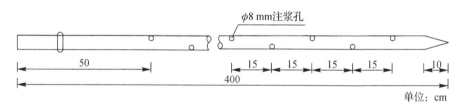

图 3.12 注浆小导管(ϕ50 mm 钢管)大样图

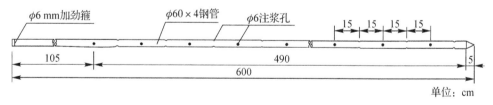

图 3.13 注浆小导管(ϕ60 mm 钢管)大样图

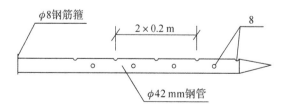

图 3.14 注浆小导管(ϕ42 mm 钢管)大样图

超前小钢管与超前小导管设计宜符合以下规定：

1）宜采用外径为 $\phi42$ mm～$\phi50$ mm 热轧无缝钢管。

2）注浆小导管壁上应每隔 10～20 cm 交错钻直径为 6～8 mm 的注浆孔，前端制成锥形，尾部应预留不小于 30 cm 长的无孔止浆段。

3）杆体长度宜为 350 cm，掌子面稳定性极差时也可采用 500 cm 长度，实际施工长度应根据初期支护钢拱架间距及设计的纵向搭接长度确定。纵向搭接长度不应小于 100 cm，特殊情况下可采用 150～200 cm。

4）环向间距宜为 30～40 cm，当地质条件偏差时为 20～30 cm，当地质条件偏好时可为 40～50 cm；外插角可采用 10°～30°。

5）超前小钢管与超前小导管设置范围宜为衬砌中线两侧各 60°～75°区域。当地形地质条件明显不对称时应采用不对称布置，当地质条件较差时可设置双层小导管并加大纵向搭接长度。

6）注浆要求：①注浆设备良好，工作压力满足压力要求，并进行现场试运转；②注浆压力一般为 0.5～1.0 MPa；③要求单管注浆扩散到管周 0.5～1.0 m 的半径范围；④要控制注浆量；⑤注浆后开挖时间，水泥-水玻璃浆为 4 h，水泥浆为 8 h。

3.2.5 超前水平旋喷桩

在处理淤泥、淤泥质土、黏性土、粉土、黄土、砂土、人工填土和碎石土等时，可采用超前水平旋喷桩。采用水平旋喷预支护技术比传统的小导管注浆能够更加有效地控制加固范围，比管棚法所需投入的设备更灵活，费用更低；监控量测表明水平旋喷预支护施工，地表沉降比常规支护方法小，可提高地层的稳定性，确保施工安全。地下水流速度过大、浆液无法在注管周围凝固的地段，无填充物的岩溶地段，永久冻土及对水泥有严重腐蚀的地基等，均不宜用超前水平旋喷桩。

超前水平旋喷桩设计宜符合以下规定：

1）根据需要可采用周边加固或全断面加固。

2）旋喷桩直径：单管法宜为 0.3～1.0 m；二重管法宜为 0.6～1.4 m；三重管法宜为 0.7～2.0 m。

3）周边加固时，旋喷桩孔外倾角宜为 3°～10°。环向间距应以相邻孔浆液能互相搭接形成拱形结构为原则。

4）一次施作长度宜为 10～20 m，每一循环搭接长度应不小于 2.0 m。

5）当需要增加旋喷桩的抗拉、抗弯强度时，可在旋喷桩内插入型钢、钢筋笼、钢筋束或钢管。

3.2.6 超前玻璃纤维锚杆

近年来，随着地下工程的大量建设，机械化施工程度不断提高，新技术、新工艺陆续被国内众多工程所采用。玻璃纤维注浆锚杆作为国内新引进的隧道"新意法"施工工法的配套技术已受到隧道工程界的广泛关注。玻璃纤维注浆锚杆的主要组成为玻璃纤维增强聚合物,材料的性能取决于纤维和聚合物的类型及横断面形状等,所以玻璃纤维材料具有灵活多变的特点,能适合不同工程的特殊要求。

玻璃纤维注浆锚杆具有以下特点:

1)可挖除。地下工程中采用玻璃纤维注浆锚杆预加固后的地段,开挖机械(盾构机、单臂掘进机、铣挖机等)可直接挖除通过,为实现隧道的机械化高效施工提供了可靠保证。

2)杆体全段锚固,锚注结合。玻璃纤维锚杆配合分段注浆管注浆,不但为杆体全段提供了锚固力,同时加固了杆周岩体。

3)强度高、重量轻。高性能的玻璃纤维锚杆的抗拉强度可达到钢质锚杆的1.5倍,重量为同种规格钢质锚杆的1/4~1/5。

4)安全性好。玻璃纤维锚杆具有防静电、阻燃、高度抗腐蚀、耐酸碱、耐低温等优点,满足地下工程安全生产的要求。

玻璃纤维锚杆主要是对前方开挖土体进行加固。玻璃纤维锚杆杆体全长黏结锚固,锚注结合,加固前方掌子面和围岩;玻璃纤维锚杆强度高、质量轻,抗拉强度可达到钢质锚杆的1.5倍,质量为同种规格钢质锚杆的1/4~1/5;玻璃纤维锚杆安全性好,防静电,阻燃,高度耐腐蚀、耐酸碱、耐低温。由于其抗剪强度较低,所以采用施工机械可直接挖除。在软弱地层采用大断面或全断面开挖的隧道、浅埋地段严格控制地面沉降的隧道,可采用超前玻璃纤维锚杆对掌子面前方进行加固。

超前玻璃纤维锚杆设计应符合下列规定:

1)已采用超前管棚或超前小导管支护时,加固范围宜在掌子面范围内。

2)在掌子面区域,锚杆间距宜为1.0~3.0 m;在隧道周边围岩区域,锚杆间距宜为300~600 mm;可根据围岩稳定性进行调整。

3)加固纵向长度宜为10~30 m,每一循环搭接长度应不小于6.0 m。

4)全螺纹实心锚杆直径宜为18~32 mm;全螺纹中空锚杆直径宜为18~60 mm。

5)地质条件较差时宜选用中空注浆锚杆,注浆材料采用水泥浆或水泥砂浆。

6)应做好掌子面排水,并监测掌子面纵向挤出位移。

图3.15为某隧道的超前玻璃纤维锚杆与施工开挖示意图。

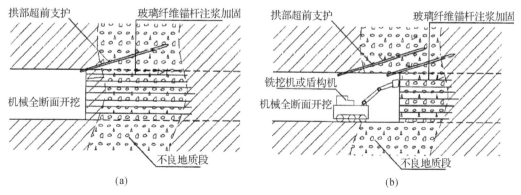

图 3.15 超前玻璃纤维锚杆加固与施工开挖示意图
(a)超前加固;(b)加固后开挖

3.2.7 插板支护

软土地段地质松软,在隧道开挖时必须先护后挖,通常要用超前锚杆、超前管棚、超前固结灌浆等措施进行超前支护,以防止拱顶或侧面出现塌方。当有地下水时,软土变成泥浆,用超前锚杆(或超前管棚)往往支护不住;用超前固结灌浆,效果也很差。近年来,不少工程使用"插板法"来代替超前锚杆,取得了不错的效果。

插板法是将一种特殊构造的插板,用千斤顶压入围岩,在插板防护下,一边开挖,一边支护和衬砌的方法。其主要特点:

1)能够开挖任意断面形状的隧道,围岩保持不松弛。
2)掌子面被插板保护,可确保洞内安全,作业环境良好。
3)无超挖,混凝土均一。
4)适应直线和曲线的变化。
5)推进后与围岩密贴,围岩松驰较小。
6)机械设备规模小,费用较低。
7)对作业人员要求不高,经短时间培训即可操作。

插板法施工措施如下。

(1) 开洞口的工艺流程

1)坡面修整。
2)在坡面浅挖洞口。
3)安装首个钢拱架(斜放在坡面)。
4)安装插板(代替超前锚杆),并与钢拱架焊接。
5)钢拱架周边喷混凝土加固。

(2) 软土段隧道正常开挖的工艺流程

1)挖掘机开挖(注意掌子面保持斜面)。
2)隧道周边规格修整(注意洞型、尺寸、轴线、标高要符合设计要求)。
3)安装钢拱架(斜放在掌子面),并焊接斜撑。
4)安装下一排的插板,并与钢拱架焊接。
5)径向锚杆钻孔、注浆、插锚,并与钢拱架焊接。
6)钢拱架之间(包括拱上超挖部位)用喷混凝土填满。

(3) 施工要点

1)要先护后挖,使用插板(槽钢制作)作超前支护。
2)用挖掘机开挖,掌子面要挖成斜面,并保持斜层推进;要遵循短进尺、勤支护的原则,视地质条件,每个循环开挖进尺控制在 0.5~1.0 m 之间,并与钢拱架的间距相等。
3)开挖后及时用钢拱架、径向锚杆以及喷混凝土等进行联合支护。要注意,插板和径向锚杆的排距,要与钢拱架的间距相等,如不相等,要通过监理提请设计单位酌情修改。注意插板、钢拱架、径向锚杆之间要电焊连接。
4)由于钢拱架是倾斜安装,当隧道(或隧道上部)为圆形时,钢拱架(或上部钢拱架)应变为椭圆形。

5)为增强钢拱架的稳定性,钢拱架之间宜用槽钢作斜撑,斜撑与钢拱架之间要电焊连接。软土地段开挖结束时,最后三个钢拱架应逐步调整到垂直状态。

(4)施工步骤

1)插板制作。插板用 8# 槽钢或钢板(宽度一般采用 15 cm)制作,插板长度要大于 2 倍钢拱架的间距,如钢拱架的间距为 1 m,则插板长度为 2.4 m。插板头部切割成尖形即可。

2)插板安装。插板安装在钢拱架上方,凹面朝上,用液压法压入(或用锤击法打入)。用液压法时,常将挖掘机卸去挖斗,借用挖掘机前臂油缸来顶入。插板压入后,插板与钢拱架之间用电焊连接。

插板安装范围:一般在拱顶 120° 范围内施设,间距可控制在 30cm。

插板安装坡度:插板安装坡度为拱架的钢梁高度、插板槽钢高度之和与拱架间距的比值。

施工中插板常用 8# 槽钢制作,钢拱架常用 20# 工字钢制作,当钢拱架的间距为 1 m 时,插板安装坡度为 1:0.25。插板安装后,进行隧道开挖时,插板下方的岩土必然塌落,相应的隧道技术性超挖厚度为 0.25 m,超挖部位宜用喷混凝土回填。

3.2.8 预切槽支护

预切槽技术是在开挖工作面之前,用特制的链式机械切刀沿隧道断面周边连续切割出一条厚约数十厘米深、数米长的窄槽,同时应用和切刀一体化的混凝土灌注设备注入混凝土,从而形成一个连续的起预先支护作用的混凝土壳体。然后在该混凝土壳体的支护下进行工作面机械挖掘。该技术兼备超前预支护以控制地层的变形和提供施工支护及永久支护的功能。

(1)预切槽方式

用预切槽机沿隧道横断面周边预先切割或钻出一条有限宽度的沟槽,进行预衬砌,方式有带锯式和排钻式两种。

(2)适用范围

1)在硬岩地层中,以该切槽作为爆破振动的隔振层,主要起隔振或减振作用,切槽宽度为 8~10 cm,长 3~4 m;

2)在软石或砂质地层中,在切槽内填筑混凝土,形成预支护拱,提高隧道稳定性,切槽宽度为 10~25 cm,长 3~5 m,沿隧道轮廓稍呈喇叭状,以便搭接;要求切槽内混凝土凝结 2~4 h 后的强度达到 6~10 MPa。

(3)特点

1)由于预槽开挖和混凝土灌注同时完成,避免了导致土层应变的应力释放。

2)由于沿隧道横向预置连续拱壳,沿隧道纵向拱与拱之间也有搭接,从而形成连续的空间拱形结构,具有高度的力学安定性。

3)由于采用机械化切割施工,可以减少对围岩的破坏。

4)作为独立的隧道挖掘施工技术使用,避免喷混凝土等二次衬砌和钢支架支护等作业。

3.2.9 锁脚锚杆(管)

由于隧道采用台阶法施工开挖,拱部拱架安装后,暂时不能封闭成环,安全质量隐患大,锁脚锚管可以约束其沿洞轴方向的转动自由度。合理的锚管长度和打入角度不仅有利于限制围岩的变形,而且有助于支护结构承载力的发挥。

锁脚锚杆(管)以前主要用于铁路、公路隧道先拱后墙法施工衬砌,在开挖下断面前,于拱脚垂直岩壁打入1～2排锚杆,以防止拱脚收缩和掉拱;近年来,由于先拱后墙法衬砌已经不再采用,边墙超前锚杆就成为锁脚锚杆(管)。锁脚锚杆(管)用于钢架支护拱肩至边墙脚部位的拱脚、钢架接头位置,即采用全断面开挖的边墙脚、采用正台阶开挖的上半断面拱脚和下台阶边墙脚(见图3.16～图3.18),以控制初期支护沉降变形为主要目的。地质情况较好时,采用锁脚锚杆;地质情况较差时,采用锁脚锚管。

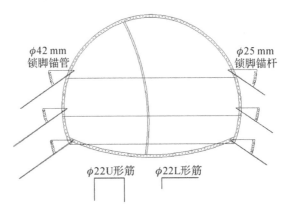

图 3.16 锁脚锚杆(管)布设位置示意图

锁脚锚杆(管)设计应符合下列规定:
1)应设在钢架底端或钢架接头位置,2根锁脚锚杆为一组,并应与钢架焊接。
2)2根锁脚锚杆(管)合力方向应与初期支护轴线方向成15°～30°的夹角。
3)锁脚锚杆宜采用 $\phi 22 \sim \phi 32$ mm 螺纹钢,锁脚锚管宜采用 $\phi 42 \sim \phi 54$ mm、壁厚不小于3.0 mm的无缝钢管,锁脚锚杆(管)长度宜为2.5～4.0 m。

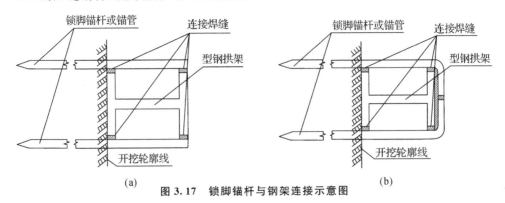

图 3.17 锁脚锚杆与钢架连接示意图

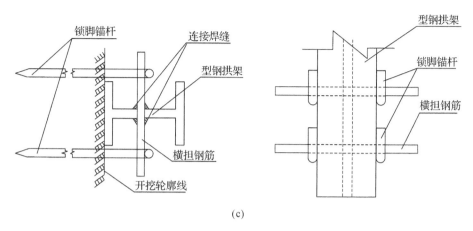

(c)

续图 3.17 锁脚锚杆与钢架连接示意图

4)锚孔及锁脚锚管内应注满砂浆,砂浆强度等级应与普通砂浆锚杆相同。

锁脚锚杆(管)施工工艺流程:立拱架→钻孔→验收孔深→锚管制作及安装→U形或L形卡筋焊接固定。

图 3.18 锁脚锚杆与钢架连接实物照片

3.2.10 注浆钢管桩

注浆钢管桩适用于软岩、淤泥质土、黏性土、粉土、砂土和人工填土等地层隧底加固,如图 3.19 所示。

注浆钢管桩的设计应符合如下规定:

1)加固范围、桩径、桩长应结合病害情况、隧底围岩和施工等条件确定。

2)钢管桩宜采用梅花形、矩形布置。

3)钢管桩宜采用无缝钢管,分段长度宜为 3~6 m,直径宜为 50~150 mm,壁厚不应小于 4 mm。

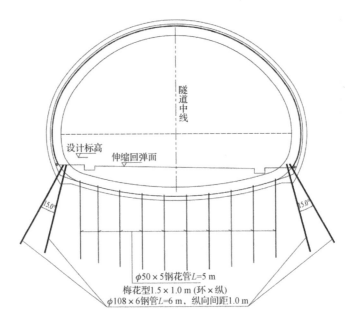

图 3.19 隧道基底加固示意图

4)桩内宜压注水泥浆、水泥砂浆,也可采用不低于 C20 的混凝土灌注。
5)钢管连接应采用套管焊接的等强度连接方式。
6)腐蚀性环境下,钢管桩应采取防腐处理措施。

3.3 衬砌设计

公路隧道应设置衬砌,根据隧道围岩级别、施工条件和使用要求选择采用喷锚衬砌、整体式衬砌或复合式衬砌。高速公路、一级公路、二级公路的隧道应采用复合式衬砌。三级及三级以下公路的隧道洞口段、Ⅳ～Ⅵ级围岩洞身段应采用复合式衬砌或整体式衬砌,Ⅰ～Ⅲ级围岩洞身段可采用喷锚衬砌。复合衬砌结构是由喷锚衬砌、防水层和模注混凝土衬砌构成的。

最大限度地利用和发挥围岩的自承能力是隧道衬砌结构设计要遵循的基本原则,隧道围岩自身具有一定的结构作用,可通过一些有效的工程措施、合理的衬砌形式和适宜的施工方法,使围岩这一特性得以充分发挥,达到保持围岩稳定、节省工程投资的目的。隧道衬砌是永久性重要构筑物,运营中一旦破坏则很难恢复,维护费用很高,给交通运营管理带来极大困难。因此隧道衬砌设计应综合考虑围岩地面条件断面形状支护结构、施工条件等,充分利用围岩的自承能力。衬砌应有足够的强度、稳定性和耐久性,保证隧道长期使用安全。

公路隧道衬砌结构设计,目前仍以工程类比法为主,由于地质条件的复杂性,不同围岩自身的承载能力不同,隧道围岩级别、埋置深度、开挖方式、支护手段和支护时间直接影响到围岩的应力状态和结构受力,有时单凭工程类比还不足以保证设计的合理性和可靠性,还要进行理论验算。在隧道设计阶段,设计者难以准确预测各种复杂条件,而在工程实施过程中,可以通过现场监控量测,观测围岩与初期支护的变形,掌握围岩动态及支护结构受力状态,及时进行支护参数调整。在施工过程中,围岩条件较好、围岩变形小并且变形趋于稳定时,适当降低支护参数;反之,增强支护参数。这就是动态设计。对重要工程、特殊地段、或当工程类比无可借鉴时,需通过实验确定支护参数。

隧道衬砌设计包括初期支护、二次衬砌等内容,初期支护、二次衬砌的设计关系到隧道在施工期的安全、稳定以及在运营期的正常运营和耐久性问题。隧道衬砌设计参数的确定目前一般采用两种方法,即工程类比法和计算分析法(有限元法),两种方法都有其优缺点,在实际工作中两种方法应相互配合,并以实际工程地质条件为基础,才能较好地解决问题。

3.3.1 初期支护设计

初期支护应按永久支护结构设计,宜将喷射混凝土、锚杆、钢筋网和钢架等支护方法单独或组合使用,且应符合如下规定。

(1)喷射混凝土

喷射混凝土是以泵或高压风作动力,把混凝土混合料通过喷射机、输料管及喷头直接喷射到隧道围岩壁上的支护方法。喷射混凝土是维护隧道围岩稳定的结构物,具有不需模板、施作速度快、早期强度高、密实度好、与围岩紧密黏结、不留空隙的突出优点。隧道开挖后及时施作喷射混凝土支护,可以起到封闭岩面、防止风化松动、填充坑凹及裂隙、维护和提高围岩的整体性、帮助围岩发挥自身结构能力、调整围岩应力分布、防止应力集中、控制围岩变形、防止掉块、防止坍塌的作用。

喷射混凝土的强度等级不应低于C20,厚度不应小于50 mm。由于喷射混凝土的收缩,若厚度小于50 mm,则容易引起收缩开裂;同时,喷层过薄也不足以抵抗岩块的移动。

(2)喷射混凝土钢筋网

喷射混凝土内布设钢筋网,有利于提高喷射混凝土的抗剪强度和抗弯强度,提高喷射混凝土的抗冲切能力、抗弯曲能力,提高喷射混凝土的整体性,减少喷射混凝土的收缩裂纹。钢筋网喷射混凝土的施工顺序是:先初喷射混凝土,铺挂钢筋网,再复喷射混凝土,覆盖钢筋网。

喷射混凝土钢筋网的设计应符合下列规定:

1)钢筋网钢筋直径不应小于6 mm,不宜大于12 mm(钢筋网要求随岩面凹凸起伏进行敷设,钢筋网直径过大,敷设困难)。

2)钢筋网网格应按矩形布置,钢筋间距宜为150~300 mm(实践表明,当钢筋间距小于150 mm时,喷射混凝土回弹大,且钢筋与壁面之间易形成空隙,不易保证钢筋网喷射混凝土的密实性;当钢筋间距大于300 mm时,将大大削弱钢筋网在喷射混凝土中的作用)。

3)钢筋网钢筋的搭接长度不应小于30d(d 为钢筋直径)。

4)钢筋网喷射混凝土保护层厚度不应小于20 mm;当采用双层钢筋网时,两层钢筋网之间的间隔距离不宜小于80 mm。

5)单层钢筋网喷射混凝土厚度不应小于80 mm,双层钢筋网喷射混凝土厚度不应小于

150 mm(这是为了保证钢筋网有足够的保护层厚度,同时保持两层钢筋网间的距离)。

6)钢筋网可配合铺设或临时短锚杆使用,钢筋网宜与锚杆或其他固定装置连接牢固。

(3)纤维喷射混凝土

喷射混凝土内添加一定数量的钢纤维或合成纤维,则称为纤维喷射混凝土,其各项性能都优于普通喷射混凝土。钢纤维喷射混凝土的韧性比素混凝土高10~50倍,抗冲击能力比素混凝土高8~30倍。在围岩变形大、自稳性差的较弱围岩以及膨胀性围岩地段,可采用纤维喷射混凝土支护。纤维喷射混凝土设计应符合下列规定:

1)纤维喷射混凝土强度等级不应低于C25。

2)钢纤维喷射混凝土中钢纤维掺量宜为干混合料质量的1.5%~4%(钢纤维喷射混凝土的力学性能随钢纤维掺量的增加而提高,但掺量增加,搅拌的均匀性及喷射流畅性会降低。实际上,钢纤维的掺量主要由喷射混凝土工艺决定,若钢纤维掺量超过混凝土干混合料质量的4%,则搅拌的均匀性和喷射混凝土施工中的流畅性变差,回弹增加)。

3)合成纤维喷射混凝土中纤维掺量应根据试验确定。

4)防水要求较高时,可采用强度等级高于C30的高性能喷射混凝土。

(4)锚杆

锚杆支护是锚喷支护的组成部分,是锚固在岩体内部的杆状体,通过锚入岩体内部的钢筋与岩体融为一体,达到改善围岩的力学性能、调整围岩的受力状态、抑制围岩变形、加固围岩、维护围岩稳定的目的。利用锚杆的悬吊作用(用锚杆将软弱的直接顶板吊挂在其上的坚固老顶之上)、组合拱(梁)作用(利用锚杆的拉力将层状岩层组合起来形成组合梁结构进行支护,这就是锚杆组合梁作用。组合梁作用的本质在于通过锚杆的预拉应力将原视为叠合梁的岩层挤紧,增大岩层间的摩擦力;同时,锚杆本身也提供一定的抗剪能力,阻止其层间错动。锚杆把数层薄的岩层组合成类似铆钉加固的组合梁,这时被锚固的岩层便可看成组合梁,全部锚固层能保持同步变形,顶板岩层抗弯刚度得以大大提高)、减跨作用(如果把不稳定的顶板岩层看成是支撑在两帮的叠合梁,由于可视悬吊在老顶上的锚杆为支点,安设了锚杆就相当于在该处打了点柱,增加了支点而减少了顶板的跨度,从而降低了顶板岩层的弯曲应力和挠度,维持了顶板与岩石的稳定性,使岩石不易变形和破坏)、挤压加固作用(形成以锚杆头和紧固端为顶点的锥形体压缩区,悬吊作用、组合拱作用、挤压加固作用原理示意图见图3.20。如将锚杆沿拱形巷道周边按一定间距径向排列,在预应力作用下,每根锚杆周围形成的锥形体压缩区彼此重叠联结,在围岩中形成一连续压缩带。它不仅能保持自身的稳定,而且能承受地压,阻止上部围岩的松动和变形。对锚杆施加预紧力是形成加固拱的前提),将围岩中的节理、裂隙串成一体,提高围岩的整体性,改善围岩的力学性能,从而发挥围岩的自承能力。上述几种锚杆支护作用并非是孤立存在的,实际上是相互补充的综合作用,只不过在不同地质条件下,某种支护作用占的地位不同而已。

锚杆的种类、长度、间距是锚杆设计的重要参数,要求根据隧道围岩地质条件、隧道断面大小、锚杆作用、施工艺条件等合理选择。锚杆种类按作用原理分为:①全长黏结型锚杆,包括普通水泥砂浆锚杆、早强水泥砂浆锚杆、树脂锚杆、水泥卷锚杆、中空注浆锚杆、组合式锚杆和自钻式注浆锚杆等。它用水泥砂浆或树脂作填充黏结剂,使锚杆和孔壁岩石黏结牢固,提供摩擦阻力,并通过安装在孔口上的垫板、螺母对岩壁的约束力来抑制围岩变形和承受围岩松弛荷载。系统锚杆和局部锚杆、锁脚锚杆等永久支护锚杆可采用这类锚杆。②端头锚固型锚杆,包括机械或锚杆、端头黏结式锚杆。它通过锚杆的机械式锚固或黏结式锚固,将锚杆前端锚固于锚杆孔底部岩体,通过孔口垫板及螺母使锚杆受拉,对孔口附近围岩施加径向约束力。端头锚固型锚杆主要用于预应力锚杆、局部锚杆,起临时支护作用,注满砂浆后可作为永久支护。机械式锚杆又分为楔缝式锚杆、胀壳式锚杆和倒楔式锚杆,机械式锚杆可用于硬岩支护中。端头黏结式锚杆有树脂端头锚固锚杆、快硬水泥卷端头锚固锚杆。端头黏结式锚杆除用于硬岩和中硬岩外,也用于软岩。③摩擦型锚杆,包括缝管锚杆、水胀锚杆等,主要用于局部锚杆,起临时支护作用。要发挥锚杆对围岩的支护作用:第一要保证有效锚固深度;第二要确保锚杆全长注浆饱满,与岩体连成整体;第三要求锚杆使用持久,避免松弛、锈蚀、腐蚀损坏。

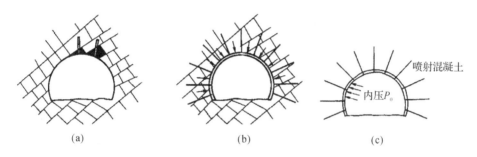

图 3.20 锚杆作用示意图
(a)悬吊作用;(b)组合拱作用;(c)挤压加固作用

锚杆支护设计应根据隧道围岩条件、断面尺寸、支护作用、施工条件等选择锚杆种类和参数,并符合下列规定:

1)用作永久支护的锚杆应为全长黏结型锚杆。端头锚固型锚杆作为永久支护时必须在孔内注满砂浆或树脂(作永久支护的锚杆,要保证锚杆长期作用效果。锚杆体和钢筋混凝土中的钢筋一样需要一定的保护层,孔内注满水泥砂浆或树脂,不仅仅是保证砂浆与锚杆、砂浆与孔壁的摩擦力,保证锚杆与围岩共同工作,同时也是锚杆的保护层。对于端头锚杆,由于地下水或潮湿空气作用而使锚杆锈蚀,因围岩蠕变而使锚杆松弛降低锚固力,所以不能作为永久支护,注满砂浆后才能用作永久支护),砂浆或树脂的强度等级不应小于 M20(这是为了保证锚杆强度和耐久性)。

2)自稳时间短的围岩宜采用全黏结树脂锚杆或早强水泥砂浆锚杆(目的是发挥锚杆早期作用)。

3)软岩、变形较大的围岩地段,可采用预应力锚杆。预应力锚杆的预加力不应小于 100 kPa。预应力锚杆的锚固端必须锚固在稳定岩层内。

4)岩体破碎、成孔困难的围岩宜采用自进式锚杆。

5)锚杆直径宜采用 20~28 mm。

6)锚杆露头应设垫板,垫板尺寸不应小于 150 mm(长)×150 mm(宽)×8 mm(厚)。

(5)系统锚杆

系统锚杆主要是对围岩起整体加固作用,使岩在一定深度范围形成拱形承载结构,发

挥围岩岩体抗压强度高的特性,提高围岩的自承能力。系统锚杆设计应符合下列规定:

1)锚杆宜沿隧道周边径向布置。当结构面或岩层层面明显时,锚杆宜与岩体主结构面或岩层层面成大角度布置。锚杆与岩体主结构面、岩层层面平行或交角较小时,锚固效果很差,锚杆的组合拱作用效果不好;成大角度布置,能穿过更多的结构面,可以把不利结构面或岩层串在一起,共同参与工作。

2)锚杆宜按梅花形排列,如图3.21所示。

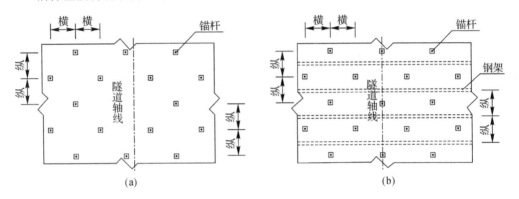

图 3.21　系统锚杆布置方式

3)系统锚杆长度和间距应根据围岩条件、隧道宽度,通过计算或工程类比确定。

4)锚杆间距不宜大于锚杆长度的1/2且不宜大于1.5 m,锚杆间距较小时,可采用长短锚杆交错布置的方式。

5)两车道隧道系统锚杆长度不宜小于2.0 m,三车道隧道系统锚杆长度不宜小于2.5 m。系统锚杆要求一定长度,目的是使围岩一定深度范围形成拱形承载结构。

6)土质围岩不设系统锚杆时,应采用其他支护方式加强,如加强钢架支护、增加锁脚锚管等措施。

(6)钢架

钢架支护(即钢拱架支护)的作用是加强喷射混凝土层的刚度和强度,是控制围岩变形与松弛、提高喷锚衬砌支护能力的有效措施。钢架包括钢筋格栅钢架和型钢钢架。常用的型钢钢架有工字钢钢架、U形钢钢架和H形钢钢架。工字钢钢架使用冷弯机加工成形。U形钢钢架不需要连接钢板,采用搭接连接螺栓固定,并可进行小范围拱幅调节,有一定的灵活性。在围岩条件较差地段、洞口段、浅埋段或地面沉降有严格限制地段,可在喷射混凝土层内增设钢架。钢架设计应符合下列规定:

1)钢架支护应有足够的刚度和强度,能够承受隧道施工期间可能出现的荷载(能够承受1~3 m松动岩柱荷载,且保证自身的稳定)。

2)宜选用格栅钢架支护:①主筋应采用HRB400钢筋,腹筋可采用HRB400或HPB300钢筋;②主钢筋直径宜选用18~25 mm,腹筋直径宜选用10~20 mm;③截面尺寸通过工程类比或计算确定,截面高度可采用120~220 mm;④连接钢板平面宜与钢架轴线垂直,格栅钢架主钢筋与连接钢板连接应增加U形钢筋帮焊。

3)钢架间距宜为0.5~1.2m。间距太小,难以保证钢架背后喷射混凝土的密实;间距太大,由于钢架支护宽度范围有限,两榀钢架之间的岩块容易坍塌,支护作用减弱。为了避免锚杆和钢架重叠,各自发挥作用,钢架与锚杆纵向采用相同距离布置(见图3.22)。

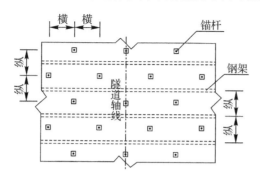

图 3.22 钢架与锚杆布置关系示意图

4)连续使用钢架的数量不应少于3榀。相邻钢架之间应设横向连接,采用钢筋作横向连接时,钢筋直径不宜小于20 mm,间距不应大于1 m,并在钢架内缘、外缘交错布置。独立一榀钢架的刚度很小,类似于细长杆件,承载能力弱,连续3榀以上钢架同时使用,并使相邻两榀钢架之间横向连接起来,可保证多榀钢架整体受力,增加侧向稳定性。

5)钢架应分节段制作,节段之间应采用钢板连接。

6)钢架与围岩之间的混凝土保护层厚度不应小于40 mm;临空一侧的混凝土保护层厚度不应小于20 mm。当采用喷锚单层衬砌时,临空一侧的混凝土保护层厚度不应小于40 mm。

7)钢架形状和尺寸应根据开挖断面确定,受力变形后不得侵入设计净空或二次衬砌。

3.3.2 二次衬砌设计

二次衬砌应采用模筑混凝土或模筑钢筋混凝土衬砌结构。钢筋混凝土衬砌有较强的承载能力,在一些较特殊地段需要采用钢筋混凝土结构。

1)因地形、地质构造造成围岩松动、滑移而引起的有明显偏压的地段,如:傍山隧道,地形等高线与隧道轴线斜交地形而埋深较浅的地带,隧道轴线平行或近似平行于陡倾岩层走向的隧道,平行于竖向结构面走向的隧道,有时由于施工工序而引起的短暂偏压地段,以及为了承受不对称围岩压力设计中采用抗偏压衬砌的隧道。处于偏压状态的隧道,受力条件较为复杂,宜采用钢筋混凝土结构。

2)隧道内车行横通道、通风道等与主洞连接处形成交叉洞室,交叉范围扩大到拱部,由于暴露空间大,结构受力复杂,为保证结构强度、防止开裂,交叉口衬砌段宜采用钢筋混凝土结构。

3)Ⅴ级围岩地段,围岩自稳能力较差,在隧道施工过程中由于喷锚初期支护刚度相对较小,需要二次衬砌尽快发挥支护作用。此外,喷锚初期支护在长期围岩压力作用下可能会丧失部分承载力,二次衬砌需承受较大的围岩压力,根据国内隧道实测资料,Ⅴ级围岩地段衬砌承受较大荷载,宜采用钢筋混凝土结构。

4)单洞四车道隧道,断面大,洞室跨中弯矩大,为减少结构自重,结构厚度不宜过大,采用钢筋混凝土结构更合理。

5)根据一些已发生地震地区的调查资料可知,地下结构具有很好的抗震能力。在地震动峰值加速度系数小于 0.20g 的地区,一般地震对地下结构影响不大。地震动峰值加速度系数大于 0.20g 的高烈度地震区资料不多,不能保证地震发生时隧道衬砌不开裂、破坏。大量震害调查表明:钢筋混凝土衬砌在地震中不易出现坍塌、掉块等危及行车和行人安全的损坏。因此,在地震动峰值加速度系数大于 0.20g 的地区,隧道洞口段衬砌宜采用钢筋混凝土结构。

钢筋混凝土结构应符合下列规定:

1)混凝土强度等级不应低于C30,C30 以上的混凝土具有较好的抗渗透能力及气密性,可有效保护混凝土内的钢筋以及降低表层混凝土的碳化速度。

2)结构厚度不宜小于 300 mm,厚度太薄,将不能充分发挥钢筋的作用,因此要求衬砌厚度不小于 300 mm。

3)受力主筋的间距不宜小于 100 mm,钢筋混凝土结构受力主筋太密,将影响衬砌混凝土的灌注质量,降低混凝土与钢筋之间的黏结力。

3.3.3 预留变形量

预留变形量是围岩在支护控制的条件下设计所允许的变形量。在确定开挖断面时,除应满足隧道净空和结构尺寸外,还应考虑围岩及初期支护的变形,预留适当的变形量。围岩开挖暴露后会产生一定的变形。为了减小衬砌所承受的变形压力,允许围岩产生一定的变形,释放一定的能量,故在确定开挖尺寸时需预留一定的变形量。预留变形量大小应根据岩级别、断面大小、埋置深度、施工方法和支护情况等,通对计算分析确定或采用工程类比法预测,预测值可参照表 3.4 的规定选用。根据现场量测数据分析可知:Ⅰ~Ⅱ级围岩变形量小,并且多有超挖,所以不考虑预留变形量;Ⅲ~Ⅳ级围岩则有不同程度的变形,特别是软弱围岩(含浅埋隧道)的情况比较复杂,围岩变形与围岩条件、开挖方法、支护方式、支护时间有直接关系,确定统一预留变形量是不合适的,在施工期间需根据现场量测结果修正。

表 3.4 预留变形量   单位:mm

围岩级别	两车道隧道	三车道隧道	围岩级别	两车道隧道	三车隧道隧道
Ⅰ	—	—	Ⅳ	50~80	60~120
Ⅱ	—	10~30	Ⅴ	80~120	100~150
Ⅲ	20~50	30~80	Ⅵ	现场量测确定	

注:1.围岩软弱、破碎取大值;围岩完整取小值。
　　2.四车道隧道应通过工程类比和计算分析确定。

3.3.4 衬砌结构设计

由于岩土工程的特点,隧道围岩对支护结构的压力是不确定的,它与岩体本身性质、结构刚度和支护时间有关,隧道开挖方法、支护时间、支护刚度对结构受力影响较大,在实际应用中很难准确把握。因此,现今大多数隧道支护参数的拟定是以工程类比为主、计算为辅,实行动态设计。两车道隧道、三车道隧道支护参数可按表3.5和表3.6选用。对四车道大断面隧道或处于软弱围岩地段的初期支护和二次衬砌需要辅以必要的强度验算。在施工过程中应根据超前地质预报及现场围岩监控量测信息对设计支护参数进行必要的调整。

对地质条件较差或跨度较大的隧道,不仅仅是结构强度设计的问题,还存在如何实施的问题。与跨度较小的隧道相比,较大跨度隧道不仅荷载比较大、增加速率较快,而且开挖和完成各部分结构的时间较长,施工过程中还需采取必要的临时支护措施或辅助措施。因此,在衬砌结构设计的同时,还需进行施工开挖方法设计,以及各部开挖顺序、临时支护设计。

软弱流变围岩、膨胀性围岩、高地应力围岩在隧道施工完成多年后,还在继续变形,故应考虑衬砌建成后继续增长的围岩变形压力的作用。

表 3.5 两车道隧道复合式衬砌设计参数

围岩级别	初期支护								二次衬砌厚度/cm	
	喷射混凝土厚度/cm		锚杆			钢筋网间距/cm	钢架		拱、墙混凝土	仰拱混凝土
	拱、墙	仰拱	位置	长度/cm	间距/cm		间距/m	截面高/cm		
Ⅰ	5	—	局部	2.0～3.0					30～35	
Ⅱ	5～8	—	局部	2.0～3.0					30～35	
Ⅲ	8～12	—	拱、墙	2.0～3.0	1.0～1.2	局部 @25×25			30～35	
Ⅳ	12～20	—	拱、墙	2.5～3.0	0.8～1.2	局部 @25×25	拱、墙 0.8～1.2	0 或 14～16	35～40	0 或 35～40
Ⅴ	18～28	—	拱、墙	3.0～3.5	0.6～1.0	局部 @20×20	拱、墙 仰拱 0.6～1.0	14～22	30～50 钢筋混凝土	0 或 30～50 钢筋混凝土
Ⅵ	通过试验或计算确定									

注:1. 有地下水时可取大值,无地下水时可取小值。
2. 采用钢架时,宜选用格栅钢架。
3. 喷射混凝土厚度小于18 cm时,可不设钢架。
4. "0"表示可以不设;要设时,应满足最小厚度要求。

表 3.6 三车道隧道复合式衬砌设计参数

围岩级别	初期支护							二次衬砌厚度/cm	
	喷射混凝土厚度/cm		锚杆			钢筋网间距/cm	钢架		拱、墙混凝土	仰拱混凝土
	拱、墙	仰拱	位置	长度/cm	间距/cm		间距/m	截面高/cm		
Ⅰ	5～8	—	局部	2.5～3.5	—	—	—	—	35～40	—
Ⅱ	8～12	—	局部	2.5～3.5	—	—	—	—	35～40	—
Ⅲ	12～20	—	拱、墙	2.5～3.5	1.0～1.2	局部@25×25	拱、墙 1.0～1.2	0 或 14～16	35～45	—
Ⅳ	16～24	—	拱、墙	3.0～3.5	0.8～1.2	拱墙@20×20	拱、墙 0.8～1.2	16～20	40～50 ■	0 或 40～50
Ⅴ	20～30	—	拱、墙	3.5～4.0	0.5～1.0	拱、墙仰拱@20×20	拱、墙 仰拱 0.5～1.0	18～22	50～60 钢筋混凝土	0 或 50～60 钢筋混凝土
Ⅵ	通过试验或计算确定										

注:1. 有地下水时可取大值,无地下水时可取小值。
 2. 采用钢架时,宜选用格栅钢架。
 3. 喷射混凝土厚度小于 18 cm 时,可不设钢架。
 4. "0"表示可以不设;要设时,应满足最小厚度要求。
 5. "■"表示可采用钢筋混凝土。

《公路隧道设计规范》(JTG 3370.1—2018)规定,隧道建筑物各部结构的截面最小厚度应符合表 3.7 的要求。两车道、三车道隧道及地下风机房的衬砌圬工结构最小厚度不宜于 300 mm。

表 3.7 截面最小厚度 单位:mm

建筑材料种类	隧道和明洞衬砌			洞门端墙、翼墙和洞口挡土墙
	拱圈	边墙	仰拱	
混凝土	200	200	200	300
片石混凝土	—	—	—	500

第4章 不良地质与特殊岩土隧道监控量测技术

为了掌握施工中围岩稳定程度与支护受力、变形的力学形态,以判断设计、施工的安全性与经济性,隧道开挖后需要按照设计规定和现场实际情况及时布点并进行监测。监控量测信息是隧道开挖后围岩稳定状态的反映,也是修正设计的依据,需对获得的信息做全面分析。及时将监测数据和意见建议提交给设计、施工等单位,从而达到反馈设计、指导施工的目的。

本章将对隧道监控量测的目的、监控量测项目、量测仪器选择、测点布置、量测频率、数据处理信息反馈等内容进行详细的分析。

4.1 监控量测目的及流程

4.1.1 监控量测目的

监控量测的主要目的是掌握围岩和支护的工作状态,判断围岩稳定性、支护结构的合理性和隧道整体安全性,确定二次衬砌合理的施作时间,为在施工中调整围岩级别、变更设计方案及参数、优化施工方案及施工工艺提供依据,直接为设计和施工管理服务。具体如下:

1)确保安全。通过监控量测了解各施工阶段围岩与支护结构的动态变化,进行动态管理,根据量测信息预估事故险情,及时采取措施,防患于未然。

2)指导施工。对量测数据进行分析处理与必要计算之后,判断围岩的稳定性、支护结构的合理性和隧道整体安全性,预测和确认隧道围岩最终稳定时间,指导施工顺序和二衬施作的时间。

3)修正设计。根据隧道开挖所获得的量测信息,进行综合分析,调整施工中的隧道围岩级别,修正支护参数,检验施工预设计,确保设计与施工的合理性和经济性。

4)积累资料。已有工程量测结果可以直接运用到后续同类围岩中,或者直接运用到其他类似工程中,作为设计和施工的参考资料。

4.1.2 监控量测流程

每个断面为一个完整的作业区。监测程序:施工准备→埋设断面测点→采集数据→分析数据→信息反馈指导施工→检验验收。

监控量测流程图4.1所示。

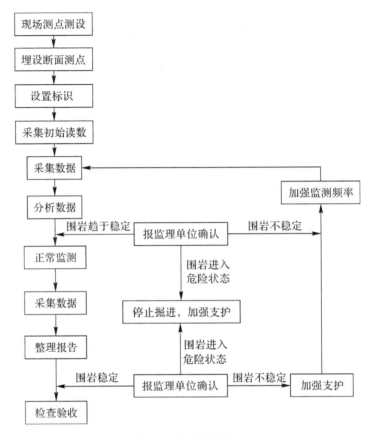

图 4.1 监控量测流程

4.2 监控量测内容

监控量测内容包括监测项目、测点布设、结束时间等。

4.2.1 监控量测项目

现场监控量测需要根据设计规定、隧道横断面形状和断面大小、埋深、围岩条件、周边环境条件、支护类型和参数、施工方法等来选择量测项目。现场量测项目分为必测项目和选测项目两大类。必测项目是为了在施工中保证安全,通过量测信息判断围岩稳定性来指导设计、施工的经常性量测。这类量测通常测试方式简单,费用少,可靠性高,但对监视围岩稳定、指导设计施工有巨大作用。《公路隧道施工技术规范》(JTG/T 3660—2020)要求,复合式衬砌和喷锚衬砌隧道施工时必须对必测项目进行监测,见表4.1。

表 4.1 隧道现场监控量测必测项目

序号	项目名称	方法及工具	测点布置	精度	量测间隔时间 1~15 d	量测间隔时间 16 d~30 d	量测间隔时间 1~3个月	量测间隔时间 大于3个月
1	洞内、外观察	现场观测、地质罗盘等	开挖及初期支护后进行	—	—			
2	周边位移	各种类型的收敛计、全站仪或其他非接触量测仪器	每5~100 m一个断面,每个断面2~3对测点	0.5 mm(预留变形量不大于30 mm时);1 mm(预留变形量大于30 mm时)	1~2次/d	1次/2d	1~2次/周	1~3次/月
3	拱顶下沉	水准仪、钢钢尺、全站仪或其他非接触量测仪器	每5~100 m一个断面		1~2次/d	1次/2d	1~2次/周	1~3次/月
4	地表下沉	水准仪、钢钢尺、全站仪	洞口段、浅埋段($h \leqslant 2.5b$),布置不少于2个断面,每断面不少于3个测点	0.5 mm	开挖面距量测断面前后小于2.5b时,1~2次/d;开挖面距量测断面前后小于5b时,1次/(2~3 d);开挖面距量测断面前后不小于5b时,1次/(3~7 d)			
5	拱脚下沉	水准仪、钢钢尺、全站仪	富水软弱破碎围岩、流沙、软岩大变形、含水黄土或膨胀岩土等不良地质和特殊性岩土段	0.5 mm	仰拱施工前,1~2次/d			

注:b为隧道开挖宽度;h为隧道埋深。

应根据设计要求、隧道横断面形状和断面大小、埋深、围岩条件、周边环境条件、支护类型和参数、施工方法等综合确定选测项目。选测项目是对一些有特殊意义和具有代表性意义的区段以及试验区段进行补充量测,以求更深入地掌握围岩的稳定状态与喷锚支护效果,具有指导未开挖区的设计与施工的作用。这类量测项目量测较为烦锁,量测项目较多,花费较大,根据需要选择其中部分或全部量测项目,详见表4.2。

表4.2 隧道现场监控量测选测项目

序号	项目名称	方法及工具	测点布置	测试精度	量测间隔时间 1~15 d	量测间隔时间 16 d~1个月	量测间隔时间 1~3个月	量测间隔时间 大于3个月
1	钢架内力及外力	支柱压力计或其他测力计	每个代表性地段1~2个断面,每个断面钢架内力3~7个测点,或外力1对测力计	0.1 MPa	1~2次/d	1次/2d	1~2次/周	1~3次/月
2	围岩内部位移(洞内设点)	洞内钻孔中安设单点、多点杆式或钢丝式位移计	每个代表性地段1~2个断面,每个断面3~7个钻孔	0.1 mm	1~2次/d	1次/2d	1~2次/周	1~3次/月
3	围岩内部位移(地表设点)	地面钻孔中安设各类位移计	每个代表性地段1~2个断面,每个断面3~5个钻孔	0.1 mm	同地表下沉要求			
4	围岩压力	各种类型岩土压力盒	每个代表性地段1~2个断面,每个断面3~7个测点	0.01 MPa	1~2次/d	1次/2d	1~2次/周	1~3次/月
5	两层支护间压力	压力盒	每个代表性地段1~2个断面,每个断面3~7个测点	0.01 MPa	1~2次/d	1次/2d	1~2次/周	1~3次/月
6	锚杆轴力	钢筋计、锚杆测力计	每个代表性地段1~2个断面,每个断面3~7根锚杆(索),每根锚杆2~4测点	0.01 MPa	1~2次/d	1次/2d	1~2次/周	1~3次/月
7	支护、衬砌内应力	各类混凝土内应变计及表面应力解除法	每个代表性地段1~2个断面,每个断面3~7个测点	0.01 MPa	1~2次/d	1次/2d	1~2次/周	1~3次/月
8	围岩弹性波速度	各种声波仪及配套探头	在有代表性地段设置	—	—			
9	爆破振动	测振及配套传感器	邻近建(构)筑物	—	随爆破进行			
10	渗水压力、水流量	压计、流量计		0.01 MPa	—			

续表

序号	项目名称	方法及工具	测点布置	测试精度	量测间隔时间			
					1~15 d	16 d~1个月	1~3个月	大于3个月
11	地表下沉	水准测量的方法,水准仪、钢尺等	有特殊要求段落	0.5 mm	开挖面距量测断面前后小于2.5b时,1~2次/d;开挖面距量测断面前后小于5b时,1次/(2~3 d);开挖面距量测断面前后大于5b时,1次/(3~7 d)			
12	地表水平位移	经纬仪、全站仪	有可能发生滑移的洞口段高边坡	0.5 mm	—			

注:b为隧道开挖宽度。

4.2.2 测点布设

洞内必测项目,各测点宜在靠近掌子面、不受爆破影响范围内尽快安设,初读数应在每次开挖后12 h内、下一循环开挖前取得,最迟不得超过24 h。选测项目测点埋设时间宜根据实际需要确定。测点应牢固、可靠、易于识别,应能真实反映围岩、支护的动态变化信息。洞内必测项目各测点应埋入围岩中,深度不应小于0.2 m(见图4.2),不应焊接在钢架上,外露部分应有保护装置。

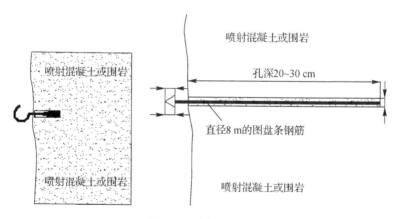

图 4.2 测点布设图

(1)必测项目

周边位移、拱顶下沉和地表下沉等必测项目量测断面应符合下列规定:①量测断面间距及测点数量应根据隧道埋深、围岩级别、断面大小、开挖方法、支护形式等确定;② 周边位移、拱顶下沉、地表下沉宜布置在相同里程断面;③围岩差、断面大或地表沉降控制要求高时可进行围岩内部位移量测和其他量测;④测点挂钩应牢固、不变形,宜做成闭合三角形,挂钩接触点应光滑、无焊点。

周边位移和拱顶下沉量测断面布置间距应符合表 4.3 的规定。

表 4.3 周边位移和拱顶下沉量测断面布置间距

围岩级别	断面间距/m
Ⅴ～Ⅵ	5～10
Ⅳ	10～20
Ⅲ	20～50
Ⅰ～Ⅱ	50～100

注:有滑移倾向岩层、软岩大变形段或者超浅埋软土地层等特殊地段可适当增加量测断面。

1)周边收敛。周边收敛的测点布置如图 4.3 所示,其布设的具体要求:①全断面法宜设置 1 条水平测线;②台阶法每个台阶宜设置 1 条水平测线;③中隔壁法或交叉中隔壁法等分部开挖法,每开挖分部宜设置 1 条水平测线;④双侧壁导洞法,每开挖分部宜设置 1 条水平测线;⑤偏压隧道或者小净距隧道可加设斜向测线;⑥同一断面测点宜对称布置;⑦不同断面测点应布置在相同部位。

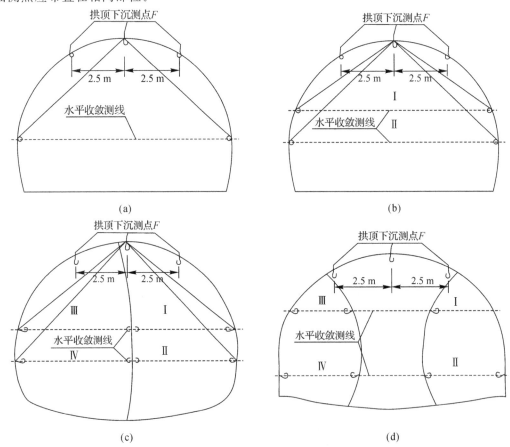

图 4.3 周边收敛和拱顶下沉测点布置示意图
(a)全断面法;(b)台阶法;(c)中隔壁法;(d)双侧壁导洞法

2)拱顶下沉。拱顶下沉的测点布设的具体要求:①双车道及以下隧道每个量测断面应布置1～3个测点,三车道及以上隧道每个量测断面应布置2～3个测点;②采用分部开挖法时,每开挖分部拱部应至少布置1个测点;③拱顶下沉测点原则上应设置在拱顶轴线附近,当隧道跨度较大时,应结合施工方法在拱部增设测点。

3)地表下沉。浅埋隧道、洞口段或有特殊要求的应进行地表下沉量测,其测点布设要求:①应在开挖面距离量测断面3倍隧道开挖宽度以前布设地表下沉测点。地表下沉的量测宜与洞内周边位移和拱顶下沉量测在同一横断面。当地表有建(构)筑物时,应在建(构)筑物周围增设地表下沉测点。地表下沉量测断面纵向间距宜符合表4.4的规定。②地表下沉测点横向间距宜为2～5 m。量测范围应大于隧道开挖影响范围。在隧道中线附近测点宜适当加密。建(构)筑物对地表下沉有特殊要求时,测点应适当加密,范围应适当加宽。测点布置如图4.4所示。

表4.4 地表下沉量测断面纵向间距

隧道埋深	纵向测点间距/m
$h > 2.5b$	视情况布设量测断面
$b < h \leqslant 2.5b$	10～20
$h \leqslant b$	5～10

注:b为开挖宽度,h为隧道埋深。

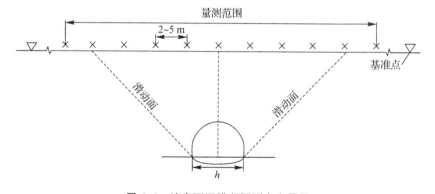

图4.4 地表下沉横断面测点布置图

(2)选测项目

选测项目是对一些有特殊意义和具有代表性的区段以及试验区段进行补充量测,以求更深入地掌握围岩的稳定状态与喷锚支护效果,具有指导未开挖区的设计与施工的作用。这类量测项目量测较为麻烦,量测项目较多,花费较大,可根据需要选择其中部分或全部量测项目。隧道工程常用的选测项目包括锚杆轴力、围岩内部位移、围岩及两层支护间压力、支护和衬砌内应力、底鼓等。这些选测项目的测点一般布置在不良地质、特殊岩土段,如断层破碎带、岩溶、瓦斯、突水涌泥、软岩等。这些测点的布设十分重要,具体如下:

1)锚杆轴力测点布置如图4.5所示。

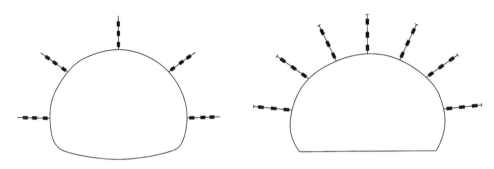

图 4.5　锚杆轴力测点布置图

2)围岩内部位移、围岩及两层支护间压力、支护和衬砌内应力测点布置图如图 4.6 所示。

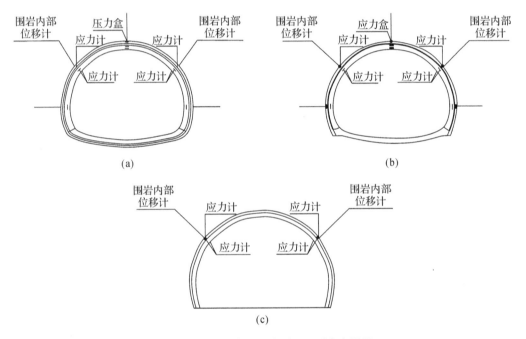

图 4.6　不同围岩级别选测项目测点布置图
(a)Ⅴ级围岩;(b)Ⅳ级围岩;(c)Ⅲ级围岩

3)高水压、大变形、膨胀岩土等地段宜在仰拱设置底鼓测点,可与拱顶下沉对应设置。

4.2.3　结束时间

1)各项量测作业均应持续到量测断面开挖支护全部结束,临时支护拆除完成,且变形基本稳定后 15~20 d。

2)地表下沉量测应在开挖工作面距离测点不小于隧道埋深与隧道开挖高度之和处开始,直到衬砌结构封闭、下沉基本稳定时为止。

4.3 监控量测方法

4.3.1 洞内、外观察

施工过程中应进行洞内、外观察。洞内观察可分开挖工作面观察和已支护地段观察两部分。开挖工作面观察应在每次开挖后进行，及时绘制开挖工作面地质素描图，填写开挖工作面地质状态记录表。已支护地段观察应每天进行一次，观察围岩、喷射混凝土、锚杆和钢架等的工作状态，记录喷射混凝土表面起鼓、剥落、开裂、渗漏水、钢架变形及发展情况等内容；观察中发现围岩条件变差或支护状态结构异常时，应及时采取相应措施。洞外观察应观察记录洞口段、偏压段、浅埋段及特殊地质地段的地表开裂、沉降、塌陷，边坡及仰坡稳定状态，地表水渗漏情况，地表植被变化等。应与地表下沉、地表水平位移对照分析洞口段边坡的稳定性。

(1) 目的

细致的目测观察，对于监视围岩稳定性是省事而作用很大的监测方法，它可以获得与围岩稳定性状态有关的直观信息，可以达到以下目的：

1) 预测开挖面前方的地质条件。
2) 为判断围岩的整体稳定性提供地质依据。
3) 根据喷层表面状态及锚杆的工作状态，分析支护结构的可靠程度。

(2) 观测内容

1) 掌子面观察。主要以目视调查配合地质罗盘来了解开挖工作面的工程地质和水文地质条件。主要内容包括：①岩石种类和产状；②岩性特征，包括岩石的颜色、成分、结构、构造；③节理性质、组数、间距、规模，节理裂隙的发育程度，充填物的类型和产状等；④断层的性质、产状，破碎带宽度、特征；⑤地下水类型，通水量大小，涌水位置，涌水压力等；⑥开挖工作面的稳定状态，顶板剥落现象。

2) 已支护地段观察。已施工区间观察主要以目视调查来了解支护状态。主要内容包括：①渗漏水情况（位置、状态、水量等）；②喷层表面的观察以及裂缝状况（位置、种类、宽度、长度及发展）的描述和记录；③喷射混凝土与围岩接触状况，是否产生裂隙或剥离，要特别注意喷混凝土是否发生剪切破坏；④有无锚杆被拉坏或垫板陷入围岩内部的现象；⑤有无锚杆和喷射混凝土施工质量问题；⑥钢拱架有无被压屈现象；⑦二次衬砌表面的观察以及裂缝状况（位置、种类、宽度、长度及发展）的描述和记录；⑧是否有底鼓现象。

3) 洞外观察。主要内容包括：浅埋地段地面变异（塌陷、开裂等），边坡锚喷支护情况，植被损坏及移动情况，水系涌水量、水系污染程度，地面建筑、构筑物观察（如有）等。

(3) 观测方法

观测方法主要为目视调查，借助地质罗盘、地质锤、手电、卷尺、放大镜、秒表、数码相机或摄像机等工具和设备进行，并详细记录和描绘。

(4)观测频率

隧道洞内掌子面一般每个开挖循环做一次,下台阶和仰拱每个开挖循环检查一次;初期支护、二次衬砌巡查每天一次;洞外观察与地表沉降观察一致,当天气变化特别是极端天气情况应及时观察。

掌子面地质素描在隧道洞内、外观察中起着十分重要的作用。最初主要是采用人工方法进行观察,即掌子面地质素描通常由地质专业人员根据掌子面围岩裂隙发育情况、岩体强度等指标判定掌子面围岩级别,但掌子面素描要求每循环施作,工作量巨大,对地质人员专业知识要求极高。因此,施工期间往往全凭经验、感觉等手段主观判定围岩情况,主观性较强,准确率较低。

随着计算机、通信、图像识别技术的发展,基于图像的地下洞室掌子面快速、安全的观察法(主要利用红外相机拍照)已经应用到了地质素描中,其步骤如下:

1)红外相机拍照,获取当前里程的掌子面图像。

2)对掌子面图像进行预处理。

3)进行岩性识别,得到岩性分类信息。

4)对预处理好的图像进行边缘检测、边界提取,得到掌子面围岩节理信息。

5)对掌子面的图像识别主要指对掌子面围岩节理、裂隙等线性特征的识别,包括长度、方向等,这些线性特征表征了围岩的完整性。掌子面线性特征的识别能给围岩分级提供必要的参数,有助于快速进行围岩分级,对确定工程地质条件、修正开挖及支护方法、保证工程安全有一定的积极作用。

6)结合岩性分类信息和层理节理信息绘制当前掌子面的地质素描图,获得当前掌子面的结构面信息。

7)通过相关变换技术,能够将阈值分割后围岩的节理、裂隙等线性特征以线段形式表示,这样表示有利于图像特征数据储存及后续处理的进行。将相关变换识别结果进行进一步处理,可以作为掌子面围岩地质素描的基础,为掌子面围岩自动分级提供重要依据。

移动至下一个里程,重复以上步骤。

根据提取到的结构面信息进行三维地质建模,预判掌子面的围岩级别及稳定状态。

4.3.2 周边位移

周边位移是指隧道开挖后隧道周边量测点处围岩的位移。通常量测某空间点的绝对位移值较为困难且精度较差,因此,常通过专用钢尺测量隧道内壁面两点连线方向的位移,来了解这两点的位移情况。两点间的位移称为收敛,此项量测也称为收敛量测。应及时在开挖后的洞壁上安设测点,用收敛计量测两测点间的距离,两次测定的距离之差为该地段的收敛值(周边位移值)。

(1)目的

1)周边位移是隧道围岩应力状态变化的最直观反映,量测周边位移可为判断隧道空间的稳定性提供可靠的信息。

2)根据变形速率判断隧道围岩的稳定程度,为二次衬砌提供合理的支护时机。

3)判断初期支护设计与施工方法选取的合理性,用以指导设计和施工。

4)防止初期支护沉降侵入二次衬砌空间。

(2)测点布置

周边收敛量测根据围岩类别、隧道埋深、开挖方法等,沿隧道纵向在隧道墙中布设测点。当地质条件良好,采用全断面开挖方式时,可设一条水平测线。当采用台阶开挖方式时,可在拱腰和边墙部位各设一条水平测线,如图4.3所示。

各测点在避免爆破作业破坏测点的前提下,尽可能靠近工作面埋设,一般间距为0.5~2 m,并在下一次爆破循环前获得初始读数。初始读数在开挖后12 h内读取,最迟不超过24 h,而且在下一循环开挖前,完成初期变形值的读数。实践证明,当隧道开挖后,岩体固有结构被破坏,块体间阻力削弱,变形松弛,隧道围岩应力重分布,隧道周边径向应力被释放,围岩内形成塑性区,一方面使应力不断向围岩深部转移,另一方面又不断向隧道方向变形并逐渐解除塑性区的应力。这种向隧道方向的变形,一般在爆破后24 h内发展较快,而围岩开挖初始阶段的变形动态数据又在全部变形过程中占十分重要的地位,因此要求测点尽快安装,并在下一循环爆破前获得初读数。为使初读数能够较真实地反映变形值,要求测点尽快埋设和尽快读取初读数。

采用收敛计(见图4.7)法测量,埋设测点时,先用小型钻机在待测部位成孔,然后将带膨胀管的收敛预埋件敲入,旋上收敛钩后即可量测。

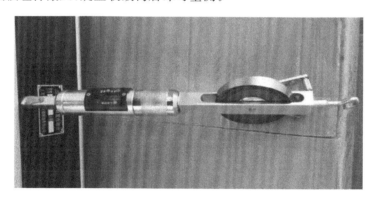

图 4.7 钢尺收敛计

采用非接触式测量时,布设反光膜片。

(3)量测方法

1)收敛计。采用收敛计对收敛量进行测量(见图4.8),每次测量至少完成3次读数,取平均值作为本次测量读数值,周边收敛的最终值需考虑温度的修正值。

当测试时环境温度不是20℃时,需要进行温度修正,计算公式如下:

$$\varepsilon_t = \alpha(20 - T)L$$

式中:ε_t——温度修正值(mm);

α——钢尺线膨胀系数[12×10^{-6} m/(m·℃$^{-1}$)];

T——每次测量时平均气温(℃);

L——每次测量时钢尺长度的平均值(m);

图 4.8 收敛计(接触式)测量

2)非接触式测量法。当隧道采用环形开挖留核心土法施工、台阶法施工,或接触式量测有障碍物阻挡时,可采用全站仪(配反射膜片)(见图 4.9)观测周边位移。

图 4.9 非接触式测量

通过在拱顶、两侧洞壁布设 3~5 个固定反射膜片点,利用全站仪对边测量功能,测量出反射点之间的斜距,求出两次量测的增量(或减量)ΔL,即为此断面周边位移值。

(4)量测频率

量测频率除满足表 4.1 的规定外,还应满足表 4.5 和表 4.6 的规定。

表 4.5 周边位移和拱顶下沉的量测频率(按位移速率)

位移速率/(mm·d^{-1})	量测频率	位移速率/(mm·d^{-1})	量测频率
≥5	2~3 次/d	0.2~0.5	1 次/3 d
1~5	1 次/d	<0.2	1 次/(3~7 d)
0.5~1	1 次/(2~3 d)		

表 4.6　周边位移和拱顶下沉的量测频率（按距开挖面距离）

量测断面距开挖断面距离/m	量测频率	量测断面距开挖断面距离/m	量测频率
(0～1)b	2 次/d	(2～5)b	1 次/(2～3 d)
(1～2)b	1 次/d	>5b	1 次/(3～7 d)

注：1. 变形速率突然变大、喷射混凝土表面、地表有裂缝出现并持续发展时应增加量测频率。
　　2. 上、下台阶开挖工序转换或拆除临时支撑时应加大量测频率。

(5)量测数据整理

量测原始记录应呈表格形式,注明断面编号、测点设置时间、量测内容,并填写具体量测数值,以便记录施工情况,另外还应有签名。

每次量测后,将原始记录及时整理成正式记录,整理后的量测资料包括：
1)原始记录及实际测点布置图；
2)位移随时间以及开挖面间距的变化图；
3)位移速度、位移加速度随时间以及开挖面距离的变化图。

这三条曲线,不一定每条都要绘制,一般情况下有第一条即可。当位移-时间曲线趋于平缓时,应进行数据处理或回归分析,推算最终位移和掌握位移变化曲线,可选用对数、指数和双曲线函数等。根据这些函数关系可判断位移趋势值。区别位移与时间关系正常与反常曲线。其中反常曲线是指非工序变化所引起的位移急剧增长现象,此时应加密监测,必要时应立即停止开挖并进行施工处理。

4.3.3　拱顶下沉

隧道拱顶内壁点垂直方向的绝对位移值称为拱顶下沉值。单位时间内拱顶下沉值称为拱顶下沉速度。在开挖后的拱顶壁面上及时安设测点,通过已知的高程水准点(通常借用隧道高程控制点),用悬吊钢尺和水准仪测量读出测点高程,两次测定的高程之差即拱顶下沉值,根据拱顶下沉值和下沉速率,可判断围岩的稳定状态和支护效果。也可用收敛计测出拱顶相对于隧道某点(边墙或隧底)的位移。

由已知高程的临时或永久水准点(通常借用隧道高程控制点),使用较高精度的水准仪,就可观测出隧道拱顶或隧道上方地表各点的下沉量及其随时间的变化情况。隧道底鼓也可用此法观测。通常这个值是绝对位移值。另外,也可以用收敛计量测拱顶相对于隧道底的相对位移。

(1)目的
1)拱顶下沉也是隧道围岩应力状态变化的最直观反映,量测拱顶位移可为判断隧道空间的稳定性提供可靠的信息。
2)根据变形速率判断隧道围岩的稳定程度,为二次衬砌提供合理的支护时机。
3)判断初期支护设计与施工方法选取的合理性,用以指导设计和施工。
4)通过拱顶位移量测,了解断面的变化状态,判断隧道拱顶的稳定性。
5)防止初期支护沉降侵入二次衬砌空间。

(2)测点布设

与周边位移量测点布置在同一断面,拱顶下沉量测主要用于确认围岩的稳定性,及时掌握隧道整体的稳定情况。一般在隧道拱顶轴线处设1个带钩的测桩(为了保证量测精度,常常在左、右各增加一个测点,即埋设三个测点),吊挂钢卷尺,用精密水准仪量测隧道拱顶绝对下沉量。可用 $\phi 6$ mm 钢筋弯成三角形钩,用砂浆固定在围岩或混凝土表层,或布设反光膜片。测点的大小要适中,过小则测量时不易找到,过大则爆破时易被打坏。支护结构施工时要注意保护测点,一旦发现测点被埋掉,要尽快重新设置,以保证数据不中断。

(3)量测方法

1)水准仪法(接触式测量)。用水准仪量测拱顶下沉时,需另外埋设稳定的观测基点(水准点),基点埋设应在测点埋设之前完成。基点应选择通视条件好、地基稳定不变形、监测期间不被扰动和破坏的坚硬岩石或构造物上,一般是在被测断面以外 20 m 远的距离。基点应打孔埋设桩。孔深为 100~200 mm、孔径为 38~42mm。测桩钢筋直径为 18~22 mm,竖向埋设,上端露头小于 50 mm,外露头磨圆。记录测点埋设时间。洞内基点可设在已完成的稳定的衬砌边墙或基础上。

拱顶下沉水准仪量测示意图如图 4.10 所示。

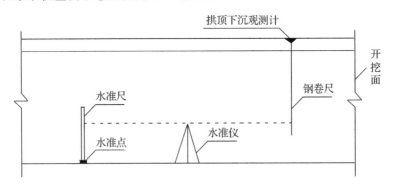

图 4.10 拱顶下沉量测示意图

2)全站仪法(非接触式测量)。后视点的埋设是非接触式测量中非常关键的一环。后视点埋设位置是确保后视点稳定的关键,后视点需要埋设于已经相对稳定的物体上,需要根据现场施工环境的实际情况选择后视点埋设的位置。由于二次衬砌相对于初期支护更加稳定,所以当测点与二次衬砌距离较近且满足量测精度时,后视点需要埋设于二次衬砌上;当后视点距离二次衬砌较远而无法进行量测时,后视点可埋设于已经相对稳定的初期支护上。总之,需要确保后视点稳定。

量测方法包括自由设站和固定设站两种。施工前,由基点通过水准仪量测出沉降测点的初始高程 H_0,在施工过程中测出的高程为 H_n,则高差 $H=H_n-H_0$,即为沉降值。

(4)量测频率

量测频率与周边位移的监测频率一致。

(5)量测数据整理

量测数据整理与周边位移的数据处理方法一致。

4.3.4 地表下沉

地表下沉量测是为了观测隧道通过地段的地表下沉量和下沉范围,地表有建筑物时还包括观测建筑物下沉变形情况,同时了解隧道开挖掘进与地表下沉的关系。

(1) 量测目的

隧道洞口浅埋段地形、地质条件复杂,围岩基本为软弱破碎岩层,稳定性差,若覆盖岩层厚度很小,则在隧道开挖时地表会产生下沉。其监测目的:

1) 通过地表下沉监测,了解地面的变化状态,判断隧道拱顶的稳定性。
2) 根据下沉速度判断隧道围岩的稳定程度。
3) 指导现场设计与施工。

(2) 测点布设

隧道洞顶地表沉降量测点在隧道尚未开挖前就开始布置,以求获得开挖过程中测点全位移曲线。地表下沉观测点按普通水准基点埋设,并在预计破裂面以外 3~4 倍洞径处设水准基点,作为各观测点高程测量的基准,从而计算出各观测点的下沉量。测点和拱顶下沉布置在同一断面上,监测断面测点从拱顶中央向两侧左右间隔布设。横断面测点布设范围为横向应延伸至隧道中线 1~2 倍的 $(b/2+h+h_0)$,一般不少于 7 个测点;纵向应在掌子面前后 1~2 倍的 $(h+h_0)$(b 为隧道开挖宽度,h 为隧道开挖高度,h_0 为隧道埋深);两测点间的距离为 2~5 m,并应根据地质条件和环境条件进行调整。

基点应选择在隧道开挖影响范围以外(3~4 倍洞径)、通视条件好、基础稳定、抗自然灾害强的位置。基点在整个地表观测期间不移动、不变形、不破坏。在稳定性好、强度高、不易风化的裸露的基岩上设点时,可在基岩上钻孔,孔深为 100~200 mm、孔径为 38~42 mm。埋入直径为 18~22 mm 的钢筋,竖向埋设,钢筋露头 50 mm,磨圆,用红漆作明显标记。在土质区域,应在不被人畜踩踏、水流冲刷的位置设基点,需挖坑(深度不小于 300 mm,直径不小于 400 mm),插入长度为 500 mm、直径为 22 mm 的钢筋,周边灌注 C20 混凝土,钢筋露头 5 mm,磨圆,用红漆作明显标记。基点埋设后应记录埋设时间。

(3) 量测方法

采用高精度全站仪或精密水准仪、钢尺监测。

在施工过程中可能产生的地表塌陷之处设置观测点,并在预计下沉断面以外 3~4 倍洞径处设水准基点,作为各观测点高程测量的基准,从而计算出各观测点的下沉量。

(4) 量测频率

开挖面距量测断面前、后小于 $2.5b$ 时,量测频率为 1~2 次/d;开挖面距量测断面前、后小于 $5b$ 时,量测频率为 1 次/(2~3 d);开挖面距量测断面前后不小 $5b$ 时,量测频率为 1 次/(3~7 d)。

(5) 量测数据整理

每次测量后,将原始记录及时整理成正式记录,整理后的地表下沉量测资料如下:

1) 绘制每一横断面最大沉降量随时间的变化关系图。

2)绘制每一横断面最大沉降量随其与开挖面距离的变化关系图。
3)对横断面沉降槽垂直位移进行回归分析。
4)对纵断面沉降槽垂直位移进行回归分析。
5)根据隧道拱部地表沉降及拱顶下沉值对土体垂直位移进行回归分析。
6)根据回归分析数据求出每一横断面沉降稳定值。

(6)注意事项

1)施工前应做好监测准备工作:如设置测点,引入高程控制点,必须配备高精度测量仪器和专业的测量工程师。
2)在布置测点时,应注意在位移量较大的地段加密测点。
3)地表沉降监测应与地下洞室各项监测同步进行,以利于资料的相关分析。
4)量测数据及分析结果全部纳入竣工资料,以供备查。

4.3.5 钢架内力及外力

如果隧道围岩级别低于Ⅲ级,尤其在浅埋、偏压、不良地质、特殊岩土地段隧道中,早期围岩压力增长较快,需要提高初期支护的强度和刚度时,隧道开挖后常需要采用各种钢架进行支护。通过对钢架的应力量测,可知钢架的实际工作状态,从钢架的性能曲线上可以确定在此压力作用下钢支撑所具有的安全系数,视具体情况确定是否需要采用加固措施。

(1)量测目的

1)了解钢架应力的大小,为钢架的选型与设计提供依据。
2)根据钢架的受力状态,判断围岩和支护结构的稳定性。
3)了解钢架的实际工作状态,保证隧道施工安全。

(2)测点布置

钢架应力量测前必须根据具体的围岩情况做出监测设计,再根据监测设计来布置钢筋应变计或钢筋计。量测断面的选取与其他测试布置在同一断面。埋设时,在横断面上,根据钢架的长度和围岩具体情况选择不同的测点进行监测,每一横断面布设不少于3个测点,分别在拱顶1对、拱脚2对。钢架为钢拱架时,一般在某一测点位置的上、下缘布设一对钢筋表面应变计,固定在固定座上,拉压螺栓要适当。钢架为钢格栅支撑时,一般在某一测点位置的上、下缘焊接一对与钢格栅直径相同的钢筋计。安装前,在钢架待测部位焊接钢弦式钢筋计(钢格栅串联钢筋应力计,钢拱架并联焊接钢筋应变计),在焊接过程中注意对钢筋计淋水降温,然后将钢架搬至洞内立好,记下钢筋计(应变计)型号,并用透明胶布将写在纸上的钢筋计编号紧密粘贴在导线上。注意将导线集结成束保护好,避免在洞内被施工破坏。现场应力计布置如图 4.11 所示。

(3)量测方法

埋设原件可采用钢弦式表面应变计或钢弦式钢筋应力计,测试仪器采用振弦频率仪或综合测试仪,如图 4.12 所示。

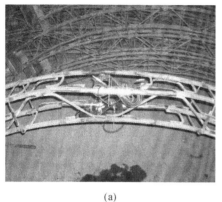 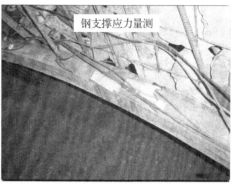

图 4.11 钢架内力及外力应力计布置示意图

(a)钢格栅;(b)钢支撑

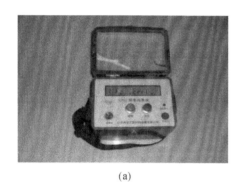 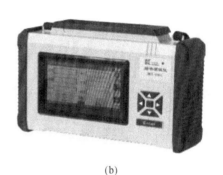

图 4.12 钢架内力及外力测试仪器

(a)振弦频率仪;(b)综合测试仪

钢弦应力与钢弦振动频率有如下关系:

$$f = \frac{1}{2L}\sqrt{\frac{\sigma}{\rho}}$$

式中:f——钢弦振动频率;

L——钢弦长度;

σ——钢弦所受的张拉应力;

ρ——钢弦的密度。

钢弦长度、密度已知,钢弦频率只取决于钢弦上的张拉应力,而钢弦上产生的张拉应力又取决于外来应力。钢弦频率与振弦式传感器所受应力的关系如下:

$$\delta = K(f_n^2 - f_0^2)$$

式中:f_n——振弦式传感器受压后钢弦的频率;

f_0——振弦式传感器未受压时钢弦的频率;

K——标定系数,与传感器构造有关,各传感器均不相同;

δ——振弦式传感器所受的压力。

(4)量测频率

量测按照表 4.2 中规定的频率进行。

(5)量测数据整理

根据钢筋计的频率-轴力标定曲线可将量测数据直接换算成相应的轴力值,然后根据钢筋混凝土结构的有关计算方法算出钢筋轴力计所在的拱架断面的弯矩,并在隧道横断面上按一定的比例把轴力、弯矩值点画在各钢筋计分布位置,再将各点连接,形成隧道钢拱架轴力及弯矩分布图。其量测计算方法如下:首先测试钢支撑上、下翼缘的应变,再由胡克定律计算出测点处的应力,然后假定钢支撑截面应力按线性分布,根据截面应力分布换算出钢支撑的实际内力。钢筋应变计的布置如图 4.13 所示,内力换算如图 4.14 所示。

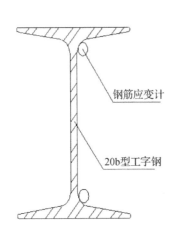

图 4.13　钢支撑钢筋应变计布置图　　图 4.14　钢支撑内力换算图

设支护结构测试截面所受轴力为 N,弯矩为 M,根据钢筋混凝土结构设计原理,有

$$N = \sigma_g A_g + \sigma_h A_h \tag{4-1}$$

$$M = N \cdot e \tag{4-2}$$

由结构受力时的变形谐调原理,有

$$\sigma_h = \sigma_g \frac{E_h}{E_g} \tag{4-3}$$

将式(4-2)代入式(4-3),得

$$N = \sigma_g (A_g + \frac{E_h}{E_g} A_h)$$

$$\sigma_g = \frac{\sigma_1 + \sigma_2}{2}$$

又由图 4.14 易知,截面偏心距可由下式求得:

$$\frac{\sigma_1}{\sigma_2} = \frac{N}{A_h}(1 \mp \frac{6e}{h})$$

式中:e ——截面偏心距;

σ_g、σ_h ——测试截面中钢筋(或型钢)、混凝土所受应力;

E_g、E_h ——钢筋(或型钢)、混凝土的弹性模量;

A_g、A_h——钢筋(或型钢)、混凝土的计算面积；

σ_1、σ_2——根据胡克定律由钢筋应变计应变换算的应力值；

h——截面高度。

4.3.6 围岩压力及两层支护间压力

隧道开挖后，围岩要向净空方向变形，而支护结构要阻止这种变形，这样就会产生围岩作用与支护结构上的围岩压力。围岩压力量测，通常情况下是指围岩与支护或喷层与二次衬砌混凝土间的接触压力的测试。

(1)量测目的

压力盒布设在围岩与初衬之间，即测得围岩压力；压力盒布设在初衬与二衬之间，即测得两层支护间压力。围岩压力及两层支护间压力的量测目的：了解围岩压力的量值及分布状态；判断围岩和支护的稳定性；分析二次衬砌的稳定性和安全度。

(2)测点布置

把测点布设在具有代表性的断面的关键部位上(如拱顶、拱腰、拱脚、边墙仰拱等)，并对各测点逐一进行编号。埋设压力盒时，要使压力盒的受压面向着围岩，分别埋设于围岩和初支间及初支和二衬间。在隧道壁面，当测围岩施加给喷射混凝土层的径向压力时，先用水泥砂浆或石膏把压力盒固定在岩面上，再谨慎施作喷射混凝土层，不要使喷射混凝土与压力盒之间有间隙，保证围岩与压力盒受压面贴紧。

在埋设压力盒时，由于钢拱架与喷射混凝土层易出现喷浆不密实的情况，所以将钢板焊接在钢拱架上[见图4.15(a)]，并用铁丝固定压力盒，实现钢拱架与压力盒的紧密接触，并均匀受力。将导线集结成束，在出露部位套上塑胶管，以避免导线被施工破坏[见图4.15(b)]。

(a)　　　　　　　　　　　　　　(b)

图 4.15　压力盒的安装与保护

(a)安装压力盒；(b)导线的保护

(3)量测方法

埋设元件为压力盒，采用频率振弦仪或综合测试仪量测。

(4)量测频率

量测按照表 4.1 中规定的频率进行。

(5)量测数据整理

压力盒按观测设计要求布置埋设好以后,将每一个压力盒的电缆引线集中于一处,进行保护。观测时,按照测试频率进行测试,每次每个压力盒的测量不应少于 3 次,确保测量数据可靠、稳定,并做好原始记录。通过一段时间的现场观测,就可根据所获得的资料进行整理分析,绘制应力与时间关系曲线,通过曲线图进一步判断支护结构的受力状态。

4.3.7　支护及衬砌应力

支护及衬砌应力量测包括:喷射混凝土和二次衬砌混凝土应力量测。

(1)量测目的

支护及衬砌应力的量测目的是:了解混凝土层的变形特性以及混凝土的应力状态;掌握喷喷层所受应力的大小,判断喷射混凝土层的稳定状态;判断支护结构长期使用的可靠性以及安全程度;检验二次衬砌设计的合理性;积累资料。

(2)测点布设

钢筋计法:在衬砌的内外层钢筋中成对布设测点。安装前,在主筋待测部位并联焊接钢弦式钢筋计,在焊接过程中注意对钢筋计淋水降温,记下钢筋计型号,并将钢筋计逐一编号,用透明胶布将写在纸上的编号紧密粘贴在导线上。注意将导线集结成束保护好,避免在洞内被施工所破坏。

混凝土应变计法:在混凝土内部埋设混凝土应变计进行测试,在埋设混凝土应变计时,对混凝土应变计逐一编号,用透明胶布将写在纸上的编号紧密粘贴在导线上。注意将导线集结成束保护好,避免在洞内被施工所破坏。围岩初喷以后,将应力计固定在初喷面上,再复喷,将应力计全部覆盖并使其位于喷层的中央,方向为切向。待喷射混凝土达到初凝时开始测取读数。

(3)量测方法

支护及衬砌应力量测与钢架内力及外力类似。

(4)量测频率

按照表 4.2 中规定的频率进行。

(5)量测数据整理

根据钢筋计的频率-轴力标定曲线或混凝土应变计的应变-轴力标定曲线可将量测数据直接换算成相应的轴力值,然后根据钢筋混凝土结构有关计算方法算出钢筋计(应变计)所在断面的轴力、弯矩,并在隧道横断面上按一定的比例把轴力、弯矩值点画在各钢筋计分布位置,其将各点连接,形成隧道轴力及弯矩分布图。

4.3.8　锚杆轴力

锚杆轴力监测是锚杆支护加固效果评价的手段之一。锚杆轴力量测主要测试的是锚杆的轴向力,属于选测项目。根据科研和生产的需要,首先在隧道内选择好拟测岩层,再结合隧道开挖等情况,选择好钻孔位置,以便量测锚杆的安装与测试。

(1)量测目的

锚杆轴力量测的目的主要是了解锚杆实际工作状态及轴向力的大小,具体如下:

1)了解锚杆实际工作状态及轴向力的大小。

2)结合位移量测,判断围岩发展趋势,分析围岩内强度下降区的界限。

3)修正锚杆设计参数,评价锚杆支护效果。

(2)测点布设

锚杆的轴力测定,按其量测原理可分为电测式和机械式两类。其中电测式又可分为电阻应变式和钢弦式。不论是电测式锚杆还是机械式量测锚杆,其布置形式是一样的。在每一监测断面内一般布置3~5个量测位置(孔),每一量测位置的孔内设1~3个(根据量测深度和所选的量测锚杆决定)测力计,一般布置在拱顶、拱腰、拱脚位置。

锚杆应力计安装与拱架应力计安装基本相同,在锚杆待测部位并联焊接钢筋计,焊接时应对应力计采取降温措施。锚杆应力计布置图如图4.16所示。

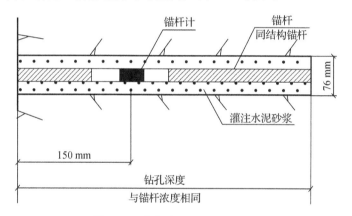

图 4.16 锚杆应力计安装布置图

锚杆应力计安装埋设施工程序:测量放点→钻孔→仪器组装→仪器安装→灌浆→孔口保护设施施工→砂浆固化→下一步开挖施工→观测。

(3)量测方法

工程中主要采用钢弦式钢筋计进行锚杆应力测量。采用振弦频率仪或综合测试仪测定不同深度处传感器受力后的钢弦振动频率变化值,从而计算应力。

(4)量测频率

量测按照表4.2中规定的频率进行。

(5)量测数据整理

1)根据量测所得的各点应变值,绘制应变沿锚杆长度的分布状态曲线。

2)根据计算所得的锚杆轴向力(P)值,绘制轴向力沿锚杆长度的分布状态曲线。

3)根据锚杆轴向力的最大值确定合适的锚杆长度。

4)绘制锚杆轴向力随时间变化曲线,判断围岩变形的发展趋势。

4.3.9 围岩内部位移

由隧道开挖引起的围岩应力变化与相应的变形,在距临空面不同深度处是各不相同的。围岩内部位移量测,就是观测围岩表面(即孔口)和内部各测点间的相对位移值。它能较好地反映出围岩受力的稳定状态、岩体扰动和松动范围。

(1)目的

1)研究围岩的位移变化规律。

2)研究围岩的位移变化范围和松弛范围。

3)研究构造部位特殊位移变化规律。

4)根据位移量测结果,分析岩体应力场及力学参数。

5)预测预报围岩稳定性,为施工安全服务。

6)根据监测结果优化设计,修改喷锚支护参数。

(2)测点布设

洞内围岩体内围岩测点安装埋设施工程序:测量放点→钻孔→仪器组装→仪器安装→灌浆→孔口保护设施施工→砂浆固化→下一步开挖施工→观测。具体如下:

1)钻孔:在确定支护的位置进行钻孔,钻孔直径为 150 mm 或 50 mm。钻孔深度应比最深锚头深 1 m。钻孔施工时应注意避免与锚杆钻孔相互交错贯通。孔位平面位置允许误差为 50 mm,角度偏差不大于±1°。钻孔结束后、仪器安装前,用压力清水将孔冲洗干净。检查钻孔通畅情况,灌浆套管口周围用水泥砂浆或环氧锚固剂锚固,套管外侧与孔口平齐。

2)仪器组装:在平整、干净的场地组装锚头、传力杆、传力杆护套、灌浆管、排气管等;将组装好的多点位移计测杆放进孔内,直到 PVC 测头套管刚好到孔的外侧位置;在固定支座与套管的连接处涂抹 PVC 胶黏剂,然后把它嵌入(至与套管管口平齐),等待胶黏剂固化;将模拟传感器安装固定到基座传感器固定杆上,在结合面上涂抹一层硅胶,按对应的孔位对好基座,仅预留灌浆孔和排气孔,以防在灌浆时对传感器安装孔造成污染。

3)灌浆:灌浆后拆除连接的灌浆泵管路,将灌浆/排气管封堵,待砂浆初凝后拆除/切断固定支座上的灌浆/排气管,将其表面清理干净。

4)安装孔口保护装置,对电缆引出线集中加以保护。

5)观测:将模拟传感器拆下,把多点位移计传感器安装固定到基座传感器固定杆上,并同时涂抹上一些硅胶。此时记录下每支传感器的出厂编号以及对应的测杆编号和锚头位置;根据预估的位移调整传感器的工作点,当传感器固定好后,将配套读数仪接到仪器的导线上,测记初始读数。用相应的频率计来测读位移计的频率或模数,以水泥砂浆终凝后或水化热稳定后的稳定测值作为基准值。

(3)量测方法

隧道围岩内部位移量测一般采用位移计进行。位移计分单点位移计和多点位移计,单点位移计只能观测围岩内一个深度的位移,结构简单,制作容易,测试精度高且容易安装和保护;多点位移计则可以观测同一钻孔不同深度围岩的位移,但结构较复杂。

多点位移计量测待锚固砂浆强度达到 70% 以后可测取初始读数(钢丝式单点位移计安

装好立即量测)。量测前先用纱布将基准板上的锥形测孔擦干净,然后将百分表插入孔口固定件通孔内,用百分表测取读数。每次量测时,对每一测点(通孔)应连续采集3个读数,将每次测取的读数填入现场量测记录表格,取平均值作为该次测量的最终读数,并保存原始记录,测量人、记录人、日期签署齐全。

(4)量测频率

量测按照表4.1中规定的频率进行。当隧道量测断面工作状态发生改变时,应重新按初始读数开始时的量测频率进行量测。

(5)量测结果分析

量测原始记录应呈表格形式,注明断面编号、测点设置时间、量测内容,并填写具体量测数值,以便记录施工情况,另外还应有签名。

每次量测后,将原始记录及时整理成正式记录,整理后的量测资料包括:

1)原始记录及实际测点布置图;

2)围岩位移随时间变化曲线。

当位移-时间曲线趋于平缓时,应进行数据处理或回归分析,推算最终位移和掌握位移变化曲线,可选用对数、指数和双曲线函数等。根据这些函数关系可判断位移趋势值。区别位移与时间关系正常与反常曲线。其中,反常曲线是指非工序变化所引起的位移急剧增长现象,此时应加密监测,必要时应立即停止开挖并进行施工处理。

4.3.10 围岩弹性波测试

岩石跟大多数弹性介质一样,在外力的作用下,产生的变形有两种基本形式:一种是形状保持不变,只是体积大小变化的体变(即膨胀与收缩变形);另一种是体积保持不变,而形状发生变化的剪切变形(即各边之间的夹角变化)。这两种变形同时存在,其中体变是由张力、压力引起的,剪切变形是由剪应力引起的。因此,由于不同性质的外力作用,在岩体内产生相应的两种波形,即纵波和横波。在岩体测试中主要是采用纵波进行。

围岩声波测试是地球物理探测方法中的一种,通常泛指声波和超声波测试,因目前国内岩体测试中激发的弹性波频率大都在声波范围内,故一般称为声波测试。岩体声波测试,是对岩体(岩石)施加动荷载,激发弹性波在介质中的传播,来研究岩体(岩石)的物理力学性质及其构造特征,一般用波速、波幅、频谱等参数进行表征。岩土虽非理想弹性介质,但如果作用应力小且持续时间短,所产生的质点位移量也非常小,一般不超过其弹性变形范围,在这种特定条件下,可把岩体视为弹性介质,这是用弹性波法对岩体进行测试的基础。目前在声波测试指标中应用较为普遍的是纵波速度,其次为横波速度和波幅变化的观测。

(1)测试目的

声波测试具有快速、简易、经济等特点,在地下工程测试中,被广泛地用来测定岩体物理性质,判别围岩稳定状态,提供工程围岩分类的参数。

(2)测点布置

围岩弹性波测试时,将声波发射换能器和接收换能器放置在介质相对的两个表面上,根据声波穿透介质后波速和能量的变化来判断围岩的能量。测试时采用两个平行的钻孔、发射换能器和接收换能器分别放入两个钻孔内,孔中用水作耦合剂,称为双孔孔间穿透法。钻孔后每隔 1 m 测试一点,钻孔约 3~10 m。

1)断面及测点布置。在长隧道典型地段或监理指定隧道的断面进行布设,测试断面距掌子面约不超过 3 m,测点布设在隧道两侧边墙,每侧边墙 1 处,共 2 处,每处布设 2 个孔。

2)钻孔。现场采用双孔孔间穿透法,在岩石中钻凿两个相互平行的孔,孔径约为 40 mm,孔深超过锚杆长度即可,间距约为 1.0 m,孔向下倾斜约 10°,以免清水向外流动。

3)清孔。钻孔后,采用风机将孔内的岩屑清除干净。

4)灌注耦合剂。为提高换能器的声波效率,使声能尽最大可能辐射到岩体中去,并使声波尽可能多地传递到接收换能器,要求换能器和岩壁之间保持良好的声阻抗匹配。理想的状态是换能器与岩壁之间不存在声波阻抗界面,但这在技术上是困难的,通常在换能器和岩壁之间加一层中间介质,来填补换能器与岩壁面所未能接触到的空间,这种介质称为耦合剂。

(3)测试方法

声波测试的主要测试仪器是声波仪及换能器。声波仪是进行声波测试的主要仪器设备,它的主要部件是发射机与接收机。发射机根据使用要求,能向声波测试探头输出一定频率的电脉冲,向探头输出能量。声波测试探头按其功能可分为发射换能器和接收换能器,其主要元件都是压电陶瓷,其主要功能是将声波仪输出的电脉冲变为声波能,或将声波能变为电信号输送给接收机。由声波脉冲发射源在岩石中激发高频弹性脉冲波,用高精度的接收系统接收记录脉冲在岩石中传播过程中表现的波动特性,再根据首波的到达时间及波的能量衰减特性、频率变化程度等特征,即可获得检测区域内的岩石密实度参数,从而判别被测岩体的完整性及松动范围,如图 4.17 所示。

图 4.17 声波测试原理方框图

现场检测时,钻孔内注满清水作为耦和剂。若钻孔内的清水向外流动时影响测试效果,则采用密水气囊堵塞出口,保持钻孔内充满清水。

1)检测发射换能器和接收换能器的工作状态,确保其处于运转良好状态,设置好参数后开始进行测试。测试时将发射换能器和接收换能器分别安设在两个钻孔中,现场进行弹性声波脉冲的发射和接收试验。

2)检测自内而外,每移动探头 10 cm 或 25 cm 采集一个数据,即每 10 cm 或 25 cm 为一检测测线,依次读取各测点的纵波声时、波形、波幅并进行记录,如图 4.18 所示。

3)测试完成后,对原始记录和波形进行检查,确认无误后结束本次检测工作,否则重测,直至符合要求。

(4)资料解释

岩体声波测试是对岩体施加动荷载,激发弹性波在介质中的传播,从而研究岩体的物理力学性质及其构造特征,一般用波速、波幅、频谱等参数进行表征。

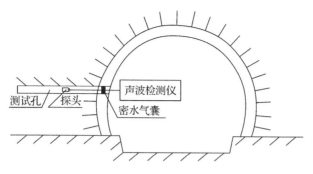

图 4.18 现场检测示意图

1)一般规律。在岩体中,波的传播速度与岩体的密度及弹性常数有关,受岩体结构构造、地下水、应力状态的影响,一般来说有如下规律:①岩体风化、破碎,结构面发育,则波速低、衰减快,频谱复杂;②岩体充水或应力增加,则波速增大,衰减减小,频谱简化;③岩体不均匀性和各向异性使波速与频谱的变化也相应地表现出不均一性和各向异性。

2)测试结果判定。

a.围岩完整系数的确定。岩体完整性系数(以 K_v 表示)是确定围岩级别的重要参数之一。岩体完整性系数的计算公式如下:

$$K_v = \left(\frac{V_m}{V_c}\right)^2$$

式中:V_m——采样点岩体声速;

V_c——检测区域岩石试件声速。

b.围岩松动圈的确定。岩体开挖洞室后,洞室周围岩体产生应力重新分布,形成次生应力场,周围岩体将依次出现应力降低区、应力升高区和原岩应力区。处于应力降低区的岩体,由于开挖被破碎,加上施工爆破等的影响,是不稳定的,这样就在洞室周围形成一定厚度的松动圈(带)。松动圈范围的测定,是评价岩体稳定性和支护结构设计的重要依据。这样,在洞室壁的各个部位布置适量的测孔,量测距洞壁不同深度的各点声波传播速度的变化,绘制波速距洞壁不同深度的变化曲线,即 $V-L$ 曲线,并结合岩体正常的波速和地质情况,即可区分洞室围岩中波速小于原岩波速范围的松动圈(应力降低区),大于原岩波速范围的压密圈(应力升高区)和不受采动影响的岩体正常波速的原岩应力区。

4.3.11 爆破振动测试

在隧道工程爆破施工中,由于爆破规模、方法和环境不同,爆破所引起的振动、空气冲击波、飞石、噪声和有毒气体会对人员、设施和围岩产生不同程度和范围的影响。

(1)目的

在施工过程中对隧道爆破地震动进行安全监测和分析(特别是小间距隧道),确保围岩、既有隧道以及附近建(构)筑物的稳定与安全非常重要。因此,通过对爆破振动进行测试,一是可以了解和掌握爆破地震波的特征、传播规律以及其对建筑物的影响、破坏机理等;二是可根据测试结果及时调整爆破参数和施工方法,制定防震措施,指导爆破安全作业,避免或减少爆破振动的危害。

(2)测点布设

1)布点原则:①在有代表性的建筑物基础上布置质点振动速度测点;②布设在距爆区边缘最近的建(构)筑物、设施设备和其他保护物;③临近爆区有多个保护物时,宜选择抗震结构最弱的布点;④布设在文物古建筑物或特别重要的建(构)筑物、设施;⑤布设在敏感区域或振动影响争议性较大的部位。

2)隧道与巷道:①隧道和巷道的爆破振动控制点位于距离爆源10～15 m处;②地下厂房开挖爆破时,测点布置在边墙侧,最近测点宜布置在距爆区边缘10 m范围内;③洞间距离小于1.5倍平均洞径的相邻洞爆破时,邻洞和本洞均布置监测点。

3)平行交叉线:①新建隧道与既有隧道平行或交叉,交叉点及迎爆面方向设置2～3个重点监测断面;②在每个监测断面的两侧边墙、隧道地板、拱顶宜设置监测点;③当新建隧道在既有隧道上方时,拱顶应设监测点;当新建隧道在既有隧道下方时,根据安装难易、最小净距而定;④根据施工进度,随时调整监测断面和监测点。

(3)量测方法

爆破地震与天然地震的主要区别在于时频特征差异。天然地震振动时间较长,一次振动能持续几秒至几十秒,而爆破地震持续时间很短,一次振动只有几十毫秒至几秒,隧道爆破时间大多数在3 s以内,所以从时域特性来看,爆破地震的单次记录时间不会很长。另外,从振动次数来看,天然地震常伴有多次余震,而爆破振动可能是一次,也有可能是多次,其振动影响也不一样。爆破振动测试所用的仪器类型很多,目前主要采用速度传感器进行测试,只有专门研究结构对爆破振动的动力响应时,才采用加速度传感器。

爆破振动测试的一般步骤如下:

1)传感器参数设置,包括量程、预触发值、采样率、通道等;

2)传感器的埋设,在预先设计的位置固定好传感器,并检查其线路通道的有效性;

3)数据采集;

4)数据处理及结果分析。

(4)量测数据分析

《爆破安全规程》(GB 6722—2014)规定的爆破振速计算公式如下:

$$V = K \cdot (Q^{1/3}/R)^a$$

式中:Q——最大装药量(kg);

R——距爆源中心距离(m);

K——与介质特性有关的系数;

a——与地形,地质等有关系数。

对不同的爆破方式下测得的测点最大振动速度进行统计分析,将测点振动速度与爆破装药量、爆心距等的关系进行回归分析。通过对实测波形的分析,可获得振动速度峰值、频率和振动历时等信息。另外,实测波形是一次爆破中分段效果的直接反映,对反馈施工和优化爆破设计具有重要的参考价值。爆破振动安全允许标准见表4.7。

表 4.7 爆破振动安全允许标准

序号	保护对象类别		安全允许质点振动速度 $V/(cm \cdot s^{-1})$		
			$f \leqslant 10$ Hz	10 Hz$<f \leqslant 50$ Hz	$f>50$ Hz
1	土窑洞、土坯房、毛石房屋		0.15~0.45	0.45~0.9	0.9~1.5
2	一般民用建筑物		1.5~2.0	2.0~2.5	2.5~3.0
3	工业和商业建筑物		2.5~3.5	3.5~4.5	4.5~5.0
4	一般古建筑与古迹		0.1~0.2	0.2~0.3	0.3~0.5
5	运行中的水电站及发电厂中心控制室设备		0.5~0.6	0.6~0.7	0.7~0.10
6	水工隧洞		7~8	8~10	10~15
7	交通隧道		10~12	12~15	15~20
8	矿山巷道		15~18	18~25	20~30
9	永久性岩石高边坡		5~9	8~12	10~15
10	新浇大体积混凝土(C20)	龄期:初凝~3 d	1.5~2.0	2.0~2.5	2.5~3.0
		龄期:3~7 d	3.0~4.0	4.0~5.0	5.0~7.0
		龄期:7~28 d	7.0~8.0	8.0~10.0	10.0~12

注:爆破振动监测应同时测定质点振动相互垂直的三个分量。

4.4 监控量测精度

4.4.1 监控量测系统的测试精度

监控量测系统的测试精度应满足设计要求。拱顶下沉、净空变化、地表沉降、纵向位移、隧底隆起测试精度可为 0.5~1 mm,围岩内部位移测试精度可为 0.1 mm,爆破振动速度测试精度可为 1 mm/s。其他监控量测项目的测试精度应结合元器件的精度确定,详见表 4.8。

表 4.8 隧道监控项目精度

序号	项目	精度	序号	项目	精度
1	周边位移、拱顶下沉	0.5 mm(预留变形量不大于 30 mm 时);1 mm(预留变形量大于 30 mm 时)	4	地表下沉	0.5 mm
2	拱脚下沉	0.5 mm	5	两层支护间压力	0.01 MPa
3	钢架内力及外力	0.1 MPa	6	锚杆轴力	0.01 MPa

续表

序号	项目	精度	序号	项目	精度
7	围岩内部位移	0.1 mm	10	支护、衬砌内应力	0.01 MPa
8	围岩压力	0.01 MPa	11	渗水压力、水流量	0.01 MPa
9	地表水平位移	0.5 mm	—	—	—

4.4.2 元器件的精度

元器件的精度应满足表4.9的要求,元器件的量程应满足设计要求,并具有良好的防震、防水、防腐性能。

表4.9 元器件精度

序号	元器件	精度
1	压力盒	≤0.5%FS
2	电阻应变片	±0.5%FS
3	混凝土应变计	±0.1%FS
4	钢筋计	拉伸,0.5%FS
5	锚杆轴力计	≤0.5%FS
6	水压计	≤0.1%FS

注:FS为元器件的满量程。

4.4.3 周边位移与拱顶下沉精测度分析

(1)周边位移

周边位移实测步骤:根据设计要求随时掌握岩石的变化情况,测点安装应靠近开挖面又不宜被破坏的地方,并且保证在开挖后12 h前(最迟不超过24 h)埋设,且在下一次循环开挖前量测到初次读数。初期观测为每天2次,如岩石没有异常变化,则按照4.2表中规定的量测频率进行观测。监测点的钢筋根部应深入岩石并灌入锚固剂固定,在钢筋外露部分焊接5 cm×5 cm的铁片,然后在铁片上使用胶布加强反光片紧贴。对每个监测断面对应测点,第一次量测完成后,记录量测数据,然后交换全站仪镜面再次量测,两次量测结果误差在1.00 mm内则取平均值作为水平净空量测结果。

(2)洞内拱顶沉降

洞内拱顶沉降监测实测步骤:首先在除道的仰拱埋设水准点,按照《国家一、二等水准测量规范》(GB/T 12897—2006)联测水准点的绝对高程(此点坐标也可作为隧道内日常测量施工放样使用)。拱顶监测点位置和埋设时间与水平收敛点相同,埋设方法与水平收敛点一样,即要把钢筋插入岩石锚固剂固定,在钢筋外露部分焊接 5 cm×5 cm 的铁片,然后在铁片上贴量测专用反光片。在后视水准点上架设徕卡仪器自带的金属三角架,大约固定在 1.3 m 处,作为后视标高,仪器架设在水准点和反光片中间适当的位置,不必量取后视标高和仪器高,这样可消除内量取仪器高和后视标高带来的误差。然后使用全立仪量测水准点到反光片的高差,正、倒镜测量 3 个测回,每测回高差值不超过 1.00 mm,取平均值作为拱顶下沉量测数据结果。

洞内水平净空收敛的精度分析:全站仪受温度影响较小,隧道内温度基本稳定,初次量测温度和日常量测时温度基本一致,不必考虑温度改正。全站仪的最小读数为 0.1 mm,量测结果的取值也为 1.00 mm,能够反映围岩的细微变化,满足精度要求。拱顶沉降量测误差的计算如下:

$$m_h = \pm \sqrt{(m_s \sin\alpha)^2 + \frac{S^2 \cos^2\alpha \, m_a^2}{\rho} + m_r^2 + m_i^2 + m_v^2}$$

式中:α ——两点夹角(°);

m_s ——测距误差;

S ——斜距(m);

R ——曲率半径,$R = 636\,900$ m;

ρ ——常数,$\rho = 206\,265$;

m_i ——仪器高误差;

m_v ——目标高误差;

m_r ——大气折光与地球曲率影响的误差;

m_a ——测角误差。

4.5 监控量测数据处理及应用

4.5.1 数据处理与分析

(1)处理目的

现场量测所得的原始数据不可避免地具有一定的离散性,其中包含着测量甚至测试错误,不经过整理和数学处理的量测数据难以直接利用。数据处理的目的如下:

1)对同一量测断面的各种量测数据进行分析对比、相互验证,以确认量测结果的可靠性。

2)探求围岩变形或支护系统的受力随时间的变化规律、空间分布规律,判定围岩和支护系统的稳定状态。

(2)数据校核

首先应对监控量测数据进行校核和可靠性分析,排除仪器操作、读数等过程中的误差,剔除和识别各种粗大、偶然和系统性误差,避免漏测和错测,切实保证监控量测数据的可靠性和完整性。

现场监控量测数据误差会影响对围岩和支护系统的安全评判,工作中应对误差进行科学分析,减小系统误差,剔除偶然误差,避免人为错误。具体方法如下:

1)减小系统误差的方法。根据监控量测精度要求选择稳定性好、耐久性好的仪器。如果监控量测仪器产生的系统误差不能满足监控量测精度要求,根据系统误差产生的原因进行修正或重新选择能满足监控量测系统精度的仪器。

2)控制偶然误差的方法。引起偶然误差的原因较多,如电源电压波动、仪表末位读数估读不准、环境因素干扰等。因此,对不同的监控量测项目,应具体分析产生偶然误差的原因,通过加强管理,提高操作人员的技术水平,从而控制偶然误差。偶然误差一般服从正态分布,在数据处理过程中,应进行数据统计检验。

3)避免人为误差(错误)的方法。由测试人员的工作过失所引起的误差,如读错仪表刻度(位数、正负号)、测点与测读数据混淆、记录错误等,都应避免。避免人为误差的措施主要有加强监控量测管理,规范监控量测工作,提高人员素质。在数据处理时,此类误差数值一般很大,必须从测量数据中剔除。

(3)数据整理

对监控量测数据的整理、分析包括各种物理量计算、图表制作,如物理量的时间和时间速率曲线及空间分布图的绘制等内容。监控量测数据取得后,应及时进行校对和整理,同时应注明开挖方法和施工工序,以及开挖面距监控量测点距离等信息。

(4)数据分析

由于各种可预见或不可预见的原因,现场量测所得的原始数据具有一定的离散性,绘制的散点图总是上下波动和不规则的,因此必须经回归分析和归纳整理等分析处理后,才能很好地解释量测结果的涵义,充分地利用量测数据分析的结果。量测数据分析处理的目的是验证、反馈和预报,即:

1)各种量测数据能相互印证,以确认量测结果的可靠性。

2)探求围岩变形或应力状态的空间分布规律,了解围岩稳定性特征,以便提供反馈,合理地设计支护系统。

3)监视围岩变形或应力状态随时间的变化情况,对最终值或变化速率进行预测预报。

4)监控量测数据分析一般采用散点图和位移-时间曲线回归分析方法。

回归分析是处理测读数据、最终绘制典型曲线(见图 4.19)的一种较好方法。

位移-时间曲线的时间横坐标轴下应注明施工工序和开挖工作面距量测断面的距离等必要信息。当位移-时间曲线趋于平缓时,应进行数据处理或回归分析,以推算最终位移值及掌握位移变化规律。

监测项目中所测数据的大多数都会反映两个变量之间的关系,故在这类问题的回归分析中,通常包括一元线性回归和一元非线性回归两种情况。回归分析是对一系列具有内在规律的测试数据进行处理,通过处理和计算得到两个变量之间的函数关系。用这个函数式作出的曲线能代表测试数据的散点分布,并能推算出因变量的极限值。采用回归分析时,测试数据散点分布规律可选用下列函数关系。

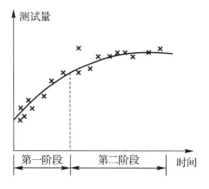

图 4.19 典型曲线示意图

1)对数函数,例如:
$$U = a + b\ln(1+t)$$
$$U = a \cdot b\ln(\frac{b+t}{b+t_0})$$

2)指数函数,例如:
$$U = a \cdot e^{\frac{-b}{t}}$$
$$U = a \cdot (e^{-bt_0} - e^{-bT})$$

3)双曲线函数,例如:
$$U = \frac{t}{a+b \cdot t}$$
$$U = a \cdot \left[\left(\frac{1}{1+b \cdot t_0}\right)^2 - \left(\frac{1}{1+b \cdot T}\right)^2 \right]$$

式中: u ——位移值(mm);
a、b ——回归常数;
t_0 ——测点初读数时距开挖时的时间(d);
t ——初读数后的时间(d);
T ——量测时距开挖时的时间(d)。

在监测过程中,发现数据异常时,需要分析原因,制定对策。位移与时间的正常曲线和反常曲线如图 4.20 所示。其中反常曲线是指非工序变化所引起的位移急剧增大现象。此时需要加密监视,必要时需要立即停止开挖并进行施工处理。

4.5.2 成果曲线图

(1)净空位移(拱顶下沉与周边收敛)

1)位移 u 与时间 t 关系曲线,即 u-t 曲线(见图 4.21),主要用于评价围岩是否稳定和确定二次衬砌时间。

2)位移 u 与距掌子面距离关系曲线,即 u-l 曲线,主要用于判断隧道施工工艺对围岩变形的影响,评估围岩变形的空间效应,从而确定下一个监测断面位置。

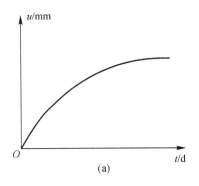
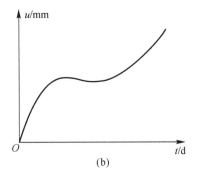

图 4.20 位移与时间关系曲线示意图

(a)正常曲线;(b)反常曲线

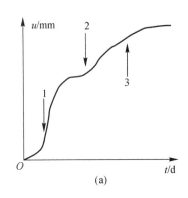
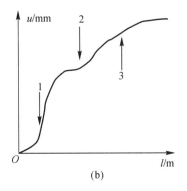

图 4.21 净空位移曲线

(a)u-t 曲线;(b)u-l 曲线

(2)地表沉降

地表各测点(1,2,…)位移 u 与时间 t 关系曲线(见图 4.22)用于判断围岩的稳定性及地表沉降量。

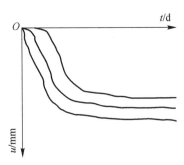

图 4.22 地表沉降曲线

(3)锚杆轴力

1)不同时间(t_1,t_2,…)锚杆应力 δ 与深度 l(最深点)的关系曲线如图 4.23 所示。

2)不同测点(1,2,…)锚杆应力 δ 与时间 t 的关系曲线如图 4.23 所示。

锚杆应力是检验锚杆效果与锚杆强度的依据,根据锚杆极限抗拉强度与锚杆应力的比值 K(锚杆安全系数)即能作出判断。锚杆应力越大,K 值越小。当锚杆中某段的最小 K 值稍大于 1 时应认为合理,但即使出现局部段 K 稍大于 1,一般亦不会拉断,因为钢材有较大的延性。

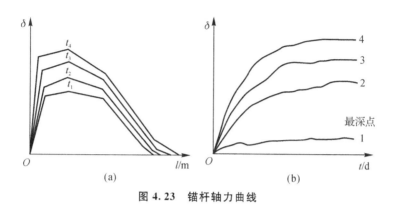

图 4.23 锚杆轴力曲线

(4)围岩体内位移

1)围岩体内各测点($l_1,l_2,\cdots$)位移 u 与时间 t 的关系曲线如图 4.24 所示。

2)不同时间($t_1,t_2,\cdots$)位移 u 与深度的关系曲线如图 4.25 所示。

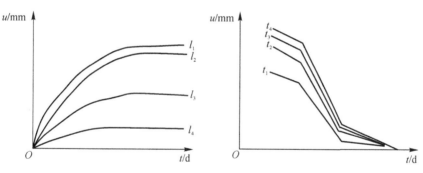

图 4.24 围岩体内 u-t 曲线　　图 4.25 围岩体内位移 u-l 曲线

(5)围岩或喷层应力、应变、压力

应力(或应变、压力)-时间关系曲线(见图 4.26)可以反映围岩或喷层的受力情况,据此判断其安全度,调整支护参数。

(6)爆破振动测试

利用爆破振动采集仪采集不同断面爆破振动质点的振动速度波形(见图 4.27)。采集软件能自动给出波形振幅、频率、速度、加速度等特征值。分析爆破振动衰减规律和最大振动位置,判断监测对象是否处于安全状态,从而修正爆破参数。

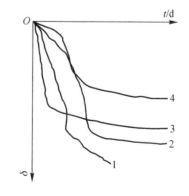

图 4.26 应力(或应变、压力)-时间关系曲线

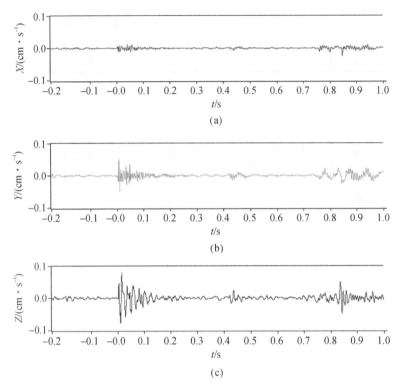

图 4.27 爆破振动质点振动速度波形

4.5.3 监控量测成果应用

(1)依据监控量测数据处理结果科学组织施工

1)由掌子面地质素描图可分析、判断围岩变化趋势,可判断前方未开挖岩性是否转差,初期支护是否应紧跟开挖面,指导施工工序从而确保施工安全。

2)由收敛量测成果,可分析初期支护是否已稳定,是否具备做二次衬砌的条件;由位移收敛速度确定围岩稳定时间,当收敛速度不超过 0.1~0.2 mm/d 时,认为围岩已基本稳定,达到施作二次支护的条件,可以施工二次衬砌。同时由实测的位移值调整开挖时的预留变形量,保证施工的科学性和合理性。

3)由地表下沉量测成果分析,如果曲线正常,说明位移随施工的进行渐趋稳定;如果出现反常,出现反弯点,说明地表下沉出现骤增现象,表明围岩和支护已呈不稳状态,应立即采取措施。

4)综合分析围岩内部位移、围岩接触压力、钢支撑内力、二衬混凝土内力,判断结构的受力情况,验证原设计的支护参数是否能满足安全要求,确保二次衬砌受力符合设计,不承受由围岩变形而产生的额外荷载,为动态优化设计提供依据。

(2)检核设计是否满足强度要求和是否经济

由量测位移值和隧道力学有关公式,反算位移 u_a 与支护阻力 P_i 和塑性区半径 r_0 的关系,由反算的 r_0 即塑性区半径可确定锚杆长度,然后将其与设计的支护参数对比,从而检核设计。由于该项计算较为复杂,施工现场按设计施工,设计在确定支护参数时考虑了一定的安全储备,所以施工现场一般不进行该项检算。但现场量测结果的这方面的作用是存在的,如需围岩变更确定支护参数时现场量测的结果对确定支护参数有着重要的指导作用。

(3)为围岩变更提出科学现证依据

1)对比地质和支护状况观察收集的施工实际地质资料与设计的地质资料,若不相符,实际地质描述资料将是施工变更设计不可缺少的重要资料。

2)对比现场量测的位移与设计的允许位移值,若不相符,现场量测的结果将为施工变更设计提供定量的数据资料依据。

3)由隧道力学的相关理论可知,应根据现场量测的位移值反算围岩的有关的岩性参数,从而确定围岩类别。

拱顶位移(垂直):
$$\delta_s = (1+u) \times a \times \sigma y [1+\lambda+(3-4u)(1-\lambda)]/2E$$

周边位移(水平):
$$\delta_h = (1+u) \times a \times \sigma y [1+\lambda-(3-4u)(1-\lambda)]/2E$$

4.6 预 警 管 理

4.6.1 围岩稳定性判断

围岩稳定性应根据监控量测结果,按下列指标综合判定。

(1)根据最大位移值判断

在隧道开挖过程中,如果隧道的实测最大位移超过极限位移,隧道很可能发生失稳破坏。因此实测位移值不应大于隧道的极限位移,并应按表4.10的位移管理等级管理。事实上,由于隧道及地下工程地质条件、环境条件、开发方式、支护形式复杂多变,极限位移的精确确定是十分困难的,因此采用实测最大位移和极限位移就比较难以操作。一般情况下,设计图纸或有关规范已给出隧道初期支护的预留变形量,为了确保围岩和初期支护不侵入二次衬砌空间,并保证二次衬砌以后隧道建筑限界准确,可将隧道的设计预留变形量作为极限位移进行控制,设计变形量应根据检测结果不断修正。

表 4.10 位移管理等级

管埋等级	管理位移/mm	施工状态
Ⅲ	$U < (U_0/3)$	围岩稳定,可正常施工
Ⅱ	$(U_0/3) \leqslant U \leqslant (2U_0/3)$	围岩变形偏大,密切注意围岩动态,加强量测,加强支护
Ⅰ	$U > (2U_0/3)$	围岩变形很大,立即停止掘进,应采取特殊措施

注:U 为实测位移值;U_0 为设计极限位移值。

1)实测值处于极限位移值的1/3以内,说明围岩的变化情况正常。

2)实测值处于极限位移值(1/3)~(2/3)范围,说明围岩的变形量比较大,需要对围岩的变形发展情况进行密切关注。

3)实测值达到极限位移值的 2/3 以上,说明围岩的变形情况出现异常,一定要对原因进行分析,并且采取相关的措施进行处理。

(2)根据位移速率判断

根据表 4.11 进行如下施工管理:

1)当位移速率大于 1 mm/d 时,表明围岩处于急剧变形阶段,为非常不稳定的异常情况,一定要对变形的发展趋势进行严密关注。

2)当位移速率在 0.2~1 mm/d 之间时,表明围岩处于缓慢变形阶段,为正常情况。

3)当位移速率小于 0.2 mm/d 时,表明围岩已达到基本稳定,可以进行二次衬砌作业。

表 4.11 位移速率管理等级

管理等级	位移速率/(mm·d^{-1})	施工状态
Ⅲ	$v<0.2$	围岩稳定,可正常施工
Ⅱ	$0.2 \leqslant v \leqslant 1$	围岩变形偏大,密切注意围岩动态,加强量测,应加强支护
Ⅰ	$v>1$	围岩变形很大,立即停止掘进,应采取特殊措施

(3)根据位移加速度进行判断

根据表 4.12,隧道围岩支护情况按下面要求进行评价:

1)当位移速率很快变小,位移-时间曲线很快平缓,则表明围岩稳定性好,可适当减弱支护。

2)当位移-时间曲线逐渐变缓,即变形加速度小于 0 时,则围岩是稳定的。

3)当位移-时间曲线匀速递增,即变形加速度等于 0 时,须发出警告,及时加强支护系统。

4)当位移-时间曲线出现反弯点时,则表明围岩和支护已呈不稳定状态,即变形加速度大于 0,已进入危险状态,此时应密切监视围岩动态,必要时须立即停工,并加强支护。

表 4.12 位移加速度管理

位移加速度/(mm·d^{-2})	时态曲线	施工状态
$\dfrac{d^2 u}{dt^2}<0$	逐渐趋于平缓	围岩稳定,可正常施工
$\dfrac{d^2 u}{dt^2} \approx 0$	直线上升	围岩变形偏大,密切注意围岩动态,加强量测,应加强支护
$\dfrac{d^2 u}{dt^2}>0$	出现反弯点	围岩变形很大,立即停止掘进,应采取特殊措施

注:u 为单次实测位移值;t 为单次量测时间间隔。

(4)二次衬砌施作控制条件

1)各测试项目的变化速率明显收敛,围岩基本稳定。

2)已产生的各项位移已达到预计总位移量的 80%~90%。

3)隧道周边位移速率小于 0.1~0.2 mm/d,或拱顶下沉速率小于 0.07~0.15 mm/d 时,方可施作二次衬砌。

4.6.2 预警管理体系

隧道施工监控根据表 4.13 进行预警管理。

表 4.13 预警管理体系

预警等级	报警指标	现象特征	相应措施
I	所有测线或测点位移小于 50% 预警值($1/3u_0$)； 变化速率小于 1 mm/d	掌子面稳定，喷层不开裂	正常施工
I_2	任一测线或测点位移达到 80% 预警值($0.533u_0$)； 变化速率达到 3 mm/d	喷层局部开裂，出现渗水现象，围岩变形趋势稳定	监测单位引起注意，增加监测频率，密切关注发展情况，通报施工单位
II	任一测线或测点达到预警值($2/3u_0$)； 变化速率连续 3 d 超过 3 mm/d	掌子面失稳，局部小塌方，大量渗水，围岩和支护位移和受力较大，地表出现裂缝	布设临时测点，通报有关各方，查找原因，研究临时应对方案
III	一个以上测线或测点达到预警值($150\%u_0$)； 变化速率连续 3 d 超过 5 mm/d	掌子面出现塌方，喷层大面积掉块，初期支护明显有较大变形	通报指挥部，采取特殊施工措施，增设临时支护

当施工中出现下列情况之一时，也应采取 I 级管理：
1) 初支结构或二次衬砌有较大开裂。
2) 洞口地表出现开裂和坍塌。
3) 洞内围岩压力有明显异常现象。
4) 时态曲线长时间没有变缓的趋势等。

4.6.3 反馈流程

隧道量测数据反馈流程如图 4.28 所示。

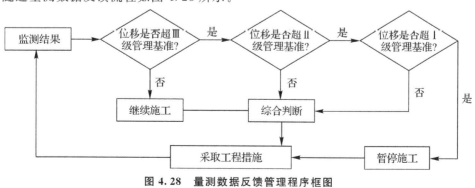

图 4.28 量测数据反馈管理程序框图

第5章 不良地质与特殊岩土段施工对策及工程案例

当隧道通过不良地质、特殊岩土地段时,若处治不当,可能带来灾难性的后果,给社会造成巨大的经济损失,甚至人员伤亡。隧道不良地质、特殊岩土地段的施工方法较多,每种方法都具有其适用性,因此在实际工作中应根据施工方法的特点进行选择。

本章主要对各种不良地质、特殊岩土地段的施工对策进行介绍,并通过工程案例说明其可行性和有效性。

5.1 不良地质与特殊岩土段施工对策

5.1.1 大变形

隧道大变形包括高地应力条件下的软弱围岩大变形、断层破碎带的松弛变形、膨胀性围岩的膨胀变形(其施工对策在5.1.8小节进行分析)以及挤压性围岩的挤压变形。它们的共同特征是断面缩小、基脚下沉、拱顶上抬、拱腰开裂、基底鼓起等。变形初期不仅变形的绝对值很大,而且位移速度也很大,如不加控制或控制不及时,就会造成不可预计的后果。

(1)施工原则

1)快。通过合理的施工方法与紧凑的工序,加强施工控制,减少开挖过程中围岩的变形,即快挖(采取全断面法或台阶法进行快速掘进的对策,即进尺及分布距离的控制)、快支(采取初期支护控制变形的对策,即初期位移速度及最终位移值的控制)、快封闭(使变形早期收敛的对策,即收敛距离的控制或位移收敛时间的控制);二次衬砌仰拱紧跟掌子面,二次衬砌紧随其后,通过二次衬砌最终控制围岩的变形,确保施工安全和结构稳定。

2)强。即支护宁强勿弱、宁补勿拆;加长锚杆、双层初支等控制变形措施,应严格按设计要求施工。

3)少。宜采用开挖分部少或大断面开挖、可快速闭合的施工方法;分步开挖后,应及时封闭成环。

4)预。这个原则包括预支护(在开挖前,针对开挖后预计的变形实态,事前采取的控制变形对策,即掌子面前方先行位移和挤出位移的控制)和预留变形量(适当加大预留变形量,根据监控量测数据,及时调整开挖预留变形量)。

(2)施工经验

1)加强掌子面稳定,包括掌子面喷射混凝土和施作锚杆、施作超前支护,预留核心土。

2)控制底鼓和加强基脚,包括向底部地层注浆,向两侧打底部锚杆、加底板或加劲肋、设底部横撑或临时仰拱。

3)防止断面挤入,包括增打加长锚杆、缩短台阶长度、下半断面和仰拱同时施工、设纵向伸缩缝、采用可缩性支撑。

4)防止衬砌开裂,包括采用湿喷钢纤维混凝土、采用加强钢筋、设纵向伸缩缝等。

5)加强监控量测工作,包括监测初始位移速度、预测最终变形、建立控制标准值。

6)加强地质预报工作,包括预报掌子面前方的地质状态、建立地质数据库并及时反馈、进行岩石特性测试等。

(3)施工措施

隧道开挖后围岩塑性变形破坏是产生围岩压力的原因,支护的目的就是限制塑性区的发展,发挥围岩自承能力。支护措施应从如何减少围岩塑性破坏出发,主动加固围岩。一是合理选择锚杆类型,提高锚杆施工效率,充分发挥锚杆对围岩变形的主动控制作用;二是优化工法,尽量少分步,实现大断面开挖,尽早封闭仰拱成环。

1)基于围岩变形的施工措施。

a.轻微变形:采用超前支护措施(超前锚杆、插板支护等)、初期支护加强措施,或采用钢架(如H型钢)加强、中长锚杆支护,可采用台阶开挖法开挖。

b.中等变形:采用超前支护措施(超前注浆小导管、插板支护等),钢架加强(如H型钢、双层初期支护)+锚杆+注浆支护等,可采用台阶法、环形开挖留核心土法等开挖方法。

c.严重变形:采用中长管棚超前支护+H型钢(单层或双层初期支护)+锚杆(索)+注浆加固等,可采用三台阶七步开挖法、环形开挖留核心土法、双侧壁导坑法等。

2)基于工程实例的处理措施。

陈寿根等人在《软岩隧道变形特性和施工对策》(人民交通出版社,2014年)中对隧道围岩大变形的施工经验及处理措施进行了总结,具体如下:

a.预留变形量。施工中通过预留20~50 cm的变形量,释放部分原岩应力,防止初期支护破坏。预留变形量必须足够(宁多勿少),防止初期支护变形过大侵入二次衬砌净空。由于预留变形量不足,进行二次扩挖是非常危险的作业,而且这对施工工期和工程成本控制不利。

b.优化开挖方式。采用短台阶法、CD法和CRD法等方法分步开挖以及预留核心土开挖的方法保证掌子面的稳定。严格控制爆破参数和循环进尺,采用减弱振动控制爆破技术,减少爆破对围岩的扰动。若采用台阶法分步开挖,上断面开挖后,钢拱架底部要有支撑结构,不能直接放置在未开挖的下台阶上,必要时设置钢筋混凝土托梁,并在底角部位加密锚杆锁脚,避免脚部支护被推出或者脚部岩体支撑力不足和下台阶开挖钢支撑悬空引起大变形。

c.掌子面预加固。在掌子面拱顶采用超前锚杆预支护、插板预支护或超前小导管预注浆加固,遇到围岩松散破碎、变形量很大或者塌方的情况,可采用长管棚的超前加固措施。在掌子面上采用4~6 m长玻璃纤维锚杆或者预注浆的措施加固围岩,减小掌子面挤压变形。

d. 支护封闭。保证不同类型支护结构相互连接、封闭,形成支护体系整体承载。锚杆端头应当和钢支撑相互连接;钢支撑、喷混凝土等初期支护要尽早封闭成环,使支护结构形成整体受力,增强支护结构的承载能力。重视隧道底部的处理,应在开挖后及时浇筑,且仰拱的曲率应加大。当采用台阶法分部开挖时,上半断面应加设临时仰拱或扩大拱脚。

e. 加强支护。加长锚杆和锚索(其端部应伸出塑性区,进入弹性区不小于总长的 1/3),必要时对锚杆和锚索施加预应力,将支护荷载通过锚杆(锚索)传递到深部稳定岩体。锚杆类型一般采用全长黏结型锚杆,使锚杆全长与围岩黏结。成孔困难时,可采用自进式注浆锚杆。如家竹箐隧道,采用了 $\phi 32$ mm、长 8 m 的自进式锚杆,锚杆带有钻头,塌孔时仍可钻进就位,砂浆从锚头灌入,尾部带有止浆塞,可保证注浆饱满,注浆压力可达 2.0 MPa,浆液压入岩层裂隙范围大。采用锚筋桩加固,如锦屏引水隧洞,采用了 $3\phi 32$ mm、长 9 m 的锚筋桩对隧洞上台阶边墙底部进行加固,以减小下台阶开挖后的围岩挤出变形,同时为上台阶的支护提供底部支撑。采用有机硅粉仿钢纤维喷射混凝土,在喷射混凝土中加入仿钢纤维,既增强了混凝土的韧性,又提高了混凝土的抗拉、抗剪强度,并减少喷射混凝土开裂。为使喷射混凝土具有更大的抗变形能力,避免混凝土喷层的过度破坏,采用间隙喷射方法,即按一定间隙,沿隧道纵向预留一定的间隙来改善喷射混凝土支护的柔性,允许发生一定的径向变形,适当减轻支护受到的围岩压力。间隙的宽度及间距应根据位移大小而定,一般纵向间距为 1.0~3.0 m,间隙为 10~20 cm。

f. 柔性支护。采用可缩式钢拱架支撑,在格栅或型钢钢架中,按一定间距预留 20cm 宽的伸缩缝,一般采用摩擦型或弹簧型,当钢架支撑的受力达到某一程度时,伸缩缝即可随之发生收缩变形,使钢架既有一定刚度,又具有一定的抗变形能力,以适应大变形的特点。施工时可缩接头处预留 20 cm 左右宽的部位暂不喷射混凝土,待可缩接头合拢或围岩变形基本稳定后,再将预留接头固定并喷满混凝土。

g. 增强二次衬砌及优化二次衬砌施作时间。常见的加强措施有以下几种:①增加衬砌的厚度,例如从 30~40 cm 增加到 50~100 cm;②当围岩变形压力大,二次衬砌不足以抵抗时,采用钢筋混凝土衬砌;③采用钢纤维混凝土代替普通素混凝土;④采用钢架混凝土,即在二次衬砌中增加格栅钢架、型钢、槽钢等一类刚性支撑;⑤改变二次衬砌结构的形状,将马蹄形断面形状改为受力条件好的圆形断面。在大变形特别严重的情况下,也可以将上述几种措施组合起来运用,如家竹管隧道同时采用了上面的①~③三种措施。大变形围岩隧道在采用了先柔后刚、先让后顶、分层支护的初期支护后,关键是确定二次衬砌最佳施作时间。如果围岩变形不充分,过早施作二次衬砌,则其可能被围岩挤压破坏;施作过晚,则变形过大,围岩过度变形松弛,侵入限界。

h. 封堵地下水。采用防渗帷幕或者高压灌浆的方法:一方面封闭围岩张开的结构面和裂隙,堵塞渗水通道;另一方面加固围岩,提高围岩强度。

i. 加强监控量测工作。监测必须紧跟开挖进程,根据监测数据进行围岩稳定性的预警和采取相应的变形控制措施。

(4)施工注意事项

陈寿根等人在《软岩隧道变形特性和施工对策》中提出了隧道围岩大变形的 12 条施工

注意事项,具体如下:

1)加强超前预报工作。开挖前预先探明要预报的掌子面前方的岩体状况,如有无地下水、有无破碎带等,做到开挖前心中有数,并做好相应的准备工作。

2)加强监控量测工作。施工过程中必须加强监控量测,特别是拱顶下沉和周边位移收敛监测,通过收集到的围岩变形信息,判定隧道围岩-支护体系的稳定状态、支护结构参数和施工方法的合理性,并据此确定预留变形量的大小、初期支护设计和二次衬砌施作时间。

3)隧道开挖应预留变形量,一次成洞,避免二次开挖引起的工期延误和成本增加。预留变形量的确定应基于理论计算和监控量测结果。

4)掌子面开挖后,应立即向包括掌子面的裸露围岩喷混凝土,以减少围岩的裸露时间,避免围岩的风化和松动。

5)避免洞内积水,有水应及时排出或抽走,防止围岩被水浸泡,避免围岩遇水软化。

6)围岩松散破碎情况下,保证掌子面稳定至关重要。为此,应控制开挖进尺(每循环以一榀拱架为宜),加强超前支护工作,保证超前支护施工质量,并预留核心土以对掌子面进行支撑,防止掌子面垮塌。

7)开挖后尽快施加钢拱架、锚杆、钢筋网和喷混凝土联合初期支护,应尽量提高初期支护的刚度和强度,特别是加强初期支护间的紧密连接,使其形成整体性初期支护。

8)钢拱架是初期支护的主要部分,当围岩变形很大时,除了增大钢拱架型号以主要提高钢支撑的横向刚度外,必要时增加纵向工字钢,将多榀钢拱架连接在一起。研究发现,隧洞底部钢拱架曲线封闭能有效控制围岩变形,建议施工中采用,封闭后用石渣回填覆盖。设置锁脚锚杆,保证钢拱架下部支撑。

9)实践证明,长短锚杆结合对控制软岩大变形非常有效,在隧洞断面较大的情况下,应尽量采用长短锚杆结合的方式。洞径大于 10 m 时,可采用 6 m 和 9 m 长的锚杆进行长短布置,同时,遇到围岩较为破碎的情况应适当缩小锚杆间距。锚杆端部要设置刚性垫块,以保证正常受力。

10)喷射混凝土不仅对防止围岩风化有效,与钢筋网和钢拱架联合支护时还能给围岩提供较大的支护力,从而防止围岩强度和弹性模量的降低。当围岩变形大到混凝土开裂失效时,应及时补喷混凝土。

11)二次衬砌能为围岩提供很大的围压(>2.5 MPa),且在 2 倍洞径内施加二次衬砌更为有效。因此,在条件允许的情况下,应尽早施作二次衬砌。

12)在保证隧洞施工安全的前提下,应尽量加快施工进度。

5.1.2 岩溶及断层破碎带地下水防治

(1)处理原则

对岩溶发育段、富水及破碎带等高风险段落的地下水采用"以排为主,防、排、截、堵结合,综合治理"的防排水原则,具体如下:

1)对地下水发育,施工时可能产生突泥、涌水等危及施工安全的岩溶、破碎带发育地段,采取"排水降压、注浆加固、加强超前支护、加强衬砌结构"的综合治理原则,通过注浆堵水加固围岩,防止突泥、突水,确保施工安全。

2)对隧道施工可能揭示的溶洞采取"查溶腔、定范围、判性质、综合治理"的处理原则。

3)施工中揭示岩溶管道水、暗河时,采取"以排为主"的治水原则,并尽可能维持原有径流路径。

4)对塌方高风险段,以加强探测、强化超前支护、优化施工方法、控制变形等为主。

(2)排水方案

隧道排水采用超前钻孔排水,通过综合超前地质预报,确定出水点位置,并分析水量、水压,据此在出水点周边通过增加排水孔对地下水进行排放,施工中根据综合超前地质预报及开挖揭示情况,确定排水孔的布置方式、孔数、排水孔长度,必要时采用迂回导坑实现隧道排水降压的目的。

(3)注浆方案

1)隧道注浆方式包括超前帷幕注浆、超前周边注浆、超前局部注浆和径向注浆四种。

超前帷幕注浆是在透水岩(土)内,以加固岩(土)体、封堵地下水运移通道为目的,采用注浆方法在隧道开挖轮廓周边及前方一定范围形成桶状注浆固结体的方法。

超前周边注浆是通过透水岩(土),以加固岩土体、封堵地下水运移通道为目的,通过注浆在隧道开挖轮廓周边一定范围形成筒状注浆固结体的注浆方法。

超前局部注浆是针对前方个别出水点、局部软弱岩(土)体,以加固岩(土)体、封堵地下水运移通道为目的,通过注浆在隧道开挖面形成"某一特定范围(需加固范围)"注浆固结体的方法。

径向注浆是隧道开挖后,在二次衬砌施作前垂直于开挖轮廓面或支护内表面进行以加固岩体或堵水为目的的注浆方法。

施工中根据超前探测成果,对可能产生突泥、涌水的地段,根据实际情况采取超前周边注浆或超前局部注浆,以避免地质灾害的发生,确保施工安全。

2)注浆启动判识标准。采用超前地质预报手段(地震反射波法和地质雷达探测法)探测地下水发育情况,用超前探孔进行验证,根据超前探孔出水量情况进行判识:超前探孔单孔出水量大于 3 m^3/h,判定有局部突水可能,则采取超前局部注浆;超前探孔有 2/3 孔满孔且总出水量大于 15 m^3/h,判定全断面有突泥、涌水可能,则采取超前周边注浆。

3)注浆参数。

a.注浆方式:帷幕注浆。

b.注浆孔布置:帷幕注浆每一循环长度为 30 m,其中正洞每循环开挖 24 m,留 6 m 作为止浆岩盘,注浆范围为隧道开挖轮廓线外 5 m;径向注浆孔按梅花形布置,注浆范围为开挖轮廓线外 5 m,每一环向间距约 100 cm,纵向间距约 100 cm。

c.注浆材料:注浆材料根据要求选用具有结石强度高、可灌性好、抗渗透、抗腐蚀、无污染、耐久性好等特点的水泥基灌浆材料。一般地段采用纯水泥浆(可根据情况采用双液浆),水灰比为 0.5:1~1:1,当岩溶裂隙发育,水量及水压大时,需根据具体情况选用具有快凝、早强、抗流失性能的水反应型浆材。

d.注浆压力:水压力加上 2 MPa。

e.扩散半径:超前周边注浆浆液扩散半径为 2 m,补注浆的浆液扩散半径为 1 m。

4)注浆施工流程。

a.在富水段采取综合地质超前预测预报措施后,获得围岩级别、综合渗透系数、岩溶发育特征、岩体的抗压强度、裂隙率、涌水量、水压等地质和水文基础资料和指标。

b.根据获得的基础资料和指标,进行突水、突泥危害性评判:当全断面可能产生突水、突泥灾害时,进行超前周边注浆;当局部范围可能产生突水、突泥灾害时,进行超前局部注浆。

c.实施超前周边或超前局部注浆。

d.评判注浆效果,若预测开挖后不会发生突水、突泥等施工灾害,则进行开挖,否则进行超前预注浆。

5)注浆工艺及要求。

a.注浆前,先进行注浆试验,初步掌握浆液充填率、注浆量、浆液配合比、凝胶时间、浆液扩散半径、注浆终压等指标。

b.孔口位置应准确定位,与设计位置的允许偏差为+5 cm,偏角应符合设计要求,每钻进一段,检查一段,及时纠偏,孔底位置偏差应小于 30 cm。

c.注浆孔开孔直径不小于 115 mm,终孔直径不小于 75 mm。

d.钻孔和注浆顺序应由外向内,同一圈孔间隔施工。

e.岩体破碎容易造成塌孔时,应采用前进式注浆,否则采用后退式注浆。

f.孔口设长 3 m,ϕ127 mm 注浆管,外漏 0.2~0.3 m,埋设牢固,并有良好的止浆设施。

g.一个孔洞的注浆作业一般应连续进行到结束,不宜中断,应尽量避免因机械故障、停电、器材等问题造成的被迫中断。因实行间歇注浆,制止串浆、冒浆等而有意中断时,应先将钻孔清理至原深度再行复浆。

6)注浆结束标准。

a.单孔结束标准:注浆压力逐步升高至设计终压,并继续注浆 10 min 以上;注浆结束时的进浆量小于 20 L/min。

b.全段结束标准:所有注浆孔均符合终孔结束条件,无漏注现象;检查孔涌水量小于 0.2 L/min;检查孔钻取岩芯,浆液充填饱满,且判定开挖不会发生突水、突泥灾害,$C \geqslant 0.45$ MPa,$\Phi \geqslant 35°$,$E \geqslant 3.65$ GPa,$u \leqslant 0.35$;注浆后实测涌水量小于 5 m³/d;浆液有效注入范围大于或等于设计值。

7)注浆安全防护措施。施工中揭示出溶洞、岩溶管道,应视其性质、与隧道的关系确定综合处理方案,建立完善处理方案,建立完善的排水系统,确定合理的衬砌结构。不得随意回填,同时为保证施工及进一步地质勘探的条件,应加强安全防护措施。

8)注意事项。

a.施工中应严格进行综合地质超前预测预报,并仔细分析地质资料,加强对突水、突泥征兆现象的监测,建立完善的施工程序制度,如有异常应尽快采取措施,撤离人员及机械。

b.可溶岩地段每循环超前预测预报资料均应向相关单位通报,以便及时调整工程措施。

c.注浆措施的实施应建立在充分的超前地质预报预测工作上,根据实际探测的隧道岩溶、断层的地质和地下水情况,对注浆堵水段落、注浆方式、注浆孔布置、注浆孔数量和长度、孔口管数量、注浆数量、材料等进行优化调整,以确保施工安全。

　　d.钻进过程中遇涌水或岩层破碎造成卡钻,应停止钻进,进行注浆,扫孔后再行钻进。

　　e.注浆过程中,若压力突然升高,应停止注浆,检查后再行钻进。

　　f.注浆过程中,注意观察止浆岩盘的变形情况,准备好加固措施。

　　g.当预测某掌子面有突水、突泥征兆时,应及时发布相关信息,并通知该工区各个施工场所,建立有效的联络系统。

　　h.应加强职工安全教育,建立应急机制,组织职工训练,确保安全应急措施顺利实施。

5.1.3　断层破碎带

(1)施工原则

施工的总体原则:加强预报,超前支护,分部开挖,全部封闭。

1)加强超前地质预报工作。超前地质预报是预防发生安全事故的基础。为了防止隧道施工中发生安全事故或灾难,必须在施工前实施超前地质预报,通过超前地质预报工作对前方的地质条件进行判断分析,以确定隧道掘进中是否需要加强安全施工的工程措施,提前进行工程设计及施工准备。

2)根据超前地质预报,对断层及高压富水地段采用全断面注浆、局部注浆、长管棚等超前支护加固措施,防止出现突水涌泥等地质灾害。

3)初期支护采用柔性支护并加强强度,做到既能抗压又能受压,防止因支护结构失稳造成大变形甚至坍塌。

4)做好监控量测和施工记录,将相关预报、监测和施工信息及时反馈至业主、设计和监理,及时调整设计参数,根据设计补充措施及时调整施工方案,动态设计、动态施工。

(2)施工措施

加强超前地质预报工作,准确预报隧道施工前方地质条件是隧道建设确定工程对策、工程措施的关键,是工程施工安全的前提,在探明地质情况的前提下采用如下方法:

1)基于断层及其破碎带规模的措施。

　　a.断层宽度、规模较小,岩体组成物为坚硬岩块且挤压密实,围岩稳定性相对较好,隧道通过这样的断层,可不改变施工方法,与前后段落的施工方法一致,避免频繁变更施工方法,影响施工进度。但过断层带要加强初期支护并采用适当的辅助措施渡过断层带,如采用超前小导管与径向锚杆配合、加厚喷射混凝土、增设钢筋网等措施,必要时可增设格栅架。

　　b.一般断层破碎带,采用径向锚杆、钢筋网、喷射混凝土、钢架等加强初期支护,并在拱部施作超前小导管周壁预注浆,对洞周岩体进行预加固和超前支护。开挖后及时施作拱部初喷混凝土、径向锚杆、挂钢筋网、钢支撑。

　　c.断层出露于地表沟槽,且隧道为浅埋,可采用地面砂浆锚杆结合地面加固、排泄地表水及防止地下水下渗等措施。

　　d.当断层宽度、规模大,岩体极破碎时,可采用双侧壁导坑法、CRD法施工,注浆管棚和钢架加强支护,适当加强二次衬砌。

2)基于系统性的处理措施。

a. 采用地震波法、超前钻探、地质雷达等超前地质预报预测手段进一步探明掌子面前方的工程地质、水文地质的活动态势等情况,主要探测断层破碎带地段岩石的强度、岩性、岩层的破碎程度、涌水压力和涌水量等情况,从而正确选择开挖方法、注浆参数及相应技术参数。

b. 当隧道拱顶处有断层破碎带、软弱夹层等不良地质存在时,在开挖前应及时进行超前预加固支护(根据现场开挖面情况,可采用双排超前小导管或超前中管棚等)。

c. 每次开挖后应及时排除危石和施作初期支护,并对判断为可能发生局部掉块和小塌方的区域,及时设置长锚杆和钢筋网,对岩面进行防护处理(锚杆长度及打入角度可根据现场情况确定,应与软弱岩层层面尽量垂直或成大角度布置,不应顺层布设,且锚杆必须配置垫板),必要时可架设钢拱架进行加强支护。及时施作初期支护,尽可能早地封闭岩面,做到开挖一循环支护一循环,防止岩体暴露时间过长而造成强度衰减。

d. 采用短进尺,控制爆破开挖。每次开挖爆破后,应对掌子面围岩地质进行素描,根据结构面的展布情况,对洞室稳定性作出初步分析判断。

e. 施工中若遇到节理密集带、裂隙发育带、水量较大或岩性变化的地方时,应特别重视,必要时采取相应的措施(加强超前支护、调整支护参数及施工方案等),以确保工程的安全与稳定。

f. 采取管棚、小导管和预注浆进行预支护。采用"早预报、预注浆、管超前、半断面、留核心、短进尺、弱爆破、强支护、紧封闭、勤测量"的施工原则保证施工安全。

g. 断层破碎带周边地下水静水压力大时,不能仅仅加强结构支护,还应结合超前支护、全断面帷幕注浆、全周边环向注浆、加强排水等措施,减小地下水对衬砌结构的不利影响。

h. 断层破碎地段,初期支护予以加强,必要时增设临时仰拱,使初期支护封闭成环。在进行下半断面开挖时会造成上半断面拱架悬空,支护结构失稳,为确保施工安全,应在拱脚处增设锁脚锚管。为尽量减少对围岩的扰动,采用微震爆破作业或人工和机械相结合的开挖方法。

i. 加强对现场作业人员的安全教育培训工作;增加安全生产投入,对作业台车等施工设备增加防护措施。

5.1.4 岩溶

当隧道存在岩溶(岩溶储水),可能造成突发性坍塌、突水、突泥等地质灾害时,施工中根据探测资料分别采取注浆加固和"引""堵""越""绕"等措施进行处理。

(1)处理原则

1)加强地质探测与预报。施工过程中必须进行综合详细的地质超前预测预报工作,调查出岩溶大小和发育情况,根据其类型特点确定合理的处理方案。隧道遇到岩溶危害时,可按其对隧道产生的影响情况及施工条件,应用超前地质预测、超前探水预报、综合物探等措施,制定超前注浆堵水、岩溶暗河、突水涌泥处治动态施工方案。

2)保证施工期间的安全。在施工过程中,喷锚支护及开挖面应在无水压和低水压的状态下作业。在进入高水压地段之前,进一步加强工作面前方地质超前预测预报,施工中根据富水情况及水压大小,采用超前帷幕注浆或限量排放等手段降低工作面水压,并在开挖时严格遵循"短进迟、弱(不)爆破、早封闭、强支护、勤量测、紧衬砌"的原则。

当隧道穿越灰岩溶蚀地段、高压水地段时，可按其对隧道产生的影响及施工条件，采取超前探测、注浆堵水、结构跨越、加固溶洞、清除填充物、回填夯实、封闭地表塌陷、疏排地表水、形成围岩注浆固结圈等综合治理措施，保证隧道施工安全。

对于溶岩及填充物的处理，可根据综合物探及超前预报成果，确定岩溶洞穴大小及其与隧道的空间关系，再根据具体情况，采用跨越、堵塞、加固、支撑桩、换填、注浆处理等措施，保证结构和施工安全。

对于岩溶及高压水的处理，为预防岩溶突然袭击和保护水资源，施工中采用综合地质预测预报及超前探测工作，再根据具体情况，采取注浆堵水及限量排放的原则，保证地下水的平衡和生态免遭破坏，确保施工和结构安全。

3)保证隧道支护安全和运营期间的使用安全。施工中注意检查溶洞顶板，及时处理危石。当溶洞较高时，应设置施工防护排架或钢筋防护网。在溶蚀地段的爆破作业，应尽量做到多打眼，打浅眼，并控制药量。在溶洞充填体中掘进时，加强超前支护措施，必要时采取预注浆加固地层。

4)保证地表生态环境不受或少受影响。为防止隧道施工可能造成的地下水严重流失，导致生态环境遭到破坏，要做好地表水、出水点的观测工作，必要时对地表进行处理。对暗河地段施工采用"以堵为主，限量排放"的原则，尽量维系暗河的既有通路，严禁随意封堵暗河。

(2)无水溶洞处治措施

根据岩溶洞穴大小及洞穴与隧道不同部位的关系，可采用以下处治措施：

1)对于拱腰以上发育大型无充填物(或填充物可清除)的溶洞，施工 I20b 型钢拱架(预留不小于 50 cm 厚做护拱)、$\phi 8$ 钢筋网 20 cm×20 cm(双层)及喷射 50 cm 厚混凝土作为护拱，并设置长 3.0 m、$\phi 20$ 锁脚锚杆；然后沿溶洞周边打设 $\phi 20$ 药卷锚杆(长 3.0 m，间距 120×120 cm，深入基岩超过 1.5 m)，设置 $\phi 20$ 筋网(间距 20 cm×20 cm)后泵送浇注 C25 混凝土填实，两侧嵌入岩石内不小于 50 cm，待混凝土强度达到 70% 后，分次泵送混凝土，回填厚度不小于 50 cm，待混凝土强度达到 70% 后吹沙回填，厚度不小于 25 cm，如图 5.1 所示。

2)对于拱腰以上发育大型有充填物的溶洞，沿溶洞周边打设超前小导管或大管棚作为超前支护，隧道开挖后初喷 10 cm 厚混凝土，然后施工 I20b 型钢拱架、$\phi 8$ 钢筋网 20 cm×20 cm(双层)及喷射 50 cm 厚混凝土作为护拱，并设置 3.0 m、长 $\phi 20$ 锁脚锚杆，在护拱保护下再施工初期支护及二次衬砌，如图 5.2 所示。

3)隧道仰拱及边墙发育大型溶洞处理方案：上部较窄的溶洞，采用 M7.5 浆砌片石回填及 C25 钢筋混凝土梁跨越，施工中预埋直径 100 mm 软式透水管作为泄水通道；上部较宽的溶洞，采用桩基及钢筋混凝土梁跨越。两种情况的处理方案分别如图 5.3 和图 5.4 所示。

4)对于隧道拱顶及拱腰以上发育深度小于 2 m 的溶洞，清除溶洞充填物后在溶洞周边打设 $\phi 20$ 药卷锚杆(长 2.0~3.0 m，间距 120 cm×120 cm，深入基岩超过 1.0 m)，待初期支护施作完成后分次泵送 C15 混凝土回填，如图 5.5 所示。

5)对于隧道边墙发育高度小于 3 m 的溶洞，用干砌片石回填，并采用厚度不小于 2 m 的 M7.5 浆砌片石进行封堵，并且每隔 2 m 设置一道 $\phi 100$ 软式透水管与路侧排水沟相连。

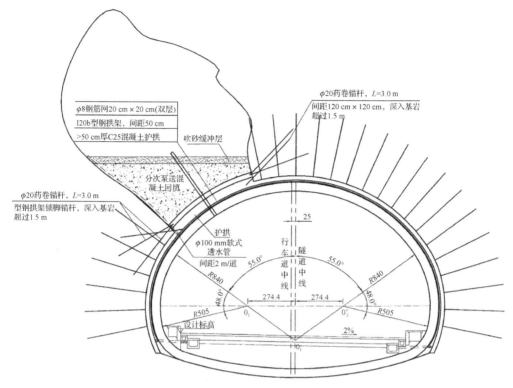

图 5.1 拱腰以上大溶洞处理方案示意图(无填充物)

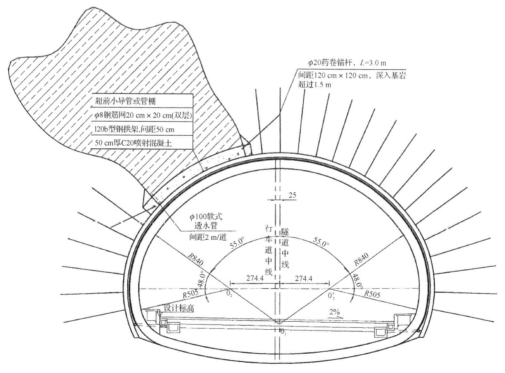

图 5.2 拱腰以上大溶洞处理方案示意图(有填充物)

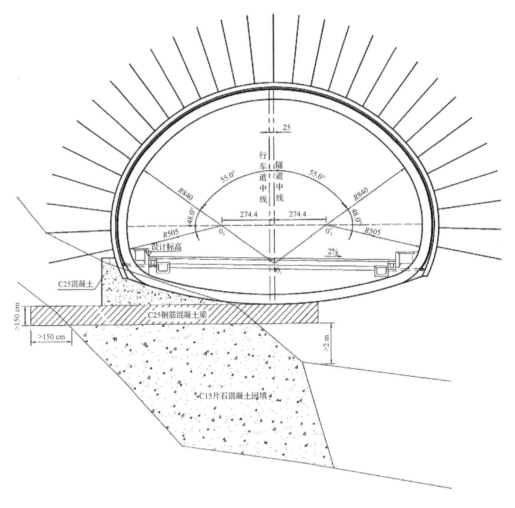

图 5.3 拱腰以下大溶洞处理方案示意图(上部较窄)

6)对于隧道仰拱及路面下发育深度小于 2 m 的溶洞,清除溶洞充填物后采用 C15 片石混凝土回填。

(3)有水溶岩洞处理

根据可能的水量大小及其对结构安全的危害程度,采取疏排与堵塞相结合的处理措施,按动态设计原则制定处理方案。

1)对于洞穴较深、充填丰满、溶岩水系发达或难以回填的大型溶洞,原则上因地制宜地根据溶岩发育规模、大小、地下水分布情况进行分类处治。

2)对于发育在隧底的有充填物及岩溶水的岩溶洞穴,原则上以疏导为主,当岩溶管道水处于可控状态时,可采用埋设过水管道,为其让出通道再回填的处理方式;当岩溶管道水较大,流速、流量较大及施工困难时,可采用深基坑泄水洞降水的处治方式。

3)对于发育在拱部及边墙的有充填物及岩溶的洞穴,原则上仍以疏导为主,当通过超前探测确定岩溶管道水较大时,可采用超前帷幕注浆堵水的处治方式。

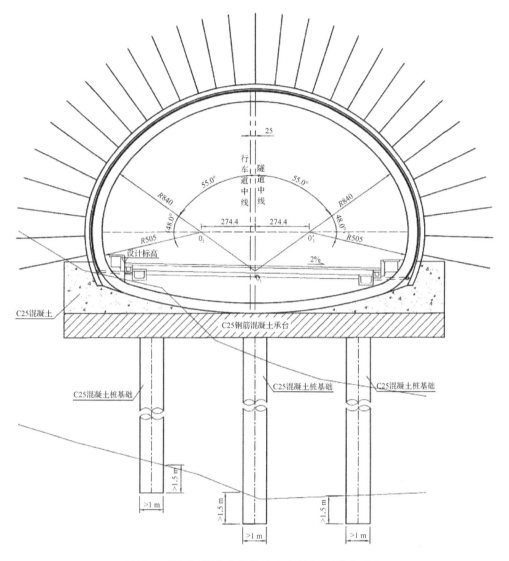

图 5.4　拱腰以下大溶洞处理方案示意图(上部较宽)

4)对于发育的岩溶、暗河等大型构造洞穴,无法以普通方式处治时,应根据超前地质预测、预报及综合物探等手段,探明洞穴(暗河)发育方式、规模、大小、与隧道的空间平面关系及其延伸方式,采取梁及拱结构跨越等方式处治。

(4)岩溶水处理

当施工中遇到岩溶水时,综合采取截、堵、排、防措施进行治理。当岩溶水水量不大时,优先进行疏导;当岩溶水量较大时,应根据实际情况分别采用帷幕注浆、局部注浆等方式进行堵水,同时应对施工可能引起的水资源漏失程度做出评价,必要时对当地生产和生活用水采取适当的保护措施。

采用综合超前地质预报手段确定注浆段落,通过注浆封闭加固,提高岩体完整性,使其成为具有一定承载能力的结构体,形成围岩注浆固结圈,以限制排水量,控制排放,并与喷锚支护共同保证施工期间洞室稳定及安全。

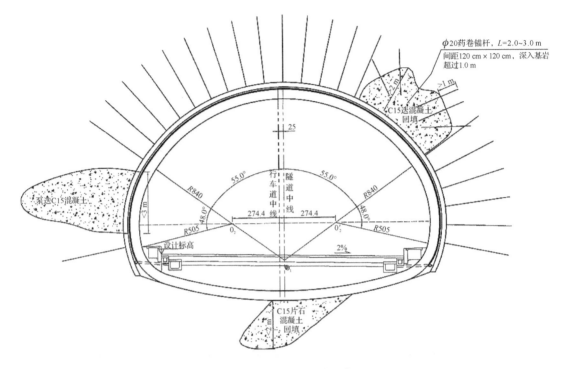

图 5.5　小溶洞处理方案示意图

注浆方式采用超前预注浆、后注浆、局部注浆、补注浆四种形式。超前预注浆,每一循环长度为 15 m,注浆加固范围为衬砌轮廓线外 3.5 m;后注浆为开挖后全断面径向注浆加固支护;局部注浆分为局部超前注浆、开挖后局部径向注浆等,根据超前地质预报探明的局部岩溶实际分布(定位、定量)或开挖后地下水渗流状态分别采用;补注浆为按上述三种注浆方式实施后,仍未达到设计要求时,根据实际情况选择上述注浆手段的一种或多种进行补充注浆。

在注浆实施过程中,根据地质超前预报揭示的地质情况、注浆工艺、注浆效果、浆液的可流性、结石强度、耐久性、注浆前后承压水和水量变化特征等注浆施工资料和相关科研阶段成果,适时对注浆方式、注浆范围、注浆标准、注浆材料等予以调整。

5.1.5　突水涌泥

(1)处治原则

隧道突水涌泥处理应符合"预防为主、疏堵结合、注重保护环境"的原则。施工中必须采取相应的防水、排水措施。根据涌水量的大小,提前封堵和疏排,同时做好应急准备,一旦发生涌水,迅速排出,以防大量地下水涌入洞内,造成危害。

采用超前地质综合探测与预报手段,准确探明前方地层岩性及赋水状况,及时反馈设计和施工,加强动态管理,实行信息化施工,采取排堵结合的施工方法,严格执行注浆工艺,防止突水涌泥造成安全事故,确保施工和人身安全。

(2)预防措施

1)加强超前地质预报。超前地质预报是我们判断前方围岩地质情况的主要手段,通过超前地质预报的反馈信息,指导施工方案和支护措施的确定。根据工程特点,超前地质预报可以采用物探与钻探相结合的方式,做到"物探先行,钻探验证",雷达显示存在不良地质情况时采用超前地质钻孔直观揭示围岩情况,为治理方案提供依据。根据钻进时的钻压、钻碴及岩芯的抗压强度、岩体抗压强度与钻孔涌水量对断层、地应力和涌水量进行探测和预报。

2)加强技术交底。隧道施工前做好施工技术交底和安全交底,工班开工前当班工程师要告诉工人存在哪些安全隐患,工人应加强自我保护意识。

3)加强信息反馈。有经验的钻爆工人打钻时对前方围岩有感知,当班工程师要经常与开挖班沟通交流,了解打钻时对前方围岩的初判,并要求工班长遇到前方围岩变化时及时反馈情况,以便采取措施。

4)设置逃生和应急救援设施。设置逃生管道(采用内径为 80 cm 的钢管,壁厚 7 mm,每节长约 3 m),隧道进洞施工前逃生管道必须到位,作为意外发生时的逃生通道;设置逃生梯,突泥突水基本都是瞬间发生的,进洞较深后在初期支护和二衬墙上设置安全梯,意外发生时若来不及逃出洞口,则可临时登上安全梯,预防被突泥突水卷走。安全梯每隔 50 m 设置一道,并采用荧光灯箱清晰标示。在掌子面附近准备食物、紧急医用物资及相关设备。

5)加强排水措施。在隧道顺坡排水施工地段,洞内废水顺隧道两侧边沟自然排至洞口,经污水处理站沉淀达标后排放至自然冲沟中;在反坡排水施工地段采用分段设置泵站、机械接力抽排方式。在右侧边墙每隔 100 m 设置一个汇水仓,利用排污泵多级接力排水,排水量同时考虑掌子面施工用水,施工用水水量按 20 m^3/h 计。已施工完毕区段积水经水沟导入临时集水坑后引至本区段水仓,逐级排至洞外。配备足够的抽排水设备,加强施工用水、排水管理,防止拱脚和基底浸泡。

(3)处治措施

突水涌泥处理措施主要包括超前围岩预注浆堵水、局部超前预注浆堵水、超前帷幕浆堵水、超前钻孔排水等。

1)超前围岩预注浆堵水。由于隧道工程地质及水文地质情况较为复杂,隧道施工阶段应坚持全程进行超前地质预报,情况未探明前不得贸然向前开挖施工。若超前探孔单孔出水量大于 3 m^3/h,则判定有局部突水可能,采取超前局部注浆;若超前探孔有 2/3 孔满孔总出水量大于 15 m^3/h,则判定全断面有突泥涌水可能,采用超前帷幕注浆方式对掌子面前方软弱围岩进行加固,并对隐伏含水体进行封堵,然后采用分部开挖方式进行掘进。

2)局部超前预注浆堵水。根据探水钻孔探明的出水点位置、水量和岩层节理、裂隙发育情况,确定注浆孔个数和位置,注浆孔孔径为 108 mm,孔深约 6 m。注浆材料主要采用单液浆,困难时采用水泥-水玻璃双液浆,水泥为 425 普通硅酸盐水泥,水灰比为 0.6~1.1,水泥浆与水玻璃体积比为 1:0.05。注浆后,总出水量小于 2 m^3/h 且一处出水量小于 0.6 m^3/h 时,即可结束注浆。

3)超前帷幕注浆堵水。全断面布置注浆孔,注浆孔孔径为 60 mm,孔深为 13~30 m。注浆材料主要采用单液浆,困难时采用水泥-水玻璃双液浆,水泥为 425 普通硅酸盐水泥,水灰比为 1.0~1.5,水泥浆与水玻璃体积比为 1:0.05,注浆压力为 2.5~4.0 倍静水压力。

4)超前钻孔排水。超前钻孔排水或坑道排水一般用于开挖面前方有高压地下水或有充分补给源的涌水,且排放地下水不会影响围岩稳定及隧道周围环境条件。超前钻孔排水和坑道排水是防止承压水突然袭击的措施。为了达到较好的效果,对地质和水文地质进行详细的调查分析,判明地下水流方向,估计可能发生的涌水量,然后设计钻孔位置、方向、数目和每次钻进深度。应备足抽水设备,在钻口预先埋管设阀,控制排水量,以防承压水冲击人身及机械设备,以及淹没坑道等意外险情发生。必要时施工人员撤出危险区。保证钻孔排出的水迅速排至洞外。使用轻型探水钻机,钻孔孔位(孔底)应在水流上方,超前钻孔深度不小于 10 m,一般在 20~50 m 之间,且满足孔底超前开挖面 1~2 倍循环进尺的要求。

5.1.6 塌方

(1)塌方的征兆

围岩的变形破坏、失稳塌方,是从量变到质变的过程,量变过程中,在围岩的工程水文地质特征及岩石力学上反应出一些征兆。应根据征兆预测围岩稳定性,进行地质预报,采取措施保证施工安全,防治隧道塌方。特殊和不良地质,如断层及破碎带、地下水、松散地层等稳定性差的围岩的变形破坏、失稳塌方,有以下征兆:

1)水文地质条件变化,如干燥的围岩突然出水,地下水突然增多,水质由清变浊等。

2)拱顶不断掉下小石块,甚至较大的石块。

3)围岩节理面裂隙逐步扩大。

4)支护状态变形(拱架接头挤偏或压劈,喷混凝土出现大量的明显裂纹或剥落等),敲击发声清脆有力,甚至发声响。

5)围岩或喷混凝土支护,拱脚附近的水平收敛大于 0.2 mm/d,拱顶下沉量大于 0.1 mm/d,并继续增大时,说明围岩仍在发生变形,处于不稳定的状态,有可能出现失稳塌方。

(2)塌方的分类

1)小塌方:塌方高度小于 3 m,或塌方体积小于 30 m³;

2)中塌方:塌方高度为 3~6 m,或塌方体积为 30~100 m³;

3)大塌方:塌方高度大于 6 m,或塌方体积大于 100 m³。

(3)预防措施

1)施工前应先了解设计文件中的地质情况及特点、难点,开展施工实际地质描述,并随时与设计对照,判断设计准确性及意图。

2)加强超前地质预报预测,做到提前预测和定量实测分析(如观察法、一般量测法、微地震学测量法和声学测量法),以便及时提出变更要求,经设计确认后调整施工方案;遇浅埋段破碎带地层、断层带、物探低阻异常区时,要认真、及时地分析和观察开挖工作面岩性变化;遇有探孔突水涌泥、渗水增大和整体性变差等现象时,及时改变施工方案。

3)施工过程中严格贯彻"先治水、短进尺、快支护、勤量测、紧封闭、早成环、稳中求快"的原则。软弱围岩开挖一定要留核心土,分台阶,下部开挖亦要前后错开,先拉边槽,不宜采用拉中槽的方法,以确保拱脚稳定。初期支护及衬砌工序要及时跟上,工序间距要尽可能缩小。

4)在软弱围岩地段,型钢拱架的基座在垂直荷载和初期支护自重的作用下,沉降量较大,一旦外力超过基底承载力极限,拱脚或墙脚就容易失稳,甚至发生拱顶坍塌,特别是在进行下半断面开挖时,需要采取有效措施,防止拱脚下沉、拱部坍塌。一般可采取如下措施:尽早施作仰拱、铺底,使全断面的初期支护尽早封闭成环。在上断面初期支护的拱脚位置设斜向外侧的锁脚锚杆,以增强初期支护的稳定性。

5)施工中突然出现大涌水、大变形及断层破碎带时必须及时改变施工方案,同时,采用光面控制爆破或预裂爆破的方法减小对围岩的扰动,控制围岩变形。

6)严格按照设计文件施作初期支护,确保锚杆的长度和间距、钢筋网的尺寸、喷射混凝土的厚度及钢拱架的间距等参数达到设计要求。

7)加强围岩量测工作。通过对量测数据分析处理,按照时间-位移曲线规律,及时调整和加强初期支护,同时注意及时施作二次衬砌。施工过程中若发现围岩量测所反映的围岩变形速度急剧加快、围岩面不断掉块、剥落、初期支护喷射混凝土表面龟裂、裂缝或脱皮掉块、钢架严重变形,则应先撤出工作面上的施工人员和机械设备,指定专人观察并进行加固处理。

(4)塌方处理依据

塌方的处理必须建立在对塌方正确认识的基础上,塌方处理方案制定不当,不但可能导致巨大的经济损失,而且可能造成人员伤亡,故一般的处理原则是先巩固后方,防止塌方扩大,然后以安全的后方为依托或掩护再向前进行处理。有关经验表明,塌方发生后在一定时间内就会趋于稳定,形成自然拱,而自然拱的高度、宽度与普氏平衡拱理论计算结果基本相符。

对塌方后的稳定情况能否做出正确的判断,是制定处理方案的关键。否则,不是冒险就是加大投入。一般情况下塌方发生后1~2d就基本稳定,除个别掉小块外,不再有大的坍塌,这时可根据工程地质资料及试验结果确定岩石坚固性系数,再根据开挖情况,按平衡拱公式确定塌方高度,与现场对照。如果计算与实际基本相符,则说明塌方已经基本稳定,否则就要慎重对待。

经过平衡拱稳定分析,确定塌方稳定后,即可着手进行处理,第一个关键步骤就是对塌穴进行喷射混凝土处理。喷射混凝土后,即使塌穴有危石或个别坍塌也会及时发现,喷射混凝土在围岩面形成一保护层,这也是判断塌方稳定与否的最有效、最直接的参照或依据。

(5)塌方处理原则

塌方处理总的原则:明晰原因、加固后方、地面处理、稳定塌体、超前支护、先护后挖。

1)明晰原因:隧道塌方发生后,首先要组织有关人员调查、了解塌方段的工程地质、水文地质情况,塌方的规模、形态、部位及其影响范围,塌体的岩性、地下水来源、水量、水压以及设计条件、施工方法、支护措施、施工控制等有关情况;然后分析原因,吸取教训,为下一步制定有针对性的、可行的、可靠的塌方处理方案提供依据。

2)加固后方:一般大型塌方的掌子面全部堵塞,部分初期支护破坏,局部初期支护开裂变形,为防止塌方继续扩大,应立即对塌方影响段的初期支护进行加固和监测。加固措施有复喷混凝土、加设临时支撑、架设型钢拱架、径向注浆、径向锚杆等。必要时提早施作套拱或二次衬砌。

3)地面处理：对于洞口段塌方和浅埋段的通天塌方，应立即对地面的塌方裂缝、排水系统进行处理。可采取塌坑回填封闭、用黏土填塞地面裂缝、在塌坑影响范围外施作截水沟（防止地表水继续下渗，引起隧道上覆土体软化、松散和失稳）、在地面布设沉降监测点、必要时对地面进行加固处理的措施。

4)稳定塌体：塌方发生后，不能急于清渣，要保持塌体的临时平衡，否则会加速塌方的扩大。稳定塌体，首先是要封闭掌子面，然后根据塌方的地质、水文（滴水）情况，采用小导管（一般长 6 m）浅孔帷幕注浆，既能加固塌体，也要起到止水的效果。若涌水量较小，可采用网喷混凝土；若涌水量较大，则要采用砂袋并喷混凝土；若涌水量很大，则要采取引排、喷射混凝土临时封闭、提前施作混凝土止浆墙等措施。

5)超前支护：超前支护和塌体预加固，是处理塌方的两个非常重要的辅助措施。一般来说，超前支护有两种形式，即小导管和大管棚＋小导管。

6)先护后挖：必须在超前支护体的保护下才能进行开挖，并按照"短进尺、强支护、快封闭、勤量测、速反馈、紧跟二次衬砌"的原则，采用上下台阶、拱部预留核心土弧形开挖、随挖随支的方法，谨慎向前推进工作面。

（6）塌方施工程序

塌方施工程序如图 5.6 所示。

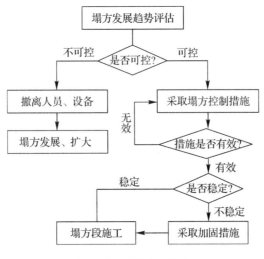

图 5.6 塌方施工程序

塌方控制措施包括喷射混凝土封闭塌体、喷射混凝土封闭塌腔表面、堆载回填、塌体注浆、临时支撑塌方影响段等。塌方加固措施包括超前管棚或超前小导管、围岩注浆、塌腔内锚杆等。

（7）洞内岩石类塌方处理措施

1)中小型塌方。对于中小型塌方，从塌腔口可观察倒塌壁的稳定性，确定是否采用清渣方案，同时根据塌腔的矢跨比（H/B）采取不同的处治措施。

当塌腔矢跨比 $H/B<0.7$ 时,采用 WNF 法处治:利用围岩暂时稳定状态,边清渣边处理,尽快采用喷锚支护加固未塌地层,即外层初期支护(简称"W");然后沿二次衬砌外轮廓施作钢筋混凝土壳体,即内层初期支护(简称"N");同时在壳体和喷锚支护之间采用钢架连成整体,沿内层初期支护外轮廓外依次设防水层、1 m 厚护拱及 1 m 以上的缓冲层,即防护层(简称"F")。当塌腔矢跨比 $H/B\geqslant0.7$ 时,采用 WF 法处治。

2)大型塌方。对于大型塌方,一般不能采用清渣方案,而是采取"注浆+管棚"整体加固方案。设置止浆墙,然后充填注浆,充填后施作管棚,在管棚支护下采用短进尺、分步开挖施工。

3)"冒顶"塌方。先处理地表塌方洞口,四周设置截、排水沟,并采用喷锚支护,根据地表稳定性情况决定是否采用地表注浆加固。洞内塌方处治方案可参考大型塌方处理,待洞内处治完毕后对地表塌方口回填加固,一般采用黏性土回填,回填后高出地表 0.5~1 m。

(8)洞内土质类塌方处理预案

土质类塌方的围岩级别一般为Ⅳ~Ⅵ级,塌方范围以外的未塌方部分稳定性差,因此,塌方规模一般较大,为大型或特大型塌方。

土质塌方不能采用清渣方案,而是采取"注浆+管棚"整体加固方案,且管棚施作后需进一步注浆加固。

5.1.7 瓦斯

(1)处理原则

瓦斯的处理原则是减小瓦斯及有害气体体积分数、避免火源,最关键的防治技术包括瓦斯检测监测、超前预报、施工通风及科学安全管理体系几个方面。通过系统、完善的瓦斯检测监测,可实时了解洞内各处的瓦斯状况,便于应急处理;通过地质分析和超前探测,掌握瓦斯赋存、运移与地质构造间的关系,以便采取针对性的措施;通过有效的通风技术,将隧道内瓦斯体积分数控制在限值以内;建立健全安全管理制度,确保无火源,在预防与管理并重的前提下才能避免瓦斯事故发生,保障施工安全。

(2)施工方案

1)建立自动监控系统,对所监控地点的有毒、有害气体体积分数实现远距离、定点、长期、连续的自动监测。建立声、光报警系统,监测指标超限时,可实现自动报警和自动断电,若发生异常则自动报警,人员自动撤离。

2)瓦斯地层施工安全措施:①预先对各有关人员进行专门训练,施工过程中设专职瓦斯检测人员,如瓦斯含量超限,应及时按规定停止作业;②加强隧道通风,风机用电单独供给;③隧道内严禁使用明火照明,不得带入火柴、打火机、手电筒及其他易燃品;④爆破使用矿用安全炸药,并使用防爆型起爆器,严禁反向起爆;⑤洞内电器设备禁止接零,检修和迁移电器设备时,不准带电作业。

3)严格执行"一炮三检制",即在装药前、放炮前、放炮后检测瓦斯。

4)设置专职瓦斯检测人员,进洞时携带光学瓦斯检定器、四合一气体检测仪,对甲烷、一氧化碳、硫化氢、氮氧化合物进行全面检测。

5)洞内电气设备、机械设备、运输设备、照明灯具、通信设备、自动化装备和仪器仪表均应选用防爆型或进行防爆改装。

6)在有毒、有害气体含量超标的地段,开挖前采取超前注浆封闭,开挖后喷射混凝土,降低有毒、有害气体涌出量。

5.1.8 膨胀岩土

(1)处治原则

泥岩、凝灰岩、页岩、泥灰岩、黏土岩、蛇纹岩、云母岩、千枚岩、长石、泥质凝灰岩及有地热效应的土质地层等具有膨胀特性。膨胀岩土隧道开挖后,洞壁缓慢向洞内挤入,挤压支撑或衬砌,使其承受很大的土压。这种膨胀变形土压,随着时间逐渐增大。有时刚开挖的土压并不大,但数天至数十天之后形成了强大的地压力;有时地压和增长率虽不大,但可持续数年之久,收敛期长。膨胀变形土压有时出现在隧道拱部、边墙、底部等局部范围,与洞内水作用和膨胀岩土分布有关。在膨胀岩土中开挖隧道,除事前需要调查膨胀岩土的特性和规模,并参考其他类似工程实例之外,施工中有必要对围岩压力、岩体流变、地下水情况进行充分的调查和量测,以便根据围岩动态采取适当的施工措施。如原设计方案难以适应围岩动态情况,也可据此做适当修正。因此,膨胀岩土隧道的施工是极其重要的,应遵循下列原则:

1)方案合理,措施得力。在明确隧道掌子面前方岩体膨胀性指标的基础上,制定合理的施工方案,在方案合理的前提下,细化各施工步骤的技术措施,有效地控制围岩变形。

2) 刚柔并举,宁强勿弱。在隧道开挖后,根据膨胀岩实际情况,选择合适的支护方式,要在一定程度上允许地应力适当释放,同时又必须遏制其过度释放而导致过大的围岩变形。因此,在支护方式上,一般采用先柔后刚、先放后抗(放即开挖小断面释放高应力,增大预留变形量,允许发生较大变形;抗即采取永久的或临时的强支护手段,分层支护)的方法。就支护强度而言,需要有足够的安全系数,避免在已支护洞段因极大的膨胀压力作用而造成支护的破坏。

3)快速支护,及时封闭成环是有效控制膨胀岩变形的关键。由于膨胀岩初期变形大,发展速度快,稳定性受地下水影响大,其施工的关键在于各施工工序的连续性及紧凑性,特别是仰拱施工尽可能提前,以降低水对隧道底板的作用,同时支护形成环状受力。

4)膨胀岩土隧道施工防排水应采用"以防为主,防、截、堵、排相结合"的原则。

5)二次衬砌拱、墙应一次施工,衬砌应与围岩密贴。当衬砌混凝土强度达到设计要求时,方可拆模。

(2)支护措施

1)支护结构宜采用"先柔后刚、先放后抗、分层支护"的设计方法。

2)在膨胀变形相对较大的地段,可采用双层初期支护,也可在初期支护内采用可缩式钢架,锚杆宜加长、加密、长短结合。

3)内轮廓设计要预留足够的变形量,预留变形量可根据围岩膨胀变量或现场监控量测数据确定。

4)隧道支护应采用复合式衬砌,初期支护可采用钢纤维喷射混凝土、预留纵向变形,二次衬砌宜采用钢筋混凝土结构,初期支护、二次衬砌均应设仰拱,仰拱曲率半径应增大。

5)由于膨胀土隧道围岩本身水稳性差,强度较低,锚杆对围岩与衬砌共同受力起着至关重要的作用,必须及时进行锚杆施工,避免由于围岩大范围的应力释放导致较大的围岩变形。

6)应采取截、排水措施,减少围岩遇水膨胀变形。

(3)施工要点

1)洞口处理。膨胀岩隧道洞口浅埋段易出现地表开裂现象,在降水的影响下极易对隧道造成破坏,主要采取以下处理措施:

a.首先施作洞口,完善天沟(截水沟),截流山体坡面水。有大的流水要尽可能远引排流。

b.夯填洞口附近隧道顶的大坑槽和洼地,避免积水下渗。

c.洞口边仰坡采取喷混凝土及时封闭。

2)开挖方式。膨胀岩隧道的开挖以最大限度地减轻对围岩的扰动为原则,根据围岩情况,一般选用机械开挖或钻爆法开挖,开挖遵循少分部、短进尺、多循环的原则。根据围岩状况和隧道设计断面大小,采用全断面法开挖或分部开挖。

a.膨胀土洞身开挖应预留3~4 m以上的核心土,避免因为膨胀土开挖面应力释放导致掌子面向外崩塌,引起事故。

b.膨胀土隧道施工工序应尽可能紧凑、有序,洞身开挖后应尽快喷射混凝土,避免膨胀土长时间暴露。

c.仰拱施工是隧道形成环向受力的关键工序,应尽可能缩短开挖面与仰拱施工之间的间距,尽快使隧道形成环向受力,仰拱开挖宜采用半幅开挖,避免全幅开挖洞顶大幅下沉、周边位移剧烈收敛而引起坍塌。

3)初期支护。采用锚喷支护能有效控制围岩变形及应力释放,防止较大的膨胀压力作用在二次衬砌刚性支护上产生巨大的破坏作用。膨胀岩隧道的初期支护主要由喷射混凝土、锚杆或锚索、钢筋网、钢架等组成。

a.喷射混凝土。①喷射混凝土分层施工,以达到控制围岩变形及应力释放的目的。一般来说,喷射混凝土分2次以上实施。②开挖后及时喷射混凝土封闭开挖面,及时约束围岩变形,降低水对膨胀围岩的作用。③膨胀岩喷射混凝土一般采用添加纤维的混凝土,并设置钢筋网及钢架。

b.锚杆(管)。①对膨胀岩体的锚固,原则上采用"边支边让"的原则,"支"是指借助一定的锚固力,约束围岩的自由膨胀变形,"让"是指由锚固约束的变形控制在一定范围以内,起到卸压的作用。必要时对掌子面进行锚固。锚杆(管)长度根据松弛圈确定,长度一般超过松弛圈不少于0.5 m。②锚杆的安设在喷射混凝土封闭开挖面后及时进行。③根据膨胀岩的实际情况,通常采用的锚固方式有普通锚杆、预应力锚杆、可拉伸锚杆、预应力锚索等。结构可拉伸锚杆通过杆体结构的设计,在工作状态能提供一定的伸长变形,达到控制变形的目的,结构拉伸式锚杆能适应较大的变形岩体的支护。结构可拉伸式锚杆主要有机械结构滑动式、杆体套筒式、孔口结构式、挤压式等。

4)施工排水。由于膨胀岩具有吸水膨胀、失水收缩的特性,所以在施工中加强现场排水尤为重要。对开挖后暴露围岩,采取早封闭、各道工序紧密衔接、连续施工的方法,尽量减小洞内水对膨胀岩的影响。

a. 膨胀性围岩隧道施工中对水处理的基本原则是：严格管理洞内施工用水，及时引排洞内渗水，尽量不积水，坚决防止洞外积水下渗。

b. 膨胀岩地段的防排水，应依据"以防为主，防、堵、截、排相结合"的原则，并结合当地的气象、水文、地质，因地制宜进行。

c. 及时施作锚喷支护，封闭暴露围岩，防止施工用水和水汽侵入岩体。隧道浅埋段的地表低洼处必须填平，小河沟（槽）采用浆砌封闭，防止地表水下渗。

d. 在有水地段，如断层破碎带、节理发育、地下水丰富地段，应采取全断预注浆封堵。

e. 拱脚、墙脚不积水，及时施作仰拱，围岩暴露地段采用设置管道、木槽或浆砌排水沟排水，避免水漫流。

f. 对于洞内渗漏水点，及时施作盲沟或采用弹性软式水管，将水引入排水沟，排出洞外。

5）二次衬砌。二次衬砌最佳施作时间根据围岩的收敛速度和总变形量来确定。在初期支护变形基本稳定后进行。

a. 各测试项目的位移速率明显收敛，围岩基本稳定。

b. 已产生的各项位移已达到预计总位移量的80%～90%。

c. 周边位移速率小于0.1～0.2 mm/d，或拱顶下沉速率小于0.07～0.15 mm/d。

d. 当围岩变形过大，长时间都不能收敛时，要提前施作二次衬砌，并对二次衬砌采取加强措施。

6）施工监测。膨胀岩土本身的遇水膨胀、失水收缩特性对膨胀性岩土隧道施工极为不利，具体表现在收敛急剧扩展、拱顶下沉加大甚至坍塌等，所以对膨胀岩隧道的监测、预警显得尤为重要。监控量测的结果综合反映了围岩动态，加强施工监测才能对围岩和支护情况作出正确评价。施工监测的主要项目有隧道内周边位移（主要为洞腰收敛位移、拱顶下沉、底鼓位移）、浅埋段地表位移以及洞内地质与水文的观测与设计对比。

7）施工特殊情况处理措施。

a. 大变形处理措施。在膨胀压力引起大变形的情况下，喷射混凝土层会出现剥落、掉块和破坏，或钢架扭曲、锚杆拉断等现象。为适应大变形的要求，初期支护可采取下列措施：①预留纵向变形缝的喷射混凝土支护，变形缝长10～30 cm；②采取可缩式钢架，每榀钢架可设2～5个可缩接头，每个接头可缩约10～20 cm；③同时加密、加长高强度锚杆，以抗御膨胀压力。

b. 底鼓的处理措施。隧道底为围岩应力释放的集中部位，未进行处理或施作仰拱时，底部容易产生底鼓现象。另外，底部的积水使围岩浸泡软化，吸水膨胀，从而产生底鼓现象，如不及时加以控制，便会产生墙脚内移、边墙剪断、拱圈破损、坍塌而导致整个支护衬砌破坏。

底鼓的防治措施如下：①膨胀性围岩隧道在施工期间及时施作仰拱，仰拱与掌子面的距离可控制为约2倍开挖洞宽，使支护尽早形成闭合结构，同时防止水流浸泡基底。②底鼓现象严重的层状岩层，采用长锚杆加固底部围岩，可提高节理裂隙面上的抗剪强度和岩体的整体刚度。在松散破碎围岩可采用注浆加固，以增加岩体的强度和整体性。③作好隧底的防排水工作，不让水浸泡底部围岩。

8)保证质量和安全的措施。

a.稳定开挖面的措施:在开挖面喷混凝土并设置锚杆,为方便开挖,可在掌子面打设玻璃纤维锚杆,以稳定开挖面。

b.加强基脚的措施:向底部地层注浆加固;向两侧打底部锚杆,支撑加底板及横向肋;设临时仰拱。

c.防止边墙挤入、底部上鼓的措施:在两侧边墙增打加长锚杆,锚杆长度要超过围岩塑性区范围;设底部横撑,打底部锚杆;修筑仰拱;缩短台阶长度,及早闭合;下半断面、仰拱同时施工;设纵向伸缩缝,采用可缩性支撑。

d.防止开裂的措施:采用钢纤维喷混凝土,设加强钢筋,设纵向伸缩缝。

e.临时卡口梁:当围岩或支护收敛变形较大或开挖软弱地段下部时,在起拱线或地面以下50 cm处增设型钢卡口梁,局部地段在地面以下施作钢筋混凝土卡口梁。

f.套拱:施作套拱也是限制围岩变形措施之一。当围岩或支护收敛变形较大或增长加快时,沿初期支护内缘套设型钢钢架,并在拱墙脚打锁脚锚杆,与其焊接在一起。

g.加强衬砌:在开挖时发生坍塌或围岩支护变形很大、长期不能趋于稳定的情况下,征得设计同意,采取加强衬砌措施以确保隧道结构安全。

膨胀岩隧道施工中的不利现象与处理措施见表5.1。

表5.1 膨胀岩隧道施工中的不利现象与处理措施

工程名称	施工中的现象	措施一	措施二
开挖面及其附近围岩	开挖正面不稳定	1.缩短一次掘进长度 2.开挖时保留核心 3.对开挖正面喷射混凝土 4.超前插板或管棚	1.减小导坑尺寸 2.加固开挖面(如开挖面加锚杆) 3.进行地层改良
	围岩承载力不足,下沉增大	1.开挖尽可能减少对围岩的扰动 2.增加基脚部喷射混凝土的厚度以增大承载面积	1.增加锚杆 2.缩短台阶开挖长度,及早闭合支护环 3.喷射混凝土做临时仰拱,进行地层改良
	发生底鼓	及早喷射仰拱混凝土	1.在仰拱处增打锚杆 2.缩短台阶长度,尽早闭合支护环 3.采取短台阶(超短台阶) 4.用正反仰拱
喷射混凝土	喷混凝土脱离甚至坍塌	1.开挖后及早喷射混凝土 2.加钢筋网 3.增加喷层厚度	增打锚杆或加长锚杆
	喷混凝土中应力增大,产生裂纹和剪切	1.加钢筋网 2.在喷层中设纵向伸缩缝 3.喷射钢纤维混凝土	1.增加或加长锚杆 2.采用可缩性支撑

续表

工程名称	施工中的现象	措施一	措施二
锚杆	轴力增大,锚杆断裂	—	1. 增加锚杆 2. 采取大承载力的锚杆
钢架	可缩性钢架变形量超出允许值或产生屈服破坏	—	1. 增加或加长锚杆 2. 设纵向伸缩缝 3. 另加 H 型钢拱架 4. 缩短拱架排距
围岩内变位	围岩内变形增大,松弛区异常增大	1. 缩短从开挖到支护的时间 2. 提早锚杆安设时间 3. 减少钻爆开挖对围岩的扰动	1. 增长锚杆 2. 缩短台阶长度,及早闭合成环 3. 用短台阶或临时仰拱法交替施工 4. 背后注浆
内净空变位	内净空变位增大,变形速率增大	1. 缩短从开挖到支护的时间 2. 提早锚杆安设时间 3. 缩短台阶、仰拱的一次开挖长度 4. 在喷混凝土开裂时设纵向伸缩缝	1. 增加或加长锚杆 2. 尽早成环 3. 用短台阶或临时仰拱法交替施工 4. 变更开挖方法

9)膨胀岩土隧道开挖应符合下列规定:

a.宜采用开挖分部少、可尽快全断面闭合的开挖方法。膨胀岩土隧道施工以对围岩尽量减少扰动、尽快全面封闭为原则,其中全断面闭合支护、衬砌尤为重要,故首选的开挖方法为全断面法。

b.施工时应采取措施预防因分部开挖而引起围岩压力及偏压力增大。

c.短进尺逐次开挖各分部断面,应依序紧跟,不得超前独进。

d.隧道周壁开挖应圆顺,可优先采用人工或机械开挖。

e.开挖后,应及时封闭暴露的岩体。

f.预留变形量应适当加大,根据现场情况进行调整。

g.膨胀土隧道地表,特别在浅埋段,如出现地裂、地沟等地质现象,在地表降水的影响下极易对隧道造成破坏,应特别引起重视,主要处理措施有:回填地裂、地沟,防止地表水流下渗;加强隧道地表排水处理,将地表水引至隧道影响范围外。

5.1.9 岩爆

(1)做好超前地质预报

在施工时,一方面可直接根据施工掌子面的地质条件,如岩体结构面产状岩体的破碎程度、岩石的变质程度、岩体强度及地质应力等,再结合设计岩爆地段,对掌子面前方的岩体条件、产状及完整性进行预测,用以指导采取预防措施。另一方面,可采用超前探测孔和 TSP(TGP)、地质雷达等物探法对前方地质进行探测,得出数据后,进行地质预测,在开挖中结合掌子面地质情况印证和纠正,并不断提高预测水平。

(2) 加强光面爆破控制,提高爆破效果

1) 采用光面爆破技术,在中等以上岩爆区,周边眼间距控制在 25 cm 以内,采用隔眼装药的方法堵塞炮泥,增加光爆效果,以使开挖轮廓线圆顺。尽量避免凹凸不平造成应力集中,以减少岩爆的发生。

2) 调整钻爆设计,采用"短进尺,弱爆破"的原则,即改用浅孔爆破,缩短循环进尺,减少一次用药量。拱部采用小药卷光面爆破措施,拉大不同部分炮眼的雷管段位间隔,从而延长爆破时间,减少对围岩的爆破扰动,减轻爆破动应力的叠加,控制爆发裂隙的生成,避免由爆破诱发岩爆,从而降低岩爆频率和强度。

3) 预先在工作面有可能发生岩爆的部位有规则地打一些空眼,不设锚杆而注水,以便释放应力,阻止围岩达到极限应力而产生岩爆。

(3) 超前应力释放

对于中等以上的岩爆洞段,在钻爆施工时,可在拱角、边墙及顶部加深钻打周边眼,然后向眼孔内喷灌高压水,对围岩进行软化,从而人为地提前加快围岩的应力释放。眼孔超前深度可取 2 m。

(4) 喷洒高压水

在隧洞开挖后,洞内围岩岩体的应力状态被破坏,所储存的应变能一部分随爆破开挖而释放出来,另一部分通过应力重组而逐步形成第二应力场。而在洞壁四周一些突出开裂岩块,还存在一定残余应力,该残余应变能在一定的时候通过岩爆这种形式释放出来,从而给施工带来一定潜在威胁。

爆破后立即向工作面及以后约 15 m 范围内隧道周边喷洒高压水,以改变岩石表面物理力学性质,降低岩石脆性,增强塑性,以达到减弱岩爆剧烈程度的目的。另外,将围岩表面冲洗干净也便于进行检查,此法一般用于轻微或中等程度岩爆。

(5) 加强初期支护

1) 轻微岩爆区。实施全断面光面爆破开挖,循环进尺不得超过 4 m,爆破、通风、找顶后对洞壁、掌子面洒水三遍,每遍相隔 5~10 min,使开挖面充分湿润,洒水喷头水柱不小于 10 m。打设洞壁环向应力释放孔,孔径 ϕ50 mm,深 3 m,间距为 1.5 m×1.5 m。挂网喷混凝土初期支护,打设 ϕ25 mm×5 mm 涨壳式预应力中空注浆锚杆,长 2 m,预应力为 50 kN,锚杆间距为 1.2 m×1.2 m,锚杆抗拔力为 160 kN。安装时,锚杆垫板要将钢筋网压住在喷射混凝土上。

2) 中等岩爆区。实施全断面光面爆破开挖,循环进尺不超过 4 m。必要时作超前 30~50 m 导洞,导洞直径不大于 5 m,可用于岩爆超前预报和释放地应力。爆破、通风、找顶后洞壁、掌子面洒水三遍,每遍相隔 5~10 min,使开挖面充分湿润,撒水喷头水柱不小于 10 m。打设洞壁环向应力释放孔,孔径为 50 mm,深 3 m,间距为 1.5 m×1.5 m。挂网喷混凝土初期支护,打设 ϕ25 mm×5 mm 涨壳式预应力中空注浆锚杆,长 2 m,预应力为 50 kN,

锚杆间距为 1.2 m×1.2 m,锚杆抗拔力 160 kN。安装时,锚杆垫板要将钢筋网压在喷射混凝土上。

对于中等以上的岩爆洞段,在钻爆施工时,可在拱角、边墙及顶部加深钻打周边眼,然后向眼孔内喷灌高压水,对围岩进行软化,从而人为地加快围岩的应力释放。眼孔超前深度可取 2 m。

(6)岩爆发生时的处理措施

1)设临时防护网:主要是防止飞石伤人和砸坏机具。

2)待避及清除浮石:在岩爆比较猛烈的时候,应在安全处躲避一段时间,待避到平静时为止;洞顶的岩爆松石要清除掉。

3)喷雾射水:岩爆后立即向工作面及工作面以后一定距离的隧道周边进行喷雾和高压冲洗,以适当改变岩石力学性质,降低岩石的脆性,将需释放的能量转变为热能。

4)加强施工支护工作:在爆破后立即向拱部及侧壁喷射混凝土,再按要求加设锚杆及钢筋网。必要时还要架设钢拱架和打设超前锚杆进行支护;衬砌工作要紧跟开挖工序进行,以尽可能减少岩层暴露的时间,减少岩爆的发生,确保人身安全,必要时可采取跳段衬砌,同时应准备好临时钢木排架等,在听到爆裂响声后,立即进行支护,以防发生事故。

5)对发生岩爆的地段,可采取在岩壁切槽的方法来释放应力,以降低岩爆的强度。

6)在岩爆地段施工对人员和设备要进行必要的防护,以保证施工安全。

7)施工中加强高地应力地段围岩量测工作,每 5 m 设置一个量测断面,每个断面在路面以上 1.5 m、5 m 位置各设一条水平测线,拱顶设一个测点,开挖时及时将量测桩埋好,做好拱顶下沉和水平收敛量测,尽早取得初始量测资料,真正起到指导施工的作用。如实记录开挖面和初期支护量测数据,根据围岩量测结果不断调整、优化施工方案,确保顺利通过高地应力地段。

(7)安全防护措施

1)给施工人员配发钢盔、防弹背心;对主要施工设备安装防护棚架;对掌子面架设移动防护架,防止岩块飞出伤人,有效地保护人员及设备安全。

2)加强现场岩爆监测、警戒及巡回找顶,必要时及时躲避。组织专门人员全天候巡视警戒及监测。岩爆一般在爆破后 2 h 左右比较激烈,以后则趋于缓和。岩爆多数发生在 0~50 m 范围和掌子面处。从地质方面来看,岩爆发生的地段有相似的地层条件和共性,使短距离的预报成为可能。听到围岩内部有沉闷的响声时,应尽快撤离人员及设备。特别是强烈岩爆地段,每次爆破循环后,作业人员及设备均应及时躲避一段时间,待岩爆基本平静后,立即洒水,喷射混凝土封闭岩面,以保证后序作业的进行。巡视、警戒人员要对岩爆段,特别是强烈岩爆段岩石的变化仔细观察,发现异常及时通知,撤离施工人员及设备,以保证安全。

3)加强对施工人员的岩爆知识教育。强化作业人员安全纪律教育以及岩爆常识、防护知识的学习;严格执行有关技术和安全操作规程;危险地段增设照明并设醒目标志。

(8)洞内作业安全措施

1)钻爆作业安全措施。

钻眼前,检查工作环境的安全状态,待开挖面清除浮石以及瞎炮处理完毕后方可进行钻眼作业;凿岩机,在碴堆上钻眼时,应保持碴堆的稳定;用电钻钻眼时,不得用手导引回转的杆子或用电钻处理被夹住的杆子;不得在残眼中钻眼。爆破作业必须按现行国家标准《爆破安全规程》(GB 6722—2014)要求实施。洞内爆破作业由工班长统一指挥,爆破时,所有人员撤至不受有害气体、振动及飞石伤害的安全地点。

装碴作业符合安全规定。装碴前将掌子面危石清除干净,台车退到 200 m 开外,安排专人负责指挥;装碴时,自卸车两侧严禁站人。装载料具时,不得超出线界。明确规定洞内各种运输设备速度:人力推车不得超过 5 km/h,动力车在成洞地段不得超过 10 km/h,在施工地段不得超过 5 km/h。行驶中严禁超车,会车时两车厢安全距离至少为 50 cm,同向行驶时两车至少相距 20 m。行人必须在人行道上行走,不准与车辆机械抢道,不准扒车、追车和强行搭车。

根据围岩稳定情况采取有效支护。施工期间,现场施工负责人会同有关人员对支护的工作状态进行定期和不定期的检查,在不良地质地段,安排专人每班检查,当发现支护变形或损坏时,立即修整加固。不得将支撑立柱放在虚碴或活动的石头上,软弱围岩的立柱底面应加设垫板或垫梁。施工中需短期停工时,将支护直抵开挖面。喷锚支护时在碴堆上作业应避免踩到活动的岩块;在梯、架上作业时,安置应稳妥,并设专人监护;清除开挖面上的松动岩体、开裂的喷射混凝土时,人员不得处于被清除物的下方;作业中如发生风、水、料管路堵塞或爆裂时,必须依次停止风、水、料的输送。对于钢架及钢筋网的安装,作业人员之间应协调动作,在本排钢架或本片钢筋网未安装完毕,并与相邻的钢架和锚杆连接稳妥之前,不得擅自取消临时支撑;在锚喷支护体系的监控量测中发现支护体系变形、开裂等险情时,立即采取补救措施。当险情危急时,人员要撤出危险区。超前锚杆或超前小导管支护时,必须有防护措施。安全员要经常进行观测与检查,并作为施工危险信号引起警惕。

2)人员及机械防护措施。

作业人员防护:在预计有岩爆发生的地段施工时,加强作业人员防护;危险期作业人员穿防砸背心、防砸鞋,有效预防岩爆产生的飞石击伤;作业时派有经验的人员进行监护,发生异常时及时撤离作业人员。

机械防护:施工机械,如挖机、装载机、出砟车易破损部位设置钢筋防护网罩;岩爆严重时及时撤离机械,待稳定时再实施支护等措施。

3)洞内作业救援逃生措施。

在隧道开挖工作面发生岩爆等险情时,为保证顺利对被困人员实施救援,从工作面开始沿隧道一侧设立救援通道。救援通道由两部分组成:逃生通道和食物通道。逃生通道采用厚度为 1 cm 的 ϕ100 cm 钢管,在隧道单侧布置,布置距离从开挖工作面开始至仰拱工作面,在隧道出现危急事故时,可以利用该通道进行逃生。

5.1.10 浅埋偏压段

(1)浅埋偏压识别

隧道偏压是指由各种原因引起围岩压力呈明显的不均匀性,从而使支护受偏压荷载的隧道。产生隧道偏压主要有以下方面原因:

1)施工原因。因施工方法不当引起开挖断面局部坍塌,从而改变了围岩压力的相对稳定性,造成应力集中而引起隧道偏压。如处理得当,一般不会影响正常施工。

2)地质原因。围岩产状倾斜,节理发育,其间又有软弱结构面或滑动面,自稳能力极差,施工中一旦受到干扰,岩体就会沿层理面滑动。

3)地形原因。隧道傍山,地面显著倾斜,侧压力较大,且隧道埋深较浅。

可以从以下几方面判断隧道是否为浅埋偏压:

1)施工原因引起的偏压。由开挖不当或支护不及时引起一侧围岩发生局部坍塌,或回填不实产生不稳定土体,人为造成了偏压的地质构造。

2)地质构造引起的偏压。地质构造常在多裂隙围岩(以Ⅲ、Ⅳ级较为突出)中引起隧道偏压,其压力分布主要与下列因素有关:①围岩的工程地质条件及控制性裂隙、节理或层理(统称为软弱面)的产状及其与隧道轴线的组合关系;②围岩扰动范围;③控制性软弱面的强度以及作用在软弱面上的法向力大小等;④隧道一侧受2个倾斜的软弱面(倾角为α)及一组节理面所切割时,会形成不稳定块体,当围岩的内摩擦角小于弱面倾角α时,岩层将沿弱面滑动并产生偏压。

3)地形引起的偏压。围岩类别、地面坡度和覆盖层厚度是判别隧道偏压的3个重要因素。一般在Ⅳ级以下围岩中,以地形引起的偏压为主。

(2)施工措施

浅埋偏压隧道在施工时既要预防由偏压造成的岩体一侧挤进、失稳、塌方甚至冒顶,同时又要预防由偏压引起的喷射混凝土裂缝、脱落、拱架扭曲变形、收敛加剧和围岩及初支结构突变、二衬混凝土开裂以及结构位移错位。若选择的施工方案有问题,方法不得当,工序不合理,质量控制不到位,就会对隧道进洞施工造成相当大的困难,对隧道质量产生危害。因此,在偏压隧道施工中,要对以上问题引起注意,对可能产生的病害进行预防,同时通过技术攻关制定出解决以上问题的施工方法。

严格遵循"超前支护、短进尺、机械开挖、勤量测、强支护、早成环"的原则,先开挖压力大的一侧,再开挖压力小的一侧。洞身掘进采用人工配合风镐、机械的方式按台阶法的施工程序开挖,仰拱超前,二次衬砌及时施作,及早封闭成环。

1)辅助措施(超前支护)。常用的辅助施工方法与措施有:

a. 洞外回填反压平衡法。该法适用于进出口段存在偏压的隧道。

施工工艺:在偏压段隧道外纵向修建各种形式的挡土墙,然后在挡墙与隧道间回填土石。

作用:使隧道两侧土压力偏异减小,同时可防止隧道施工中山体滑坡。

b. 洞外地表注浆固结法。该法适用于难以进行洞外回填反压,且围岩经注浆加固能明显提高抗剪强度的偏压隧道。

施工工艺:在偏压隧道段隧址区地表,按泰沙基理论确定的假想滑动线组成的范围内,打设$\phi 40 \sim \phi 60$ mm的钢管进行地表注浆。钢管间距和管径根据岩体的裂隙率、充填率及地表横坡大小等确定,钢管打设深度为从地表至假定滑动破裂线以下3～6 m。

当岩体裂隙率、孔隙率较大时,选用间距大、管径大的注浆方式;当岩体裂隙充填质软、充填较满、地表横坡大、围岩结构面组合不利时,选用间距小、管径大的注浆方式。

作用:通过地表注浆改良围岩物理力学特性,使围岩能承受隧道开挖后形成的高应力,并减弱隧道支护的偏压;地表钢管注浆形成钢管桩,通过地表加固注浆可形成一道地下防滑墙。

c.洞内钢管注浆固结法。该法适用于洞外无法进行辅助施工,经注浆加固能明显提高围岩抗剪强度的偏压隧道。

施工工艺:初期支护施工完成后,径向打设 $\phi42$ mm 花管,间距根据围岩的裂隙率、充填率确定,一般按 1 m×1 m 梅花形布设,花管长 4~4.5 m;注水灰比为 1~0.5 的水泥浆或水泥水玻璃浆,注浆压力为 0.5~1 MPa。

作用:固结松动圈围岩,提高围岩抗剪强度;使围岩能承受高应力,减小支护上的松动压力;使围岩与支护共同受力,减少初期支护上承受的偏压荷载。

d.径向自进式长锚杆(锚索)法。该法适用于围岩破碎、松动圈半径大、注浆效果差、偏压荷载大的偏压隧道。

施工工艺:初期支护的初次喷混凝土和钢拱架支立工作完成后,在偏压侧径向打设 $\phi32$~$\phi22$ mm 的自进式锚杆或 $\phi15.2$ mm 锚索,间距和长度按荷载大小经计算确定,通常按 1 m×1 m 梅花形布置,长度至松动圈半径外 6~8 m,注水泥浆。自进式锚杆采用型钢和钢拱架连接,将支撑墩内的钢筋伸至初期支护内,使打设的锚索、锚杆与初期支护形成整体受力。

作用:将偏压侧初期支护拉锚于未松动的原岩应力区内,增强初期支护的承载能力,自进式锚杆前期能与初期支护共同变形,后期有较强的拉锚力。

e.临时横向支撑。该法适用于偏压侧初期支护变形大、易开裂变形的偏压隧道。

施工工艺:上导坑钢架支立好后,在起拱线上用工字钢横向支撑,必要时每榀横向支撑用工字钢纵向连接。

作用:控制和减小起拱线处偏压侧大变形。

2)施工方法。偏压隧道施工的方法很多,但目前使用最多的施工方法为预留核心土短台阶分步开挖法和超短台阶分部开挖法。对于Ⅴ级软质围岩段偏压隧道,可以采用短台阶法预留核心土开挖法,并配合适当的辅助施工手段;而对于Ⅳ级软质围岩段隧道,采用超短台阶法开挖的方法能够更为有效地解决偏压问题。这两种常用的施工方法,在施工时均要注意二次衬砌距掌子面距离不得超过隧道跨度的两倍,掌子面对已施作初期支护的约束能够有效抵抗部分偏压力。

此外,隧道洞口偏压段应尽量避免仰坡开挖,而增设长度适当的偏压式明洞,在反压回填后再开展暗洞作业。隧道掘进在洞口排水系统完善及边仰坡防护加固后进行。隧道洞口段的施工步骤通常为:

a.施作洞顶截水沟,并布设地表观测网;

b.开挖和支护边仰坡,施作边仰坡上的锚杆、挂钢筋网和喷射混凝土;

c.打设 $\phi108$ mm 大管棚;

d.施作明洞并做好明洞回填工作;

e.施作偏压墙、地表注浆等确定的辅助措施;

f.采用预选的方法进行暗洞施工;

g.在施作初期支护的基础上,及时施作二次衬砌。

这里以超短台阶法为例介绍偏压隧道的施工工艺。对于Ⅳ级围岩的隧道而言,在掘进时,把开挖面划分为起拱线以上的上导坑、下导坑左侧、下导坑右侧三个部分,交替开展从开挖至支护的各道工序,三个部分施工距离以 3~5 m 为宜,具体的施工工艺流程如下:

a. 开挖上导坑,循环进尺应与钢拱架纵向间距相同,但要注意每循环进尺不得超过 1 m,喷射 4 cm 厚 C20 混凝土,并按照顺序及时支立上导坑钢拱架、打设径向锚杆、挂钢筋网片,分两次按设计厚度完成本次循环的 C20 混凝土和初期支护混凝土施工。

b. 在上导坑超前 3~5 m 的中部修建上导坑材料的运输道。分部开挖左、右侧下导坑,每循环开挖应控制在 3~5 m,边墙初喷 4cm 厚 C20 混凝土,并及时支立边墙钢架、打设径向锚杆、挂钢筋网片、焊钢架连接筋,最后分次完成 C20 边墙喷射混凝土施工。

c. 完成左右侧边墙后,即可开挖仰拱,按设计支立仰拱钢拱架,喷射仰拱初期支护混凝土,并绑扎仰拱钢筋、浇筑仰拱及充填用混凝土。

d. 始终让二次衬砌与仰拱端头保持 10~20 m 距离,铺设防水板,绑扎二次衬砌钢筋,并浇筑二次衬砌混凝土。

3)监控量测。监控量测是隧道新奥法施工的重要内容,通过监控量测,掌握围岩和支护的动态,对支护参数的选定以及保证支护结构的稳定性起到重要的作用。施工中,在洞顶上面埋设地表沉降观测桩,根据隧道的埋深大小,在拱顶、起拱线、墙腰三个部位大约每隔 3~5 m 埋设观测点,根据图纸和量测规程要求进行量测,及时整理量测数据并进行分析、处理,并在施工中及时调整支护的参数、开挖的进尺、支护参与工作的时间等,发现围岩变形速率超标,及时采取各种补救措施进行处理。

4)二次衬砌。初期支护施工完成后,及时施作钢筋混凝土仰拱,改善围岩的应力和变形状态。仰拱施作完成后,随即施作二次衬砌。量测数据表明:浅埋隧道的早期变形很快,初期支护变形较大而采取的补救措施不易实施,投资较大,工期较长,因此在初期支护完成后应尽早施作二次衬砌,加强二衬的强度和刚度,有效控制围岩的变形。

5.2 典型工程案例分析

5.2.1 大变形

在公路隧道工程施工中,塌方、岩溶塌陷、涌水和突水、洞体缩径、山体变形、支护开裂、泥屑流和岩爆是常见的地质灾害,其中大变形破坏发生的概率较大。隧道围岩大变形是围岩一类变形破坏的形式,围岩体的这种破坏属于塑性变形,变形会逐步扩大并具有显著的时间效应。它与岩爆运动的脆性破坏不同,也与被周围岩体限制的松动围岩的滑动、坍塌等破坏不同。

围岩大变形将破坏支护结构,侵入断面限界,若处理不当将造成塌方,甚至将隧道完全堵塞,极易造成严重的后果,例如损毁机械设备、施工人员伤亡、工期延误、工程成本增加。在对隧道围岩大变形进行处治时,不能机械地照搬规范和工程经验,而应该在仔细分析隧道围岩的工程地质条件和断面形式的基础上,借鉴规范和相似工程的经验,通过信息化技术进行处治,才能取得完美的效果。

(1)工程概况

1)总体设计。某隧道为分离式长隧道,左洞 1 850 m,右洞 1 845 m,左右洞最大埋深约为 164 m。隧道双向六车道,设计时速为 100 km,主动建筑界限宽 14.75 m,建筑界限高 5 m。主洞隧道内轮廓采用三心圆曲边墙结构,拱部及边墙采用 $R_1=840$ cm 和 $R_2=505$ cm 半径的三心圆,仰拱为 $R_4=2\,200$ cm 的圆弧,仰拱与侧墙间采用 $R_3=200$ cm 的小半径圆弧连接,路面以上净空面积为 102.64 m²,内轮廓总高为 10.00 m,设计标高点至拱顶高度为 8.00 m,内轮廓总宽为 15.588 m。

2)地形地貌。隧道区地处构造剥蚀低山地貌区,山势总体呈南东走向,支脉、冲沟呈树权状,地形起伏大,地表植被发育,主要为松树、灌木和杂草,通视条件差。隧址区内最高点位于隧道右侧,标高为 550 m,最低标高约为 233 m,相对高差约 317 m。进洞口位于一条东南走向的冲沟右侧山腰,出洞口位于一条东南走向的冲沟左侧山腰,进出洞口山体坡度较缓。

3)地质岩性。根据实地调查及钻孔揭露,隧道通过地段地层结构较复杂,由第四系全新统冲残坡层(Q4el+dl)粉质黏土、含砾粉质黏土、粗角砾石土、块石(主要分布在洞口),以及泥盆系上统三门滩组(D3s)泥灰岩、白云岩及石炭系下统岩关组(C1y)页岩组成。

根据本次地质调查结果,结合区域地质资料,隧址区岩性为泥灰岩、白云岩、页岩,褶皱断裂构造发育,项目区地质构造较复杂。依据物探测试成果,结合区域地质资料及钻探揭露,洞身(左线里程 ZK125+820—ZK125+900,右线里程 YK125+860—YK125+955)发育一断裂构造,破碎带宽度近 100.0 m,倾向大里程方向,倾角较陡,约为 40°。岩体节理裂隙发育,主要为风化裂隙与构造节理,它们共同构成节理系统,不同程度地破坏了岩体的完整性。岩体表层裂隙发育,较密集,多为风化裂隙,岩体多被切割成碎块状、块状,岩体破碎,裂隙面较粗糙,延展性较差;岩体深部节理裂隙较发育,多为构造节理,节理面多见铁、锰质浸染,浅部节理大多呈微张状,深部多呈闭合状,一般 3～5 mm,局部达 10～30 mm,节理面较平直、光滑,节理间距 0.3～1.0 m,部分大于 1 m,延展性一般。

4)水文地质。

a.地表水:隧址区山高林密,相对高差较大,山体连续性好,沟谷切割较深,狭长,泄流条件好,不利地表水存留,在隧道进、出口沟谷中均有小溪流,流量约为 5～10 t/h。左线隧道出口浅埋段前位于沟谷中,沟谷有溪流,地表水对隧道开挖影响较大。

b.地下水:根据沿线地下水赋存介质特征、水理性质等,可分为第四系松散岩类孔隙水、基岩裂隙水及碳酸盐岩岩溶水三类。

孔隙水主要赋存于上覆土层中,水量贫乏。进洞口处残积土覆盖层厚,主要受大气降水补给,一般不发育。岩溶裂隙水主要赋存于岩溶区岩溶裂隙及溶洞中,钻探揭露岩溶区岩溶较发育,较丰富。

基岩裂隙水可分为基岩浅层风化裂隙水和构造裂隙水两种类型。基岩浅层风化裂隙水主要赋存于基岩浅层的节理裂隙及风化裂隙中,其富水性受气候(降水)、地形、地貌、岩性等因素控制,一般含水贫乏,泉水少,流量小,仅在低洼处透水性较好的地段,含水相对较丰富,对隧道浅埋地段有一定的影响。构造裂隙水主要赋存于构造破碎带中,沿破碎带发育,富水性受构造破碎程度、岩性等因素控制,较丰富,对隧道影响较大。因此,基岩裂隙水为主要地下水类型。

碳酸岩岩溶水赋存于中可溶岩泥灰岩及白云岩中,为承压水或微承压水,其赋存于基岩的节理裂隙中,为区内最重要的含水层。另外第四系覆盖层厚度小,有利于地表水和大气降水的渗透。区内碳酸盐岩岩溶水较发育,为主要的地下水类型,裂隙破碎带等为主要富水区。水位埋深相对较深,水位随地形变化剧烈。

(2)大变形及其引发的次生灾害

隧道穿越地层为页岩、泥灰岩,岩性软弱,开挖数小时后暴露面迅速风化,岩体结构变差,强度急剧降低,遇水快速风化,崩解极快,又有一定的膨胀性,加之构造作用,结构面发育,形成层间软弱带,力学性能较差。该岩体还具有易扰动性,对卸荷松动、施工开挖(爆破)等外界环境干扰极为敏感。在开挖过程中出现的主要问题有:

1)初期支护变形时间长,远超出预留变形量限值(见图5.7),造成部分初期支护侵限,出现了边挖边换拱的非良性循环作业,甚至出现了几十米范围内施作好的二衬侵限(见图5.8)。

图5.7 拱顶下沉超过了预留变形量

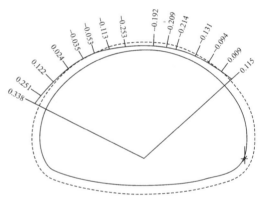
图5.8 隧道二衬侵限

2)泥灰岩、页岩开挖暴露后风化、崩解快,出现脱落掉块极小的坍塌,不施工扰动时支护变形趋于稳定,但扰动时变形将加剧,当施工工艺不当、支护措施不强、施工停留时间过长时就会出现塌方等事故(见图5.9和图5.10)。

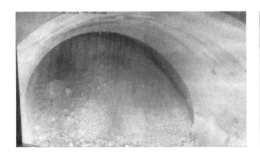
图5.9 隧道洞内塌方

图5.10 CRD法施工竖向支撑弯曲变形

3)地下水地段比干燥围岩段变形量大,洞口浅埋段变形量比洞内一般地段大。

4)初期支护与围岩变形量极大,最大超过 1.7 m,多处初期支护拱腰出现了鼓胀现象(见图 5.11);多处多次出现钢拱架严重扭曲现象(见图 5.12);浅埋段地表出现了裂缝与陷坑(见图 5.13)。在未形成封闭支护前表现为整体下沉,以沉降变形为主,最大沉降速率达 3~5 cm/d;局部地段出现了不对称性变形,产生侧向位移,可能是受到了偏压、地下水出露的影响;仰拱封闭后,下沉受到抑制,下沉速率一般不大于 1 cm/d。

图 5.11 初期支护鼓胀

图 5.12 钢拱架扭曲

图 5.13 浅埋段地表裂缝与陷坑

5)部分二次衬砌拱顶、拱腰出现了纵向裂缝(见图 5.14 和图 5.15),可能是因为初期支护未稳就施作二衬或二衬模板拆除过早或养护不到位等原因;仰拱填充也出现了开裂、冒水现象(见图 5.16 和图 5.17),可能是仰拱底部围岩较软弱、地基承载力较低、施工质量不符合要求等原因造成的。

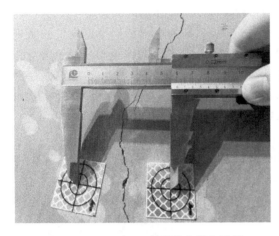
图 5.14　K126+185 拱顶偏左纵向裂缝

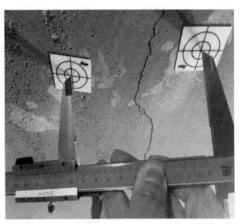
图 5.15　Z2K126+129 右拱腰纵向裂缝

图 5.16　Z2K126+129 仰拱裂缝

图 5.17　仰拱冒水

(3)原因分析

1)岩性。该隧道发生大变形及发生次生灾害的地段岩性主要为页岩、泥灰岩,围岩强度低,属于软岩。泥灰岩是一种介于碳酸盐岩与黏土岩之间的过渡类型岩石,是由粉砂及泥级碳酸盐与黏土矿物混合组成的一种松、软、易碎的较新的沉积岩。页岩是由黏土脱水胶结而成的岩石,是一种沉积岩,成分复杂,具有薄页状或薄片层状的节理。它由黏土沉积经压力和温度形成,其中混杂有石英、长石的碎屑以及其他化学物质。泥灰岩、页岩具有如下的特征:①岩层的单轴抗压强度低,围压比(地应力/单轴抗压强度)大,具有一定的膨胀性;浸水后易发生软化和膨胀,变形模量较小,抗滑稳定性极差,易导致掌子面滑塌。②围岩破碎,岩体结构完整性差,干燥时强度较大;风化速度快,透水性弱,亲水性强,遇风、遇水后围岩强度迅速降低。隧道开挖后,岩体极破碎,自稳性性差,开挖后产生淋雨状出水,导致掌子面及拱顶围岩迅速风化,强度降低,加速围岩条件恶化。从现场施工情况、拱顶下沉量测结果来看,隧道拱顶变形很大,最大下沉达到 1 500 mm,很难形成自然拱,导致隧道松动圈范围较大,支护结构受力较大,从而产生钢架扭曲、拱腰鼓起、拱顶冒顶等现象。

2)水文地质。水对挤压性岩体能起到软化作用,岩体含水量越高,其力学性质表现就会越差。在开挖隧道过程中,地下水的流动路径会发生改变,影响裂隙面的有效应力,同时岩石的抗压强度和承载能力降低,将导致岩体的稳定性降低,甚至产生剪切变形破坏。事实证明,隧道中的水会使得隧道围岩稳定性降低,这也是隧道围岩发生大变形破坏的重要原因之一。对于膨胀性变形,水的作用是其发生的必备条件,一般来说,含有胶岭石、高岭石和水云母类等矿物质成分的黏土岩具有较大的塑性变形能力,它们在吸收水分后表现为体积膨胀,这是因为这几种矿物成分本身亲水性强,遇水后极易产生膨胀。该隧道开挖时,围岩强度较高,稳定性较好,当长时间未进行支护时,受风化、地下水出露的影响,围岩力学性质迅速降低,导致大变形及其次生灾害发生。

3)应力条件。在隧道开挖过程中,扰动会使围岩体自身所蕴含的应力释放出来。因为在围岩地质构造的过程中,有些岩体本身就将较大的地应力储备其中,一旦发生扰动,较高的应力就会得到快速释放:若围岩属于坚硬的岩石,就可能引发岩爆现象;若为软岩体,则会产生挤压变形。

4)地质勘探深度不够

隧道开挖过程中揭露的地层岩性与勘探阶段提供的岩性存在一定的差别。勘察报告中缺少泥灰岩、页岩的膨胀性指标和崩解性指标,对隧道衬砌设计造成一定的影响。

5)施工工艺影响。隧道软弱围岩施工遵循"超前探、管超前、短进尺、弱(不)爆破、强支护、勤量测、紧衬砌"的原则。为防止风化作用,尽快使开挖面稳定,应立即初喷混凝土,随后打设锚杆,铺设钢筋网,再按照设计喷射混凝土,形成联合支护整体,抑制围岩变形,达到围岩快速稳定。同时,考虑到围岩的特点,选择正确的施工方法、合理的支护体系,使支护强度一次到位,避免后期变形,从而确保隧道工程施工质量和施工安全。

隧道施工过程中存在以下几个问题:隧道初期支护中的钢支撑未置于坚实基础上、清渣不干净、存在积水现象;隧道初期支护施工不规范;锁脚锚杆施作不规范;隧道初期支护停留时间过长,未紧跟衬砌;等等。现场照片如图5.18和图5.19所示。

图5.18 钢架拱脚积水、锁脚锚杆安装不规范　　图5.19 隧道初期支护施工不规范

(4)处治措施

严格遵循"超前探、管超前、短进尺、弱(不)爆破、强支护、勤量测、紧衬砌"的原则,采取

如下处治措施:

1)变更施工工法(将双侧壁导坑法变更为"三台阶留核心土+临时仰拱"方案)。原设计采用双侧壁导坑法(见图5.20)进行开挖,由于存在施工不规范、施工工序多等问题,在开挖过程中出现过多次隧道大变形、钢架扭曲、隧道初期支护拱腰鼓起以及塌方等事故。双侧壁开挖存在以下几个缺点:

第一,钢支撑安装,连接质量不牢靠,锁脚质量差,设计净空尺寸不能保证,分部施工增加了对支护的扰动频率,钢支撑易产生下沉。

第二,开挖步距过大,闭环时间过长,钢架易发生变形。

第三,临时壁墙拆除不当,初期支护可能发生变形,甚至发生回头塌。

后经专家研判,决定采用"三台阶留核心土+临时仰拱"措施(见图5.21)。采用该方法开挖后,塌方几乎没有发生过,隧道的变形也得到了很大的改善。

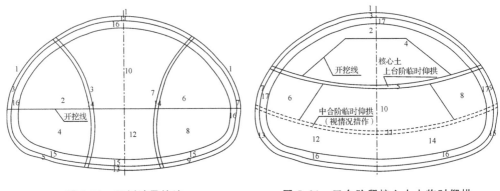

图5.20 双侧壁导坑法　　　图5.21 三台阶留核心土+临时仰拱

2)强支护(初期支护钢架采用双拼措施)。页岩、泥灰岩非常软弱,受地下水的影响导致其自承能力很差,初期变形大,变形速率高,且长时间不收敛,产生的围岩压力较大。因此,需加大初期支护的强度和刚度,依靠强硬的支护手段抑制围岩变形,防止塌方。发生大变形及次生灾害地段原施工图设计主要采用主洞I22b工字钢(间距50 cm、65 cm),后变更为双拼(层)工字钢,工字钢钢架布置间距为50 cm,主洞I32b工字钢之间采用φ22 mm的纵向连接钢筋连接,连接钢筋沿钢架内外两侧布置,环向间距为1 m,内环与外环之间按梅花形布置,钢架间纵向连接钢筋搭接长度不小于10d(见图5.22)。

施工要求:及时施作初期支护,钢架基底必须坚实,若基底受水浸泡软化,应清除软化层,换填贫混凝土;当超挖出现基底悬空时,同样应用贫混凝土回填;严禁有回填虚渣,防止型钢拱架受力后出现大下沉量。

3)预留变形量的确定。如果在极短的时间内,采用刚度足够大的支护结构对开挖临空面进行及时支护,使其维持在原始状态,这样围岩与支护结构都是稳定的,但这仅仅只是理论上的结果,而实际上是做不到的。根据隧道围岩变形的研究分析,掌子面前方一定范围内在未开挖时就产生了一定的变形(见图5.23)。因此,应允许围岩有适度的变形,这是围岩大变形处治的前提。在开挖过程中,围岩应力要重新分布,围岩必然要发生变形。此阶段应预留一定的沉降变形量,可视为"放"(但不是有意的"放"),这样可有效地避免支护侵限,达到尽量少拆换拱的目的。在形成初期支护封闭环后,支护结构则转变为以"抗"为主,利用初期支护的刚度、强度抵抗持续地压的作用,控制和抑制围岩的变形,且不会出现支护破坏。

本隧道施工图设计要求:Ⅴ级围岩洞口小净距围岩较差地段、断层破碎带和岩层接触带等围岩较差地段、Ⅴ级围岩洞身段、Ⅴ级围岩紧急停车带以及Ⅳ级围岩紧急停车带段采用双侧壁导坑法施工,Ⅳ级围岩交叉口加强段采用CD法施工,Ⅳ级围岩其余地段等采用弧形导坑留核心土法施工,Ⅲ级围岩及其紧急停车带地段采用台阶法施工。隧道预留变形量分别为15 cm、12 cm、10 cm。

由于双侧壁法施工产生了大变形及其次生灾害,后经专家咨询会研究决定采用"三台阶留核心土+临时仰拱"施工方案,隧道预留变形量确定为80 cm、50 cm。

围岩预留变形量取多少才合适、如何做到允许围岩变形而又不失稳是个难点。由于隧址地质条件千变万化,很难通过事先计算来确定,只能结合隧道跨度、开挖方式、地层条件进行预测,并根据监控量测结果及时进行调整。开始时按照勘察资料提供的隧道围岩级别并结合隧道设计规范以及类似工程的经验确定变形量,施工中可根据实际变形以及监控量测信息综合分析,动态调整。

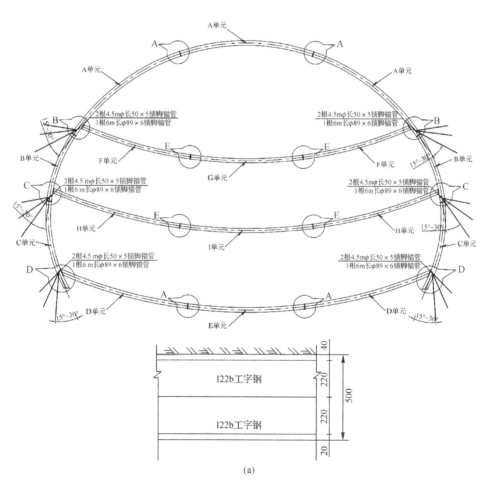

图 5.22　隧道双拼工字钢架设计图
(a)I22b 双拼工字钢钢架安装位置示意图

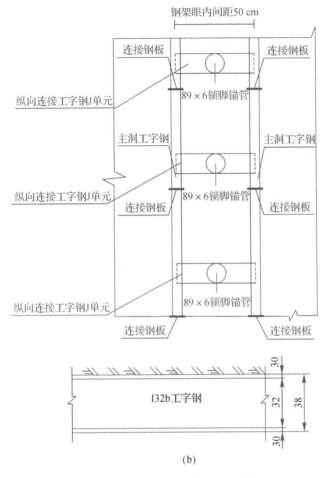

(b)

续图 5.22 隧道双拼工字钢架设计图

(b)I22b 工字钢钢架安装位置示图

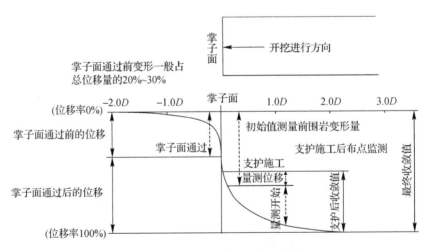

图 5.23 隧道围岩变形组成示意图

4)超前支护预加固围岩。泥灰岩、页岩为全~强风化,岩体破碎,颗粒细,含泥量较多,根据前期注浆效果分析可知,传统的注浆很难达到理想的效果。因此,对传统的注浆工艺进行了改进,采取先掘进、后注浆方式,即在下一循环开挖前完成超前导管施工,导管端头预留在喷混凝土层外,暂不注浆;由于有双叠钢拱架之间的自承拱效应以及钢管的棚架作用,超前导管尽管未注浆,仍可起到防止围岩坍塌、掉块的作用。在待开挖支护工作面超前3.5~5 m(即一个开挖循环)后实施注浆作业,这样基本不占用掌子面循环时间,不仅对已产生一定松弛的围岩起到了加固作用,同时也对初期支护背后存在的空隙进行了充填,取得了较好的效果。

5)规范施工,保证施作质量。软岩的应力释放和围岩变形与施工工艺、施工步骤息息相关,选择合适的施工工艺、规范化的施工是安全施工的保证。施工中应加强施工工序控制,重点监控,稳扎稳打,步步到位。要克服注浆质量差、锚杆打设方向随意、数量不足、钢拱架悬空、连接不牢、钢架与围岩间不密贴、喷混凝土层与围岩间不密实、喷射混凝土厚度不足、仰拱下基础不实等质量通病,注重细节,确保每道工序的施作质量。

5.2.2 塌方

隧道施工地质情况千变万化,必须根据地质情况、围岩稳定情况等,制定切实可行的预防措施。塌方以其高发性、高危性严重威胁着隧道施工安全,防塌、治塌工作已经成为隧道施工的首要问题。一旦塌方要实施有效的塌方处理方法,尽可能地减少塌方损失。

隧道塌方是施工中较常发生的安全事故之一。所谓塌方是指施工过程中由于应力作用,洞顶与两侧的部分岩石和泥沙土大量塌落的现象。造成塌落主要是因为,在开挖时,隧道周围的松软岩体由土体压力的作用而产生了裂缝破坏,还有可能是因为围岩内部早已经有节理和层理松弛剥落的现象。隧道塌方事故随时可能发生在隧道施工的整个过程中,隧道开挖、施工支护甚至隧道衬砌之后都有可能发生塌方。

隧道塌方带来的后果不可谓不严重——不仅对施工人员造成极大的人身安全威胁,还延长了隧道的施工工期,增大了工程预算,极大程度地破坏了机械设备,降低了施工单位的施工质量。隧道塌方有高发性和高危性两大特点,除了给施工安全带来严重的威胁外,还造成了不良的社会影响。下面以隧道的地表塌陷、洞内塌方处治工程为例,详细介绍隧道塌方的处理过程,为类似的隧道塌方预防及处治提供思路和参考。

5.2.2.1 地表塌陷

(1)工程概况

某隧道左线长2 198 m,右线长2 152 m,是一座上、下行分离的六车道高速公路长隧道。ZK6+595—ZK6+635段设计为V级围岩浅埋段,隧道埋深约30 m,围岩主要为松散结构的含砾粉质黏土,即为土质围岩,岩性较软,呈散体状结构,掌子面潮湿,自稳能力极差,初期支护类型为S-Vt型,如图5.24所示。

ZK6+595~ZK6+635段原设计具体支护参数如下:

1)超前支护:$\phi 60\times 4$小导管,$L=6$ m,350 cm(纵)×40 cm(环);$\phi 42\times 4$斜向小导管,$L=4.5$ m,50 cm(纵)×80 cm(环)。

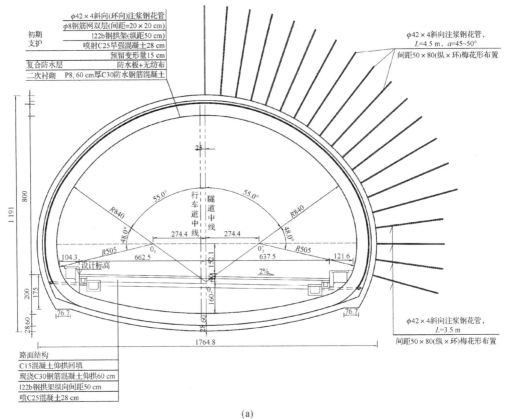

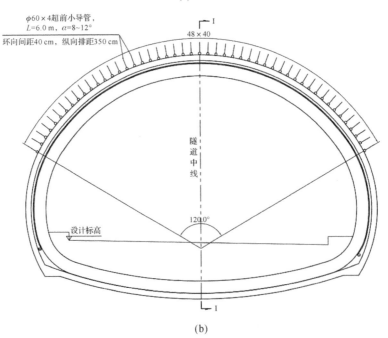

图 5.24 隧道 S-Vt 设计及超前支护示意图

(a)初期支护 S-Vt 结构设计图；(b)超前支护设计图

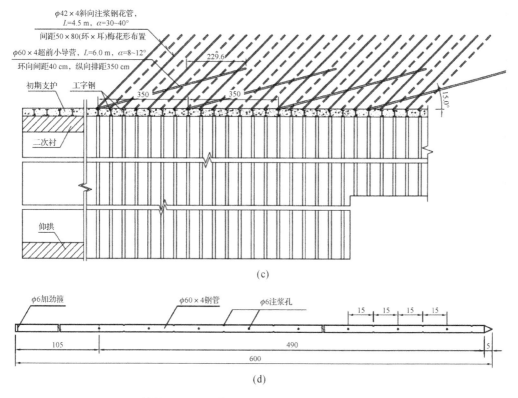

续图 5.24 隧道 S-Vt 设计及超前支护示意图

(c)I-I 断面图;(d) 钢花管大样图

2)系统锚杆:$\phi 42 \times 4$ 径向小导管,$L=3.5$ m,50 cm(纵)$\times$80 cm(环)。

3)衬砌参数:28 cm 厚 C25 喷混凝土+$\phi 8$ 双层钢筋网片(20$\times$20cm)、I22b 工字钢架(纵向间距 0.5 m)+60 cm 厚 C30 防水钢筋混凝土。

原设计采用双侧壁侧导坑方案进行施工,本段施工循环程序大致如下:①主洞长管棚施工;②左侧导坑施工(完成长度 28.8 m);③右侧导坑施工(完成长度 28.8 m);④主洞中部施工(完成长度 28.8 m);⑤仰拱、二衬施工(完成长度 28.8 m);⑥下一个循环施工布序开始。

(2)塌陷情况及原因分析

ZK6+595—ZK6+635 段实际地质情况:掌子面施工至 ZK6+600 时,左洞左导坑上台阶超前支护施工至 ZK6+600 处,掌子面产生自然坍塌,导致隧道顶地面产生塌陷,塌陷面距洞顶高度约为 23 m,塌腔深度约为 4.5 m,塌腔面积约为 25 m^2,同时 ZK6+600~2K6607 段左导坑上台阶初支被拉裂。其塌方原因如下:

1)地质情况:塌方地段岩层揭示为全风化黑云母花岗岩,无黏结能力,自稳性极差,洞内塌方土体为全风化黑云母花岗岩,无渗水。

2)施工情况:①该隧道采用双侧壁侧导坑施工,两侧的钢支撑安装、连接质量不牢靠(侧壁导坑拱顶的钢支撑安装很难符合设计要求),锁脚质量差;②开挖步距过大,闭环时间过长,钢架发生变形;③超前支护措施不到位。

(3)处理措施

2020年7月6日,隧道左洞ZK6+605处左上导坑出现塌陷,隧道顶地表出现约5 m(长)×5 m(宽)×4.5 m(高)的地表沉陷。2020年7月7日,总监办组织业主、监理、设计、施工单位四方进行现场踏勘,就处理方案形成如下纪要:

1)对ZK6+600—2K6+607段左导坑上台阶进行反压回填,外露面按1:1.5控制,增加掌子面稳定性。

2)对塌方点进行变形监测,加强地表沉降和洞内拱顶下沉观测。

3)在洞顶塌腔进行临时覆盖,做好临时排水,修整塌腔四周,呈漏斗状,采用C15泵送混凝土填充山体塌腔,厚度为1.5 m,顶面用黏土隔水层覆盖,待洞顶塌腔处理完成后,用C15泵送混凝土进行拱顶周围空腔填充,确保钢供架周围密实,无空洞。

4)ZK6+600—2K6+607段左导坑上台阶已开裂的初支采用4 m长的$\phi 42$ mm×4 mm注浆小导管进行加固,环向间距为50 cm,纵向间距为100 cm;上断面每榀工字钢增加4 m长的$\phi 42$ mm×4 mm锁脚钢管。

5)对ZK6+607—ZK56+624段采用$\phi 89$ mm×6 mm管棚进行超前支护加强,长度为17 m,分两环施作,每环管棚长度为10 m,环距为0.4 m,搭接3 m,外插角不大于12°,拱部120°范围,共45根;钢管施作完成后及时进行水泥注浆加固塌方土体;如施作钢管对中导洞钢拱架有影响,需要增加临时支撑。

6)将ZK6+607—ZK56+624段拱架间距由原设计的50 cm调整为40cm,钢拱架纵向连接筋加密(主洞钢拱架$\phi 22$ mm纵向连接筋及侧导坑钢拱架$\phi 16$ mm纵向连接筋均由设计环向间距1 m变更为0.5 m,其他支护参数不变)。

5.2.2.2 洞内塌方

(1)工程概况

隧道右线全长2 528 m,左线全长2 544 m。地层岩性主要为第四系全新统残坡积粉质黏土,下伏为寒武系中组变余砂岩、砂质板岩。隧道右线K162+735—K163+100、K163+144—K163+118围岩主要为中风化变余砂岩与砂质板岩,节理裂隙较发育,岩体完整性较差,埋深小的部位以拱部松动变形为主,埋深大的部位,有明显塑性变形和挤压破坏。施工时,多以面状滴水为主,局部可能出现线流现象,雨季时可能出现雨淋状渗水。

(2)塌方情况

隧道右线K163+144—K163+118段衬砌形式为FS3-2(初期支护无钢拱架,为素喷混凝土),2021年9月3日,隧道右线K163+144位置在下台阶施工过程中,K163+144—K163+118段右侧拱腰沿外倾结构面坍塌,形成塌腔。经现场勘测,塌腔平均高度为5 m,平均深度为2 m,塌腔处岩性为变余砂岩夹薄层状砂质板岩,层理较发育。

2021年9月8日上午11:44,隧道右线掌子面K163+033位置上台阶施工过程中,K163+063—K163+033段右侧拱腰沿外倾结构面坍塌,形成塌腔(见图5.25),经现场勘测,塌腔平均高度5.5 m,塌腔平均深度4 m,塌方体积约950 m³,塌腔处岩性为变余砂岩夹薄层状砂质板岩,层理较发育。此次坍塌距离9月3日塌腔段55 m,位于同一方向和同一外倾结构面。

图 5.25 塌方现场照片

2021年9月9日上午10点,K163+144—K163+063段已完成的初支出现不规则纵向裂缝3条,已产生3次小范围坍塌,K163+063—K163+118沿隧道纵向产生多条不规则裂隙(见图5.26),裂隙范围包括边墙右侧及拱顶,方向为沿隧道轴线方向。

图 5.26 塌方现场及喷射混凝土裂缝

2021年9月18日凌晨3:30施工至K163+098时,K163+098—K163+063段右侧拱腰至拱顶发生坍塌,经现场勘测,塌腔高度约为6 m,塌腔平均深度约为3.5 m,塌方体积约为1 100 m³,塌腔处岩性为变余砂岩夹薄层状含炭质板岩,岩体层理平缓,发育一组楔形节理,楔形体在重力作用下产生坍塌。

(3)原因分析

1)地质情况:塌腔处岩性为变余砂岩夹薄层状砂质板岩,层理较发育,地质结构构造不利于隧道围岩稳定。

2)初期支护设计参数:隧道右线K163+144—K163+118、K163+063—K163+033段衬砌形式为FS3-2;C25湿喷混凝土厚10 cm,单层钢筋网;局部拱采用ϕ22 mm药卷锚杆,长度为2.5 m,间距为1.2 m(环)×1.2 m(纵),无钢拱架。设计参数有点薄弱。

3)施工因素:施工单位的工艺存在问题,管理不到位,爆破设计参数不合理等综合施工因素导致塌方的发生。

(4)处理措施

1)将 K163+118—K163+063 段衬砌形式变更为 FS3-1,K163+063—K163+033 段塌腔增加 I20a 工字钢,纵向间距 0.5 m,分上下导开挖,每榀拱架对称设上、中、下三排共计 12 根锁脚,锁脚为长 6 m 的 ϕ42 mm 注浆小导管,内外布设双层 ϕ6 mm 钢筋网片。初支钢架及超前锁脚完成后,及时采用 C25 湿喷混凝土封堵塌腔段,塌腔段顶部预留多孔 ϕ220 mm 透气管,采用泡沫混凝土回填塌腔体。YK163+063—YK163+033 段塌腔体加临时支撑并及时初喷,坍塌体右侧采用 ϕ108 mm 管棚注浆加固,长 40 m,初支采用 FS4-1 支护形式,塌方体上方预埋 ϕ220 mm 管,以备后续填混凝土造壳 2 m。

2)对 K163+144—K163+118 段塌腔增加 I14 工字钢,工字钢环向长度为 7.3 m,纵向间距 1 m,每榀拱架设上、中、下三排共计 6 根锁脚,锁脚为长 4 m 的 ϕ42 mm 注浆小导管,内外布设双层 6 mm 钢筋网片,塌腔采用 C25 喷射混凝土回填。

3)K163+118—K163+144 段二衬采用钢筋混凝土加强,ϕ22 双层主筋间距为 25 cm×25 cm,底部采用条形基础。

5.2.3 岩溶暗河与岩溶水

岩溶水中的暗河对隧道的影响最大。暗河是存在于石灰岩或熔岩地下洞穴通道中的集中地下水流,主要是在喀斯特(岩溶)发育中期形成的。它往往有出口而无入口,以石灰岩地区最为常见,是岩溶地区地下水存在的一种形式。暗河的空间分布受岩性、地质构造和排水基准面的控制。在地层褶皱的轴部、裂隙和断裂部位、可溶岩与非可溶岩的接触处和排水基准面附近常发育暗河。在均质灰岩褶皱平缓的地区,暗河常常发育成树枝状;在岩性及地质构造复杂的地区,暗河多呈单支出现或形成支流集中在一侧的不对称形态。

在铁路和公路隧道建设中,由岩溶水引起的一系列灾害时有发生。对近年灰岩地层隧道的统计分析表明,约有 80% 的隧道遇到不同程度的岩溶涌水问题。岩溶突水、涌泥会给隧道施工带来淹没坑道、毁坏机具等危害,甚至造成人员伤亡、施工中断、工期延误、造价增加,如南岭隧道、大瑶山隧道、梅花山隧道等施工期间都遭遇了突涌水灾害。岩溶突水、涌泥,将造成地表塌陷、沉降变形,严重影响地面建筑物安全,使地下水位下降,影响周围生态环境。如大瑶山隧道从施工到运营,地面先后出现陷坑数百个,涉及范围大至几平方千米,甚至于运营期间隧道内涌砂,中断行车。

隧道防排水必须遵循"防、排、截、堵结合,因地制宜,综合治理"的原则。岩溶地区的地下水为岩溶暗河管道水和岩溶裂隙水,一般情况下,除对周边地表环境有特殊要求的采用堵水措施外,其他情况宜采用防、排、截等措施。这是由于岩溶及岩溶水的发育在宏观上有一定的规律性,但从微观上有许多不确定性,因此堵水困难、代价高、风险大、效益相对较差。岩溶水的治理应根据岩溶所处的地质条件,在充分调研和论证的基础上进行,才能取得良好的效果。

(1)工程概况

某隧道整体呈南东~北西走向。右线设计里程桩号 K4+145—K8+471,全长 4 326 m;左线设计里程桩号 Z1K4+140—Z1K8+453,全长 4 313 m。洞内向出口大里程方向为 2% 的上坡。

1)地形、地貌。隧址区海拔高程介于 1 650.45~1 959.172 m 之间,相对高差为 308.722 m,属于中切割低中山地貌区。

2)地表水。隧址区进出洞外侧均有常年地表水发育,河床纵坡较小,具有山间河谷暴涨暴跌的特征,最高洪水位涨幅约为 1 m。河流宽度约为 2~4 m,水深约为 0.2~0.5 m,调查期间水流量约为 1 m^3/s;隧道洞身段季节性冲沟呈树枝状发育,水量大小不一,总体水量均不大,调查期间水量不等。

在隧道洞身段 K5+775—K6+830 地表处为青草凹水库,水库面积约为 11 560 m^2,水深约 3.5~5.0 m,有地表常年流水补给,该处位于青草凹向斜核部,地形上表现明显的负地形,地下水丰富,地表水、地下水均向该带汇集,对隧道有一定的影响,施工中应特别注意。

在隧道洞身 Z1K6+300—ZK6+400 段地表左侧 50 m 处为清水沟水库,水库面积约为 16 000 m^2,最大水深约为 10 m,有地表流水常年补给,该水库底部高程约为 1 867.0 m,该处隧道设计高程约为 1 690 m,相对高差约为 177 m,该段地层以砂岩为主,为相对隔水层,地表水向山沟汇集后沿山间沟谷顺流,对隧道影响一般。

根据走访调查发现,现在两座水库均为水塘,水库水位受季节性影响,变化幅度为 1.0~1.5 m。据水库管理人员介绍,自建水库以来清水沟水库从未干涸过。这说明水库底较为稳定,入渗量较小。青草凹水库旱季干涸过,说明水库受地表水补给影响较大,受区内降雨量和季节控制。

隧址区降雨充沛,植被茂密,地表水系较发育,地表水主要接受大气降雨的补给,汇水面积较大,径流量受区内降雨量和季节控制。

3)地下水。隧道区地下水为第四系孔隙水类型。根据 24 h 稳定水位观测,地下水位埋深为 8.00~47.80 m,地下水位标高为 1 637.42~1 820.61 m。隧址区第四系孔隙水多赋存于第四系松散土体中,多以潜水形式出现,水位严格受季节控制,径流途径较短,水量甚微;基岩裂隙水埋藏于寒武系、志留系岩层的构造裂隙和风化裂隙中,受地形地貌、气候、地层岩性及构造裂隙和风化裂隙发育程度的控制,水量相对较大,调查期间隧址区沟谷地带均有泉点出露。

4)地层岩性。根据地质调查及钻探、物探揭露结果,拟建隧道区范围内主要地层为第四系残坡积(Qel+dl)层(粉质黏土、碎石土)、第四系冲洪积(Q4el+dl)层(粉质黏土)、志留系地层(砂岩)、寒武系地层(泥岩、砂岩、泥质砂岩、页岩、粉砂岩)。

5)地质构造。隧址区属构造侵蚀剥蚀低中山地貌区,区域地质资料及地质调查结果表明:隧址区 Z1K5+780 一带为青草凹向斜核部,两侧产状相反,隧址区进口段属于青草凹向斜西侧。青草凹向斜皱褶轴呈南-北向展布,轴部在青草凹一带,东西两翼均被断层所切,出露不全。轴部为寒武系沧浪辅组($\in_{1c}$)地层。岩石产状西翼倾向东,倾角 20°~30°不等,东翼倾向西,倾角 10°~40°。该皱褶对拟建隧道有一定影响。地形上表现明显的负地形,地下水丰富,地表水、地下水均向该带汇集,施工中应特别注意。

隧址区 Z1K7+850 处与大荞地断裂(F_2)大角度相交,该断裂是小江大断裂的分支派生构造,断裂西盘出露寒武地层,断裂东盘出露志留系地层,断层两侧地层缺失、不连续,地形上表现明显的负地形,断裂带中断层泥、碎裂岩明显,碎裂带宽为 40~50 m,倾向为 270°~300°,倾角为 70°~80°。围岩级别低,并有在此突水的可能。断裂两侧地层缺失、不连续。该断裂对隧道有一定影响。

(2)岩溶暗河

2017 年 10 月 16 日早上,隧道出口左洞 ZK8+322 掌子面出渣时揭示一处溶洞,10 月 27 日爆破后进一步明确该溶洞发育有一条暗河,暗河宽 3 m,目测长度约为 60 m,水流缓慢,水流方向由左洞流向右洞,在隧道右洞出口右侧(行车方向)发现一处出水口。

该处揭示围岩岩性为灰岩,非地勘资料中所表述的砂岩,岩体破碎,该处埋深约 64 m,原设计采用 SF4c 衬砌即初期支护采用 25 cm 厚喷射混凝土(C25)、3 m 长的系统锚杆间距为 1.2 m(环)×1.0 m(纵),$\phi 8$ mm 钢筋网(间距 20 cm×20 cm),I16 工字钢(间距 1.0 m);的二衬钢筋混凝土(C30)厚 50 cm;三台阶法施工。

左洞出口溶洞横向宽约 18 m,纵向长约 21 m,深约 11 m,体积约为 3 326.26 m³;右洞出口溶洞横向宽约 24 m,纵向长约 2.7 m,深约 8 m,体积约为 518.4 m³;左右洞之间溶洞体积约 486 m³;左洞出口 ZK8+311.2 左上方溶洞的体积为 248.6 m³。

截至 2017 年 11 月 19 日,右洞出口掌子面掘进至 K8+361.2,开挖时隧底揭示存在溶洞,证明左洞出口和右洞出口连接在一起。10 月 19 日进行了地质雷达探测,绘制出口左右洞溶洞暗河平部面图。

根据地勘资料、超前地质预报资料等综合分析,初步判定隧道右线 K8+360~K8+375 段共 15 m 为暗河影响段,左线 Z1K8+300—Z1K8+330 段共 35 m 为岩溶影响段,如图 5.27 和图 5.28 所示。

(3)原因分析

施工过程中揭示该处围岩为灰岩,非原地勘资料描述的砂岩。在隧底、侧墙、拱顶均有溶洞,并在基底有一条宽 3 m,长约 60 m 的暗河。为此,对隧址 ZK8+438~ZK7+600 进行了补勘,发现隧址区存在石灰岩,与原地勘资料存在一定的出入。

1)地层岩性。寒武系石灰岩,灰~灰黑色,中厚层状,以中层状为主,为强~中风化,以中风化为主,岩溶发育,地表露头溶面、溶沟、溶槽、溶孔发育。岩层产状 225°~240°∠229°~36°~60°,岩质坚硬、性脆,灰黑色石灰岩炭质成分增多,岩石硬度较小,柔塑性增大,呈中薄层状,岩石力学强度稍低;灰色石灰岩岩质坚硬、性脆,属较坚硬岩,为中厚层块状结构,岩体较完整,节理裂隙发育三组:$J_1=192°\angle 78°$,3 条/m;$J_2=256°\angle 40°$,3 条/m;$J_3=170°\angle 44°$,2 条/m。

2)地质构造。隧道左线 ZK8+250 处的志留系与寒武系地层呈角度不整合接触界线,其中间缺失奥陶系地层,沉积不连续。因此,接触带古风化壳发育,岩体破碎,具一定的富水性,围岩易坍塌、冒顶。

隧道左线 ZK8+322 里程段揭示 N15°~30°E∠62°~75°导水断裂构造破碎带,宽约 5~10 m,在掌子面下方裂缝宽 3.0 m,深约 11.0 m,为岩溶水通道,横向延伸约 25 m。

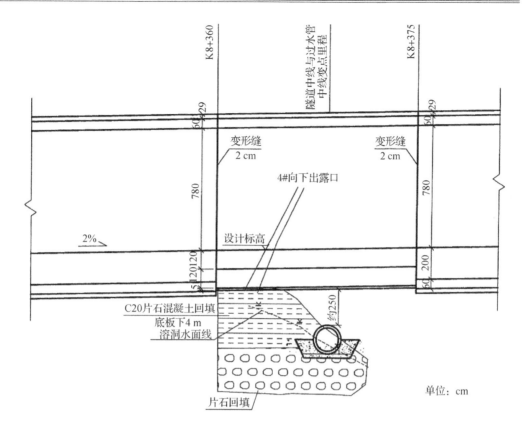

图 5.27　K8+360—K8+375 段溶腔纵断面图

据物探、遥感及地调资料,导水断裂构造呈 N15°～30°∠62°～75°,判译延伸长度约为 450 m。

隧道出口 ZK8+438 正处于断裂构造 F_1 和 F_2 的夹持区地带,次级断裂构造发育,左侧沟谷内有 6 条,右侧沟谷内有 3 条。主、次断裂构造控制着地表水和地下水的流向。

3)岩溶水。岩溶水主要蕴藏在深部石灰岩的构造裂隙、溶蚀裂隙、溶孔、溶洞和岩溶管道中,岩溶水静储量丰富,评估大于 $5×10^4$ m³。该隧道左洞 ZK8+322 岩溶暗河水主要来源于深层岩溶水,通过导水构造互相连通,在重力作用下岩溶水流入岩溶暗河中,由 1 号泉排出地表。

4)导水构造。施工揭示:隧道左线 ZK8+322 处发现 N15°～30°E∠62°～75°断裂构造破碎带,宽约 5～10 m,判断为压扭性正断层,即导水构造,也是阻水、储水构造。从物探、遥感影像、地调资料综合分析,该构造向下延伸大于 100 m,向两侧延伸 450 m,连通深部岩溶水。导水构造破碎带对围岩稳定不利,易发生围岩掉块、坍塌、冒顶,经调查发现泉水 7 处。

综合分析研究,岩溶暗河水主要来源于近源的石灰岩深层岩溶水、松散层孔隙水,以及砂岩、粉砂岩、泥岩裂隙水,通过 N15°～30°E 导水构造流入暗河里,从 1 号岩溶泉排出地表。

(4)处治措施

1)总体设计。左右洞基底原暗河地段,均进行回填处理,同时预留大口径矩形涵洞,维持原有排水通道。

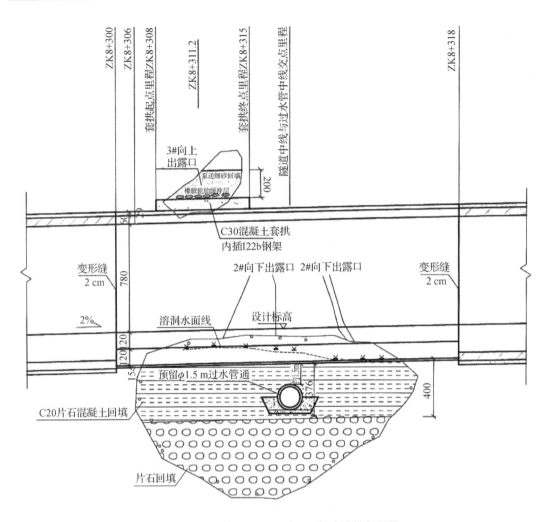

图 5.28 ZK8+300—ZK8+330 段溶腔纵断面图

2)结构加强措施。右线 K8+360—K8+375 原衬砌采用 SF5a 衬砌,原支护参数见表 5.2。

表 5.2 右线支护参数

围岩级别	喷射混凝土 厚度/cm	二次衬砌 厚度/cm	钢筋规格/mm	钢筋网(双层) 拱墙设置	I22b 工字钢
V	29	60	φ25@200	φ8 网格 15 cm×15 cm	间距 0.5 m

左线 ZK8+300—ZK8+330 原衬砌采用 SF4c 衬砌,原支护参数见表 5.3。

表 5.3 左线支护参数

围岩级别	喷射混凝土 厚度/cm	二次衬砌 厚度/cm	钢筋规格/mm	钢筋网(双层) 拱墙设置	I22b 工字钢
IV	25	50	φ22@200	φ8 网格 20 cm×20 cm	间距 0.5 m

对溶腔影响段隧道结构进行适当加强,结构参数见表 5.4,衬砌设计及加固设计如图

5.29～图5.31所示。

表5.4 隧道溶洞支护参数表

围岩级别	喷射混凝土厚度/cm	模筑衬砌厚度/cm	底板厚度/cm	锚杆			钢筋网（双层）	I22b工字钢
				位置	长度/m	间距（环×纵）/m	拱墙设置	
V	29	60	120	边墙	4.0	1.0×0.5	φ8 mm网格 15 cm×15 cm	间距0.5 m或0.6 m

注：左线ZK8+300—ZK8+315段钢架间距为0.5 m,右线K8+360—K8+375及ZK8+315—ZK8+30段钢架间距为0.6 m。

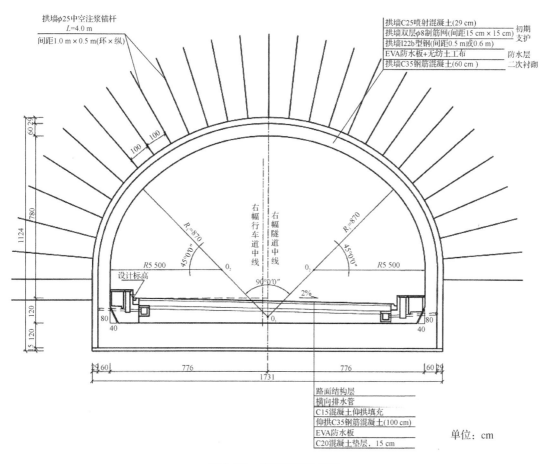

图5.29 溶洞衬砌结构图

1）溶腔处理。

a.隧底溶腔：隧道底板溶腔内基底4 m内采用C20片石混凝土回填密实；4 m以下采用片石回填,如图5.32所示。

b.拱部溶腔：隧道衬砌外侧空腔施作80 cm厚C30混凝土护拱,里程范围为ZK8+

308—ZK8+315,护拱内插工字钢。钢架基脚必须落于完整基岩上,并嵌入基岩不小于1 m;护拱以外2 m范围采用泵送细砂回填,细砂与护拱间预留一定的空间,放置橡胶轮胎缓冲层,如图5.33所示。

c.边墙部位溶腔:采用C20混凝土回填,回填宽度不小于5 m。

5)岩溶通道排水措施:隧底设置内径1.5 m,壁厚17.5cm排水管涵,管涵采用C20混凝土基础。

6)隧道洞身防排水:隧道洞身采用全包防水。每3 m设φ107/93打孔波纹管,兼做减压孔,同时检修道设置排水沟,兼作地下水压检查孔用,如图5.34所示。

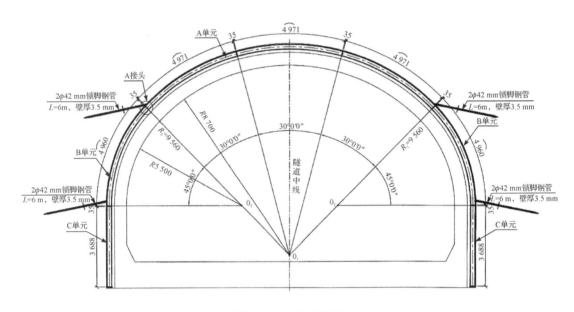

图5.30 钢架设计图

5.2.4 岩溶充填型溶洞

隧道工程穿越岩溶地质地段具有危害大、预防难的特点,是目前隧道工程施工中尚未很好解决的难题。当隧道施工揭露含水岩溶或暗河、充填型岩溶、土洞时,有可能产生大量涌水涌泥或突水突泥、塌方等现象,从而造成重大的安全事故:轻则对生态环境造成影响,如引起水土流失、地面沉降、地表及地下水径流改道等,甚至会引起生态环境的改变;重则可能会引起洞毁人亡的灾难性事故,给项目带来重大经济损失。本节以玉峰山隧道充填型溶洞处治为例,对隧道充填型溶洞的处治措施,包括隧道的超前地质预报、岩溶处治、衬砌结构措施等,进行介绍,可为其条件相似的岩溶隧道处治提供借鉴。

(1)工程概况

玉峰山隧道位于四川盆地东南部、重庆市北郊,属重庆市渝北区管辖,是重庆外环绕城高速公路北段的重要组成部分。玉峰山隧道为左右线分离式隧道,左线LK11+896—LK15+598,全长3 702 m,右线K11+911—K15+582,全长3 671 m,属特长隧道。

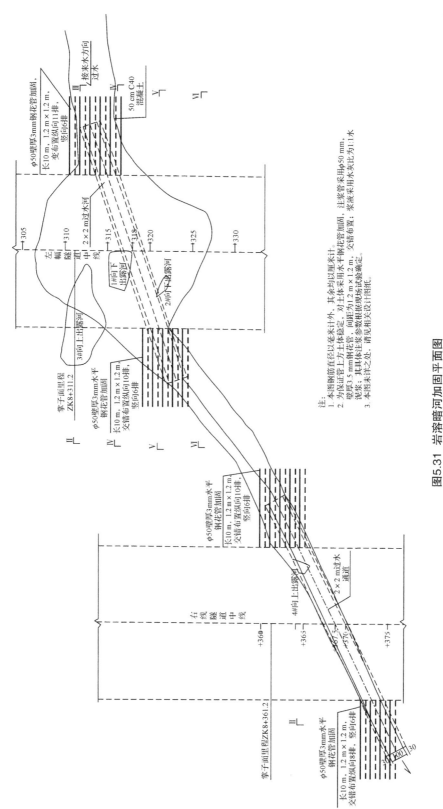

图5.31 岩溶暗河加固平面图

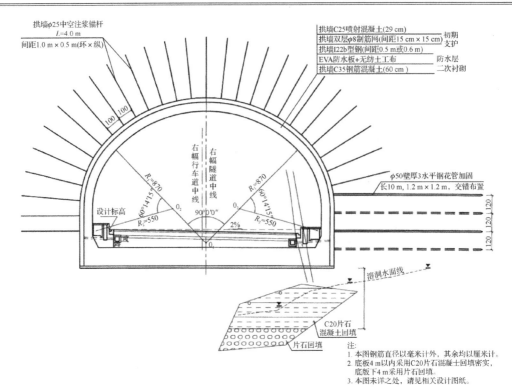

图 5.32 Ⅶ-Ⅶ 横断面处治图

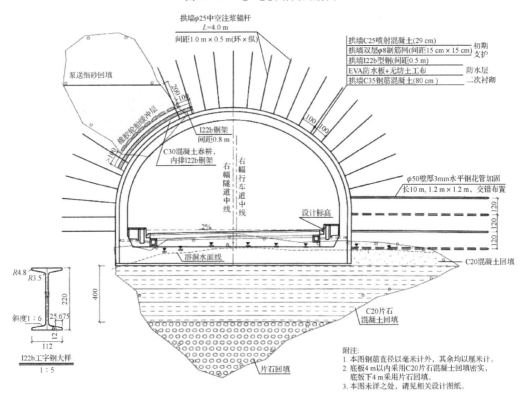

图 5.33 Ⅲ-Ⅲ 横断面处治图

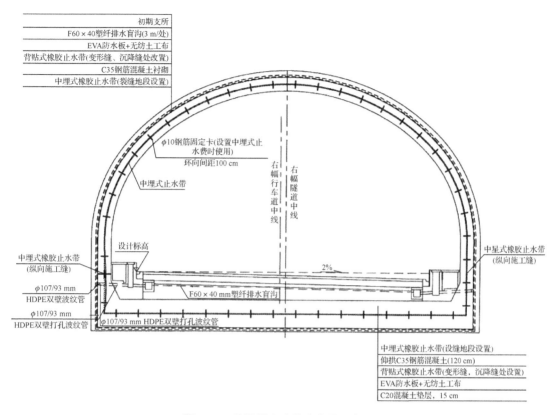

图 5.34 溶洞衬砌防排水布置示意图

玉峰山隧道区属构造剥蚀低山地貌及岩溶槽谷地貌。隧道横穿铜锣峡背斜形成的背斜山,中部为三叠系下统嘉陵江组四段(T_1j^4)及中统雷口坡组(T_2l)灰岩岩溶槽谷,槽谷宽约 1.5 km,槽谷中溶蚀残丘、落水洞发育,山的两侧为 20°~50°的顺向斜坡地形,两侧斜坡与中部槽谷间形成"驼峰"状的"双脊"。

隧道穿越的地层有侏罗系下统自流井组(J_1zl)、侏罗系下统珍珠冲组(J_1z)、三叠系上统须家河组(T_3xj)、三叠系中统雷口坡组(T_2l)、三叠系下统嘉陵江组(T_1j)。其中三叠系中统雷口坡组(T_2l)为灰、黄灰色白云岩,白云质灰岩,中部夹岩溶角砾岩,风化表面具刀砍纹;三叠系下统嘉陵江组(T_1j)为中~厚层状灰岩、白云质灰岩,具岩溶突水涌特征。

玉峰山隧道为三车道大跨特长隧道,是重庆目前跨度最大的隧道,最大跨度达 18 m,矢跨比为 0.65,开挖断面面积为 150~195 m²,施工技术难度相当大。隧道穿越岩溶、暗河、煤窑采空区、煤层、突泥突水等不良地质和含瓦斯、硫化氢气体地层,以及腐蚀性地下水地段,施工技术难度大。如何安全穿越以上不良地质段,保证工程顺利交验是本工程的难点。

玉峰山隧道灰岩地层岩溶十分发育,特别是嘉陵江组与雷口坡组交接部位,岩溶发育的规模很大,开挖揭露出溶腔大于 10^4 m³ 的溶洞就有 7 个,最大溶洞纵向长 64 m,横向宽约 100 m,竖向约 45 m。溶腔几乎为全充填,充填物为黏土夹岩溶碎砾石,且溶腔内地下水发育,地下水与地表有较好的连通性,处治难度很大。

(2)岩溶地层施工指导思想

本隧道岩溶全为充填型溶洞,处治时把防涌水突泥和坍塌作为首要任务,处治时做到技术超前,即超前地质预报超前、准确,开挖方法合理、谨慎,支护系统满足强度要求。

(3)地质超前预测预报

玉峰山隧道岩溶地层主要结合了长期与短期预报手段,采用物探与超前探孔相结合的方式,通过地表高密度电法对隧道岩溶地层做了整体预报,对地表高密度电法探测出的可疑地段再提前做TSP与地质雷达,并通过常规的地质素描及地质超前探孔预测出溶洞的规模、形态及其与隧道周边的关系。其具体探测技术如下:

1)地表调查。玉峰山隧道隧址区可溶性碳酸盐岩石占隧道总长度的61%,岩溶发育。岩溶的发育受岩性与构造的控制,主要发育在铜锣峡背斜两翼三叠系雷口坡及嘉陵江组地层中。根据地下水水质分析得出的结果,SO_4^{2-}达到结晶类二级腐蚀标准,隧址区岩溶水主要沿走向方向径流,在统景温塘河一线有泉和暗河集中排泄,排泄口标高在180~200 m之间,隧道所处的水文地质单元水平循环带高程为200~400 m,隧址区位于地下水近分水岭地带,隧道路面设计高程为312~345 m,属岩溶水影响范围内。

2)洞内地质素描。根据玉峰山隧道施工情况看,每次溶洞的出现,往往伴随着隧道围岩的变化。地下水突然增大、岩层裂隙变大、裂隙中含有黏土填充物或填充物变厚等变化往往是溶洞出露的前兆。因此,岩溶地层施工中必须坚持做好地质素描工作。

3)物探手段。

a.高密度电法:由于玉峰山隧道地质复杂多变,有些地段甚至是一炮一变,为确保施工安全,委托物探单位采用高密度电法对隧道全程的地表进行探测。高密度电法是一种阵列勘探方法,它通过电极向地下供电形成人工电场,其电场的分布与地下岩土介质的视电阻率ρ_s的分布密切相关,通过对地表不同部位人工电场的测量,了解地下介质视电阻率ρ_s的分布,根据岩土介质视电阻率的分布推断解释地下地质结构。该方法对围岩的含水情况特别敏感,围岩破碎含水,其视电阻率明显降低;完整、坚硬岩土的视电阻率高于断层带或破碎带和富水带围岩的视电阻率。这种方法原理清晰、图像直观,是一种分辨率较高的物探方法。开挖揭露出的溶洞位置,在高密度电法成果图上都有一定的显示和揭露,因此该法对施工具有较强的指导意义。

b.TSP及地质雷达探测技术:根据高密度电法探测出的成果,对岩溶地层地下水发育及电阻异常地段,在距其100 m左右采用TSP验证,在距其20 m左右采用地质雷达进一步验证,有效揭示了前方地质溶洞发育情况。

4)超前探孔。

a.超前探孔揭露出的地质情况是隧道围岩最直观也是最准确的预报,所以在岩溶地层必须坚持打设超前探孔。在玉峰山隧道施工中我们采用长短结合的方式施作探孔,长探孔采用钻机施作,一般在物探成果反应有异常段打设。在掌子面拱顶、底板及两侧拱腰分别打设30 m探孔。短探孔采用将周边眼加深的办法施作,施工时采用风钻每开挖循环打设6 m探孔,要求在整个灰岩地层全部打设,按环向间距5 m,具体个数根据长探孔探出的情况而定。

b.在探孔施工过程中,技术人员全程值班,并记录冲洗液成分、地下水情况、掘进速度等参数,以判明前方是否有溶洞发育。

c.具体施工工序。溶洞发现后,应立即加设探孔,探孔布置图如图 5.35 所示。如果溶洞构造复杂,应对该段进行物探验证。当采用 TSP、雷达或探孔与物探成果不一致时,应委托地勘单位做相应的补勘,以保证对溶洞的规模、形态等要素有准确、清晰的认识。

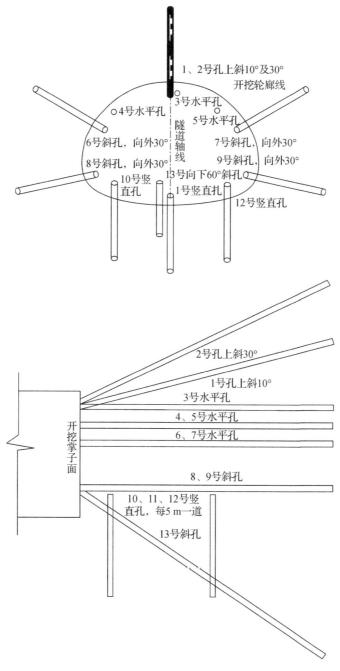

图 5.35 超前探孔布置图

(4)开挖方法的选择

玉峰山隧道溶洞为充填型溶洞,主要为黄色黏土夹角砾碎石,局部含有大孤石,且地下水丰富,开挖后周边及拱部发生大面积掉块。

开挖时优先采用三台阶开挖,上台阶采用环形掏槽预留核心土法并设临时仰拱,中下层左右错进施工,如图 5.36 所示。在地质或量测数据异常时,也先后采用了 CD 法和 CRD 法施工。

开挖采用微台阶施工,控制台阶长度在 4~6 m,中下层左右错进距离控制在 3~5 m。开挖进尺控制在 1.0 m 左右。如拱脚承载力达不到要求,应对拱脚采取加垫混凝土的方式以增大受力面积。

该地段仰拱必须紧跟,尽早落底成环,仰拱施工面距离下层开挖断面不得大于 5 m,仰拱采用左右错进,错进距离控制在 3~5 m。

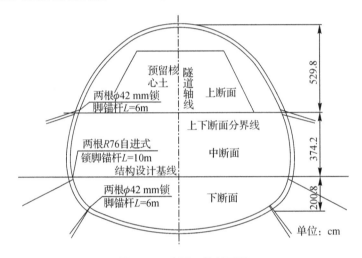

图 5.36　溶洞开挖断面图

(5)辅助施工措施的选择

考虑到大管棚工作间不易开挖,采用设置 R76 mm 自进式锚杆作为管棚超前预支护。自进式锚杆长 15~20 m,环向间距为 40 cm,纵向搭接 5 m。为防止开挖过程中溶洞充填物自管棚间滑出,在管棚之间设置超前小导管辅助注浆加固,以保证在开挖轮廓线外形成 1~2 m 的注浆加固圈。施工时小导管沿隧道开挖外轮廓线周边以 15°~30°的外插角打入岩层中,小导管长 4.5 m,环向间距为 40 cm。中下层超前支护采用 $\phi 42$ mm 注浆小导管超前预注浆加固,小导管长 4.5 m,环向间距为 40 cm,纵向间距为 2.0 m,外插角为 30°,以便在上断面拱脚形成扩大基础,防止出现塌拱现象,如图 5.37 和图 5.38 所示。

(6)仰拱底部岩溶充填物处治

隧道穿越充填型溶洞底部处治方案是岩溶处治的关键技术,一般处治方案有架梁通过、换填和底部改良三种。架梁通过施工周期长、干扰大,换填对于玉峰山隧道底部约 30 m 的填充物是不现实的。实际施工中,采取底部设钢管桩注浆加固,既避免了施工干扰,又节约了时间和投入,取得了良好的社会和经济效益。

1)底部探测。在仰拱施工前,每 5 m 一个断面钻设竖向探孔,一个断面布置三个,中线及两侧各一个,探明仰拱底部堆积层厚度,以确定仰拱底部注浆范围及深度。

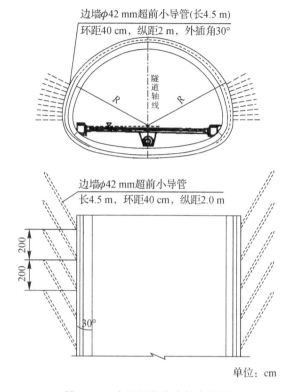

图 5.37 中下层超前支护布置图

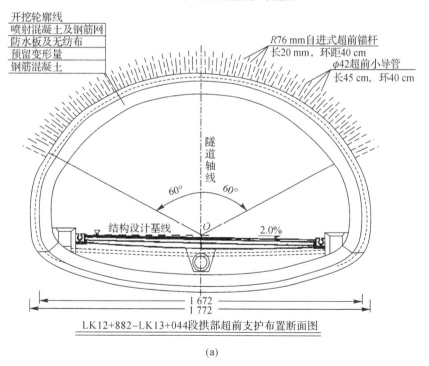

LK12+882—LK13+044段拱部超前支护布置断面图

(a)

图 5.38 超前支护布置图

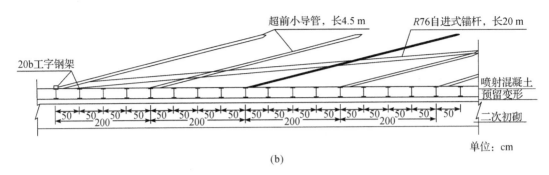

(b)

续图 5.38 超前支护布置图

2)仰拱施工。由于隧道底部为溶洞填充物,承载力往往很低,所以初期支护结构在仰拱未施作期间沉降量很大,而且仰拱开挖后会诱发初期支护结构发生大的变形,稍有不慎,将引发严重的事故。

仰拱过溶洞的施工顺序:拱墙加固→仰拱开挖→仰拱结构施工。

a.拱墙加固。为防止隧道在中下层及仰拱施工时,发生掉拱及引起沉降过大的现象,从而导致坍塌事故,必须采取有效措施对拱墙进行加固。主要措施为:①加长锁脚锚杆长度并保证其施工质量。锁脚锚杆采用长 6 m 的 $\phi 42$ mm 小导管注浆加固,并在下层拱脚处设置长 10 m 的 $R76$ mm 自进式锚杆注浆加强。②设置纵向托梁,利用自进式锚杆作支撑,采用 25 槽钢做纵向托梁,将拱架连成整体,以控制初期支护结构沉降。托梁布置如图 5.39 所示。

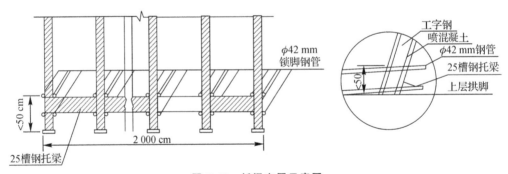

图 5.39 托梁布置示意图

b.仰拱开挖。该段仰拱必须紧跟,尽早落底成环,仰拱施作长度控制在 3 m 内,左右错进距离控制在 3~5 m。

c.仰拱结构施工。仰拱开挖后,按要求施作初期支护及二次衬砌仰拱,施作时采用 $\phi 150$ mm 钢管按间距 1.5 m×1.5 m 梅花形预留底部钢管桩。初期支护仰拱支护参数:I20b 工字钢@50 cm,挂双层钢筋网,$\phi 25$ mm 连接筋@50 cm 内外侧交错布置,喷 C20 混凝土 28 cm。二次衬砌仰拱支护参数:$\varphi 25$ mm 主筋@20 cm,接头采用焊接,70 cm 厚 C30 防水混凝土,抗渗强度等级为 P8,混凝土要求掺加防水、减水共效的膨胀防水剂。施工时保证二次衬砌仰拱左右幅同时施工,不得采用半幅施工,以保证其整体性。

3)钢管桩施工。仰拱施工完毕且待混凝土强度达到设计强度的 70% 后立即进行钢管桩作业,钢管桩分区作业,分区按纵向 10 m 布置,钢管桩按 1.5 m×1.5 m 梅花形布置,如图 5.40 所示。

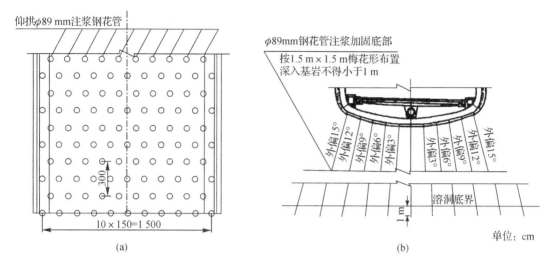

图 5.40 钢管桩布置图
(a)钢管桩注浆平面布置图;(b)钢管桩注浆立面图

a.钢管桩材料及加工。钢管采用 ϕ89 mm、壁厚 4 mm 的无缝钢管,按标准长加工,采用小直径钢管丝扣连接,钢管分为 A、B、C 三种型号加工。A 型为孔口管第一节,长度为 1~3 m;B 型为桩中钢管,长度为 3 m;C 型为桩头管,长度为 3 m,前端加工成圆锥状,圆锥长度为 30 cm,如图 5.41 所示。

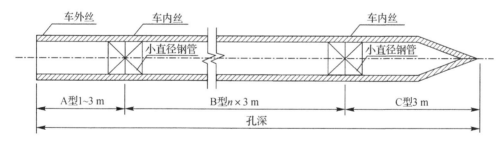

图 5.41 钢花管加工及连接图

钢管桩管体加工溢流孔,以利于注浆施工,孔口 1 m 范围内不加工溢流孔,溢流孔间距 25 cm,直径 8 mm,设置 4 排。溢流孔加工成 TSS 孔模式,即在溢流孔外面加铣孔,铣孔直径 12 mm,外贴 12 mm 贴片,起到单向阀作用,防止出现串浆,如图 5.42 所示。

b.钻孔、下管。成孔采用 GY-100 型工程地质钻机钻 ϕ108 mm 孔,钻孔采用分区纵横向错孔间隔钻进,钻孔时从仰拱预留孔位钻孔,钻孔深度深入基岩 1 m,如存在塌孔现象,应全部跟管作业钻进,钻孔采用干钻,避免基底持力层被破坏。成孔后即开始下管,下管完毕后抽出跟管,连接注浆机准备注浆。

c.深孔注浆。钢管安装到位后立即进行注浆,成孔一个,注浆一个,注浆顺序与钻孔顺序一样,采用纵横向错孔间隔注浆。

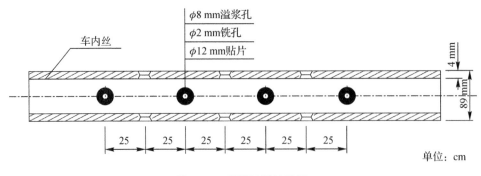

图 5.42 钢管桩溢流孔图

注浆采用 KBY50/70 注浆机,浆液采用水泥浆,对个别岩溶出水较大孔采用水泥-水玻璃双液浆。水泥浆水灰比为代表 0.6~1,水玻璃为 35Be′(Be′波美度,是表示溶液浓度的一种方法),双液体积比 V_C/V_S(下标 C 代表水泥浆液,下标 S 代表水玻璃浆液)为 0.7~1,水泥采用 P.O32.5 普通硅酸盐水泥。

注浆参数见表 5.5,注浆前应进行现场注浆试验,根据实际情况调整注浆参数,取得注浆施工经验。

表 5.5 注浆参数表

序号	参数名称	参数值
1	浆液扩散半径	1.5~2 m
2	注浆速度	10~100 L/min
3	注浆终压	静水压力的 2~3 倍,一般控制在 3~5 MPa
4	注浆凝结时间	30~120 s
5	注浆方式	前进式一次性注浆

采取定压与定量相结合的原则,单根达到以下条件之一,即可结束注浆:①注浆压力达到设计终压,注浆速度小于 5 L/min 时,持续 10 min 后压力不下降即可结束注浆。②由于填充区存在局部岩溶通道,为防止浆液随着连通的岩溶通道流失造成不必要的浪费,当注浆量达到单孔理论计算量 100% 且压力未上升时应采取间隔注浆,如达到单孔理论计算量 120% 后压力仍未上升即可结束注浆。

(7)地表处治

由于玉峰山隧道地表为典型的喀斯特地貌,洞身灰岩地层岩溶管道延伸至地表,地下水直接受地表水补给。隧道开挖后由于降低了地下水基准面,地表水大量流失,洞顶地表发生塌陷,并形成数量众多的落水洞。经连通试验,确定地表塌陷与隧道溶洞连通。为防止地表生态环境进一步恶化和保证村民生命财产安全,决定对出现的落水洞采取回填处理,并对地表槽巴河经过洞身段进行混凝土铺砌封闭。

1)槽巴河处理。对槽巴河隧道影响段采用 80 cm 厚 C20 片石混凝土铺砌封闭,铺砌前必须对河沟内落水洞采用混凝土回填密实。河沟铺砌如图 5.43 所示。

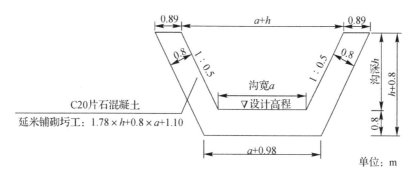

图 5.43 槽巴河隧道影响段铺砌处理示意图

2)落水洞处理。清除落水洞杂物,然后对落水洞依次采用大块石、黏土隔水层、耕植土进行回填。

5.2.5 突涌水

进入 21 世纪,我国隧道工程数量急剧增多,越来越多的长大山岭隧道得到修建。山岭隧道在修建过程中会穿越各种地质复杂的段落,施工中可能产生各种地质灾害。常见的隧道施工地质灾害有地陷、坍塌、大变形、岩爆、瓦斯、突涌水等。其中,隧道突涌水是典型的地质灾害之一。突涌水灾害已发生在大量修建的公路、铁路隧道。现阶段对隧道的修建要保证快速、安全、经济,而消除隧道施工中的突涌水灾害能够引导快速施工,保证人身安全。隧道出现突涌水的原因各不相同,既有地质方面的原因,也有隧道前期设计以及施工的影响,还有现场施工人员的重视度不够等原因。若隧道施工中对突涌水处理不当,将会引起灾难性的后果。

四川省雅安至康定高速公路飞仙关隧道在施工过程中多处出现过突涌水现象,在对该隧道的突涌水原因进行详细分析的基础上,采取了"排堵结合,限量排放"的处治方案,取得了良好效果,可为类似条件的隧道突涌水处治提供借鉴。

(1)工程概况

飞仙关隧道位于四川省雅安市天全县境内,隧道区域属于中低山构造剥蚀地貌。山谷纵横交错,地形起伏较大。隧道通过的山体最高点高程约 1 516.9 m,隧道入口外溪沟高程约为 610.0 m,相对高差约为 906.90 m。

隧址区穿过的地层由新到老依次为白垩系上统灌口组、白垩系夹关组、白垩系下统天马组、侏罗系上统蓬莱镇组,主要由粉砂质泥岩、细砂岩夹薄层粉砂质泥岩、砾岩构成。区域内地质构造复杂,处于龙门山断裂带、鲜水河断裂带及安宁河断裂带交汇处,岩层褶皱发育强烈,岩层节理裂隙发育且破碎。整条隧道穿越新开店断层,在断裂带附近,地层变陡,压扭现象明显,断层上下两盘岩块位移较大,稳定性极差,为涌水提供了通道。

(2)隧道涌水

飞仙关隧道 K23+750—K23+712 段设计围岩为Ⅲ级围岩段,采用 Z3j 型衬砌支护,隧道埋深约 300 m,围岩以弱风化粉砂岩、细砂岩为主,偶夹薄层泥岩,岩体为较完整~较破碎,呈中厚层结构。地下水类型以基岩裂隙水为主,含水量不大,呈线状渗流～股状出水。实际开挖揭示,围岩主要为粉砂岩,薄～中厚层状,节理裂隙发育,掌子面中部发育层间破碎带,厚约为 1.0～2.0 m,破碎带岩体呈小碎块散体结构,地下水呈小股状水从破碎带内流出,稳定性差,沿层间破碎带发生塌方,形成纵向长度约 5 m、高约 2 m 的空腔,空腔上部岩体不时发生掉落。塌方块体也越来越大,最大块体长约为 2 m,地下水随之增大。

在隧道右洞实际开挖完成 K23+709—K23+708 段后,工人发现掌子面开挖台车出现上倾现象,洞内发生突涌水,导致右洞掌子面坍塌、K23+708—K23+716 段边墙内移约 60 cm、YK23+716—YK23+740 段初期支护变形开裂,最大变形量高达 35 cm,水在隧道内路面漫流,水深约 10～20 cm,如图 5.44 所示。

图 5.44 隧道突涌水洞内漫流

(3)原因分析

1)地层岩性与地质构造。隧道涌水点为单斜地层,为白垩系 K_{2g} 灌口组近底部的粉、细砂岩夹粉砂质泥岩,岩体整体较破碎,呈中厚层状。在 K23+712 右侧可见一小型断裂,断裂宽约 10～20 cm,断裂与岩层近垂直,产状为 100°∠55°～60°。

在隧道左洞掌子面已施工至 ZK23+710,由于岩层走向与隧道轴线大角度相交,左洞掌子面岩性与右洞总体相同,但右洞稍微提前约 8～9 m,发生突涌水时左洞掌子面上方可见细砂岩,其下为含角砾黏土,如图 5.45 所示,厚度大约为 0.5～1.0 m,岩质软,角砾成分以粉砂岩及粉砂质泥岩为主。经取样检测,揭示该含角砾黏土具膨胀性,自由膨胀率为 70%。在黏土下部出露薄层粉砂岩夹少量泥岩,岩体较破碎。

在右洞涌水之后,对左洞掌子面进行了超前钻孔探测,探测深度约为 30～36.5 m。超前钻探孔揭示,掌子面前方岩体破碎,在钻进过程中孔壁自稳性低,坍孔较严重。钻孔在 8 m 孔深后开始呈股状出水,但基本不具承压性。

在右洞涌水断面对应的地表凹槽地形向北延伸的青衣江左岸,发现在灌口组和夹关组的界限附近发育有一层灰岩质底砾岩,该层底砾岩与上覆灌口组呈断层接触,其中砾岩产状为 350°∠45°,断层走向 N210°,上覆灌口组岩层产状为 320°∠25°。由于 318 国道挡墙施工掩盖部分砾岩露头,因此现场可见砾岩水平厚度约 12 m,断层破碎带水平厚度约 12 m,上伏为较破碎粉砂岩。同时对国道318线改建工程的飞仙关隧道进行了走访调查,施工单位反映隧道内岩体内裂隙发育,最宽可达5~10 cm。

图5.45 左洞掌子面角砾岩

2)地表水。隧道左侧冲沟沟水及泉水在隧道掌子面涌水时已经被疏干,因此本次主要调查隧道右侧冲沟。隧道右侧550~650 m处发育一条冲沟,该冲沟为当地5~6个大队居民生产生活用水水源,雨季为地表水及泉水补给,旱季为泉水补给。该沟内几个主要的饮用水泉点已全部干涸,其中高程920 m的大泉已经完全断流(见图5.46),其水量减小时间与隧道右洞掌子面涌水时间相近,15 d前彻底干涸。该泉为基岩裂隙水,在砂岩岩体内发育有210°∠80°及80°∠60°两组裂隙(张开1~2 cm)。

图5.46 左洞掌子面角砾岩

冲沟沟水也近干涸:在冲沟上游烂田湾处,高程1 030 m附近测流冲沟水量约为5 L/s,

但下游高程 920 m 冲沟内水量最大为 0.51 m³/s。泉水及沟水水量变化时间均与隧道掌子面涌水时间基本吻合。

3）突涌水来源和通道。隧道涌突水后，隧道前进方向左侧 92°大泉及沟水均出现干涸，由此可以判断涌水点与该套强含水层有一定水力联系，但由于总涌水量较大，含水层静储量相对较小，因此，涌水还有其他水源补给。地下水补给主要来自大气降水、地表水横向补给以及地表水垂直补给等。主要补给源为大气降水补给。在隧道施工过程中，地下水位会下降。地下水无法补充，水位无法恢复。隧道涌水有其他水源，初步判断为荥经河上游。

隧道突涌水通道主要为地层在褶皱的作用下形成的顺层顺轴层间裂隙，其次为顺层绕轴层间裂隙。隧址区内地质构造复杂，节理裂隙极其发育，这些节理裂隙可能形成储水、导水通道。隧道在施工中，一旦揭露到具有集水、导水性质的纵向、横向张裂隙，使裂隙中的地下水涌出，将造成隧道大规模涌水。

综上所述，飞仙关隧道突涌水的机理为深埋长大裂隙、缝隙管道水。

（4）处治措施

1）处治基本方案。飞仙关隧道 YK23+712 突涌水段为深埋长大裂隙、缝隙管道水。根据现场实际情况，在保证隧道施工及人员安全的前提下，首先对隧道断面以外的围岩裂隙进行封堵，防止地下水通过裂隙流入隧道；再加固周边破碎的围岩，提高隧道衬砌及围岩的抗压能力；同时设置排水通道，对地下水进行排放，减少水头压力。

目前隧道突涌水的处治方法基本分为两大类，即排除涌水的方法和阻止涌水的方法。常用的处治方法有钻孔或辅助坑道排水、超前小导管预注浆堵水、超前围岩预注浆堵水、井点降水及深井降水。

在山岭隧道施工期间，当突涌水灾害发生时，采取的处治手段主要包括超前钻孔排水、超前小导管注浆堵水、超前围岩预注浆堵水、井点降水排水等。如果对突涌水灾害完全采用注浆封堵的方式来进行处治，从隧道围岩稳定性和施工技术方面考虑都不合理；若完全采用排水的方式则会改变地下水的运动途径，破坏生态环境。基于上述分析，确定该隧道突涌水处治基本方案为"排堵结合，限量排放"。

2）超前管棚。在 K23+715 处施作 ϕ127 mm 超前大管棚，拱部 150°布设，环向间距为 30 cm，单根长 30 m，外插角为 5°～10°。管棚注浆采用水泥-水玻璃浆，水泥浆液的水灰比 0.5～0.8，水泥浆与水玻璃的体积比为 1:0.8，水玻璃模数 $m=2.6$，浓度为 35～40 Be′，注浆压力为 1.0～2.0 MPa。

3）注浆加固：①采用 C20 混凝土浇筑，加固纵向梁基础。②对 YK23+712 突涌水发生段，通过周边注浆进行加固，提高围岩强度，保证该段不发生坍塌，后期在涌水量大幅减小后，对该突涌水段更换支护措施。同时，对突涌水段隧道周边 5 m 范围内进行周边开挖后注浆止水并加固围岩，如图 5.47 所示。

在隧道开挖轮廓线外 5 m，采用 ϕ42 mm 小导管，单根长 5 m，间距为 1 m×1 m，梅花形布置，小导管注浆孔与隧道轴线呈 90°进行注浆。采用水泥(C)-水玻璃(S)浆液，C:S=1:(0.4～0.6)，水泥浆水灰比为 0.8:1～1:1，水泥采用 42.5 普通硅酸盐水泥，水玻璃模数为 2.8，水玻璃浓度为 35 Be′；以加固围岩为主时采用纯水泥浆。

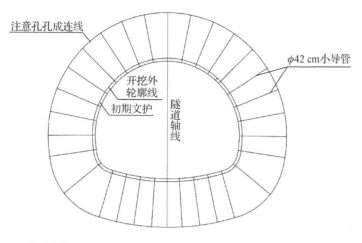

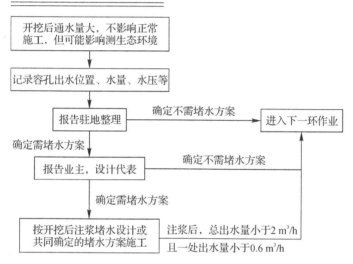

图 5.47 开挖后周边注浆设计图及施工程序图

4)结构整治。对已施工段落进行换拱处理,二次衬砌采用钢筋混凝土;根据水头压力,采用抗水压衬砌,优化隧道断面形状,拱脚小圆半径由 100 cm 调整为 300 cm,仰拱半径由 1 500 cm 调整为 1 000 cm,仰拱深度由 150 cm 调整为 250 cm,初期支护钢架采用 I20b@ 40 cm,二次衬砌采用 80 cm 厚钢筋混凝土结构,段落为 K23+712—K23+630;对坍腔回填 C15 混凝土,同时在坍腔内设置排水孔。

5)排水措施。在掌子面上台阶右侧拱脚、右边墙拱脚设置 ϕ127 mm 泄水孔,孔深 10 m,孔内设置 ϕ127 mm 钢花管兼作锁脚,钢花管泄水孔在孔口采用 I16 工字钢纵向连接,形成整体,将隧道右侧地下水引排至中央排水沟。

5.2.6 突泥涌水

突泥涌水以其影响范围广、技术难度大、处治周期长、安全风险高等特点,成为困扰建设者的重大难题之一。突涌发生后,不仅造成突涌体在隧道内堆积达几十至几百米,还会使已完成的初期支护和二次衬砌遭到破坏,一般需采取一环或多环掌子面超前帷幕注浆、隧道径向注浆以及超前大管棚等多重措施方可实现安全施工,处理周期短则月余,长则甚至超过半年时间,造成严重的工期延误。如果对突泥涌水的处理措施制定不合理,还会产生重大的财产损失与人员伤亡,对项目和个人造成难以承受的严重后果。因此,采取合理可靠的安全技术措施,是处理突泥涌水的关键。

(1)工程概况

某铁路线路位于云南省西北部,欧亚板块和印度洋板块相互碰撞汇聚形成的青藏高原东南缘之川滇菱形断块的西部边界断裂带(金沙江-中甸断裂带)内,属我国著名的南北向地震带南段之滇西地震带,地质构造复杂,新构造运动强烈。

该铁路线某隧道起讫里程为 D1K76+435—D1K83+965,全长 7 530 m,共发育有花椒坡 1#断层、冷都断层、花椒坡 2#断层以及冲江河逆断裂等多处不良地质,属Ⅰ级高风险隧道。其中花椒坡 2#断层及其影响带里程为 D1K78+865—D1K79+000,长 135 m,断层角砾系炭质板岩、灰岩受挤压破碎而成,岩质软硬不均,多呈角砾状或碎块状,受断层影响,挤压揉皱发育,板岩变形严重,完整性差,沿断层破碎带有泉眼分布,工程地质条件极差。

(2)突泥涌水情况

隧道突泥涌水险情出现前掌子面里程 D1K78+933、仰拱里程 D1K78+913、二衬里程 D1K78+904,掌子面处隧道埋深约 348 m。采用大变形Ⅰ型复合式衬砌,全环设 I18 型钢钢架,间距 0.6 m/榀;拱部设置 ϕ42 mm 小导管超前支护,环向间距为 0.4 m,纵向间距为 1.8 m,每根长 3.5 m,每环 23 根;边墙系统锚杆采用预应力树脂锚杆,间距为 1.0 m(环)×1.0 m(纵),梅花形布置,锚杆长度为 4.0 m/根,杆体采用等强螺纹钢式树脂锚杆金属杆体,公称直径为 42 mm,锚固剂长 1.0 m,锚杆预紧力为 90 kN(对应锚固力矩 700 N·m)。

2020 年 5 月 14 日早 6 时突涌发生前,掌子面线路左、右两侧边墙出现开裂,拱顶局部有掉块现象发生,拱肩部位钢架单元连接板处拱架出现扭曲,拱脚部位钢架单元接头部位崩开错位严重,钢架有明显的内折情况,左侧最大水平累计收敛达 950 mm,掌子面出水量约为 25~30 m³/min,夹杂大量泥沙。现场立即停止施工并撤离人员、机械,根据隧道内监控视频显示,早 7 时许掌子面左侧起拱线位置水量进一步加大,发生突涌,夹杂大量深灰黑色炭质板岩碎片,多为断层泥。至 5 月 16 日,掌子面突涌基本停止,经现场初步估计,突涌体平均厚度约为 3.5 m,长度约为 300 m,突涌体体积约为 5 250 m³。

突涌稳定后开始清理洞内淤泥,期间大气降水丰富。至 6 月 1 日上午 9 时,洞内淤泥已清理至 D1K78+904 处,此时掌子面水量再次加大,进而发生第 2 次突涌,水与泥砂混合物量约为 80~166 L/s,涌出体呈半流动体状态,水质呈黑色,并伴有大量细颗粒及泥土,粒径多为 5~20 mm,大于 220 mm 的颗粒约占 10%,颗粒较均匀;D1K78+904—D1K+933 段已基本被突涌物封堵,拱顶约有 1 m 高空隙;洞内突涌物有向外继续滑动趋势,突涌物呈深灰色炭质板岩碎片及颗粒状,大多为断层泥及断层角砾混合体。突涌情况如图 5.48 所示。

(2)原因分析

1)该段隧道位于花椒坡 2#断层核心区,地层岩性为板岩夹炭质板岩,岩体为破碎~极破碎。受断层影响,岩体挤压变形强烈,产状紊乱,层间结合差,并夹有多层软弱夹层,围岩遇水极易软化崩解。

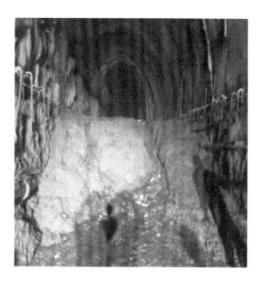

图 5.48 突涌情况

2)该段隧道距线路右侧水电站平面距离最小约 700 m,隧道标高低于水电站水位约 100 m,花椒坡 2# 断层穿越该段隧道及线路右侧水电站,此段隧道邻近断层分界面,界面水较为发育。

3)当地已进入季节性降雨期时,降水量大,对隧道内地下水补给作用强,为突涌发生提供了必要条件。

4)隧道开挖打破了原始地应力平衡和地下水的稳定,围岩的蠕变松动,地下水向自由面渗透,围岩饱和状态下的抗剪强度降低,自承载力急剧下降,初期支护受到的围岩压力增大,破坏严重。

(3)处理方案

由于突涌体涌出距离长且二衬至掌子面段已基本堵塞,无法准确判断前方具体情况,因此处理方案按照"以排为主、排堵结合、超前加固、措施加强、确保安全"的原则,根据现场情况分阶段制定处理措施。施工前应做好突涌的风险识别与评估,整个处理过程中派专职安全员和技术员全程旁站,随时观察突涌体稳定性、出水量和水压的变化情况以及水质情况;出现突涌体滑动、出水量增加或水压增大、水质变浑浊等异常情况时,所有人员应立即停止施工并撤离至隧道外,确保人员安全。为保证突涌体处治过程的安全,采用分阶段处理方法,共分为 6 个阶段,如图 5.49 所示。

1)第一阶段处理措施:暂停隧道内所有工序施工,撤离人员和施工机械设备,洞口设置隔离围挡,防止人员误入;安排专职技术人员在隧道口处定时测量隧道出水量,以便为后续施工提供依据,待出水量明显降低(小于 40 L/s)后进行第二阶段处理。

2)第二阶段处理措施:清理隧道内淤泥至二衬端头前方约 2 m(D1K78+906)处,预留出 D1K78+904—D1K78+906 段止浆墙位置。采用透水性良好、遇水不软化的硬质块石对突涌体进行反压回填,反压体坡度以 1∶1.5～1∶2 为宜,表面喷 10 cm 厚 C25 混凝土进行封闭,防止突涌体坍塌,喷射混凝土表面按 1.0 m 间距梅花形交错布置,预留 φ150 mm 泄水孔,以便地下水排出;突涌体坡脚采用砂袋反压,防止突涌体滑移导致再次突涌。二衬端头前方突涌体如图 5.50 所示。

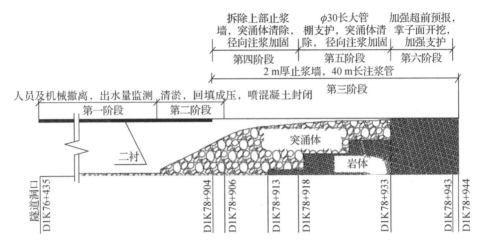

图 5.49 突涌体分阶段处治

图 5.50 二衬端头前方突涌体情况

待突涌体稳固后,采用 C6 钻机在突涌体面起拱线位置施作 3 个超前水平钻孔,角度 10°向上,长度 50 m,及时引排掌子面拱顶积水,防止再次突涌。

3)第三阶段处理措施:在 D1K78+904—D1K78+906 段施作 2 m 厚的 C20 混凝土止浆墙,初支拱墙部位和仰拱填充面植筋加固,间距 30 cm 并按梅花形交错布置,植筋采用 $\phi 22$ mm 螺纹钢,每根长 80 cm,植入初支、仰拱填充 50 cm,另外 30 cm 深入混凝土止浆墙。整个止浆墙与已施工的二衬端头间通过强化植筋和施工缝处理,使其连接为整体,提高止浆墙的承载能力,避免前方淤泥遇水滑移导致再次突涌,并为施工人员提供安全保障。

在止浆墙上部预留高度为 0.3~0.5 m 的观察孔,墙身预留不少于 8 个 $\phi 150$ mm 泄水孔,上方布置 3 个,下方布置 5 个,及时引排前方淤泥积水,遇个别泄水孔不出水时,增设新泄水孔。止浆墙设置如图 5.51 所示。

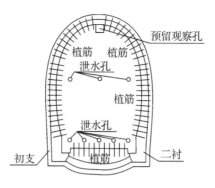

图 5.51 止浆墙设置

止浆墙上打设 $\phi76$ mm 自进式水平超前注浆管(壁厚 5 mm),注浆管出水时留作泄水孔,并适当调整位置重新钻孔。每根注浆管长 40 m,间距为 1.0 m×1.0 m,梅花形交错布置,共计布设 32 根超前注浆管,在注浆管前端 D1K78+914—D1K78+944 段 30 m 范围内留设溢浆孔,溢浆孔间距 20 cm×20 cm,孔径控制在 10~15 mm 为宜。注浆管施工完成后,采用后退式注浆法,对 D1K78+914—D1K78+944 段注浆形成 30 m 厚的止浆岩盘。注浆液采用纯水泥浆,水灰比控制在(0.4~0.5):1 之间,注浆压力控制在 1.5~2.0 MPa。为了增加水泥浆和易性,在满足水泥水化凝结用水的前提下,可采用添加约 5‰减水剂的方法降低水的用量。

4)第四阶段处理措施:待注浆完成后静置 3~5 d,采用钻探法取岩芯,确定前方突涌体注浆效果,达到预期效果后,从拱顶向下将止浆墙上部拆除,止浆墙下部预留 3 m 暂不拆除,作为突涌体的护脚墙。利用已抛填的块石作为作业平台,逐榀开挖 D1K78+904—D1K78+918 段淤泥体,开挖后边墙采用 $\phi42$ mm 小导管径向注浆加固,管长 4.5 m/根,间距 1.0 m(环)×1.0 m(纵),并呈梅花形交错布置,注浆水灰比为 0.5:1,注浆压力为 0.5~1.0 MPa。

5)第五阶段处理措施:待突涌体开挖至 D1K78+918 时暂停掘进,预留 15 m 加固后的突涌体作为止浆岩盘,拱部施作一环 $\phi108$ mm(壁厚 8 mm)大管棚;由于淤泥段成孔困难,现场采用跟管法施工大管棚,环向间距为 0.4 m/根,管长为 30 m/根,每环施作 23 根,角度为 1°~3°向上,管棚注水泥浆,注浆水灰比为 0.5:1,注浆压力为 0.5~1.0 MPa;待管棚注浆完成并静置 2~3 d 后,逐榀清理 D1K78+918—D1K78+933 段淤泥体,清理后及时采用 $\phi42$ mm 小导管径向注浆加固围岩,施工参数同前段径向小导管加固施工参数。

6)第六阶段处理措施:淤泥体清理至 D1K78+933 时,对前方围岩采用 TSP 地震波反射法、地质雷达法、30 m 深超前水平探孔以及瞬变电磁法探测,确定前方围岩及地下水情况,无异常情况时开始逐榀掘进。由于突泥涌水的扰动,初期支护加强为全环 I25b 型钢钢架,间距 0.6 m/榀,边墙增设 $\phi42$ mm 小导管径向注浆加固围岩,施工参数同前段径向小导管加固施工参数。掌子面掘进至 D1K78+943 时(大管棚剩余 5 m),重新施作一环 $\phi108$ mm(壁厚 8 mm)大管棚,施工参数同前段 $\phi108$ mm 大管棚,管棚施工后开始掘进掌子面。

至此,突涌段处治已基本完成,但后续断层破碎带及其影响带仍剩余约 50 m,仍存在较大的风险。为保证施工安全,防止再次发生突涌,在设计给定的综合超前地质预报前提下,增加瞬变电磁法,并增加对隧道内水质、水量的相关监测,如情况异常须及时采取措施。

花椒坡隧道 2# 断层于 2020 年 5 月 14 日和 6 月 1 日接连发生两次突涌,推测是历经了两次地下水的汇集。6 月 5 日基本稳定后开始处理,至 8 月 17 日基本处理完成,突涌处理共历时 73 d。期间通过设置止浆墙、超前预加固突涌体、逐榀开挖突涌体后径向注浆加固、两环超前大管棚以及加强初期支护强度和刚度等一系列措施,实现了隧道突涌段快速、安全施工,未影响总工期,未造成财产损失和人员伤亡,实现了预期目标。

隧道突泥涌水成因复杂、破坏性强、安全风险高,应做好施工前的风险识别与评估,施工中加强超前地质预报工作,发现异常情况时及时采取措施规避风险,做到防患于未然。同时,加强对全体参建人员的培训,使所有人都具备识别突泥涌水的常识,施工过程中,研判地下水来源,多方向引排地下水,避免在同一个方向和区域汇集,遇异常情况时及时撤离,避免造成不可挽回的损失。

5.2.7 断层破碎带

隧道围岩稳定是隧道掘进过程中非常重要的问题,尤其是在断层破碎带区段,围岩稳定性特别需要重视。研究结果显示,断层交会和断层归并复合很容易引起围岩失稳,断层的其他要素,如风化程度、断层走向与隧道中线走向的夹角,对围岩稳定性影响也很大。断层交会对隧道围岩稳定性的影响最大,因为其与单一式断层相比,明显扩大了断层的规模,增加了断层的裂隙、空隙的密度,增大了裂隙、空隙,从而降低了破碎岩石、角砾的胶结程度和黏着力。另外,由于断层交汇复合为不同走向断层相交,所以其对围岩稳定性的影响程度比断层归并复合还要大很多。

在隧道开挖施工过程中,断层及其破碎带的施工难度特别大,非常容易出事故。高速公路、铁路隧道等地下工程施工中经常面临断层破碎带的处理问题。在隧道掘进的过程中要进行超前地质预报,准确定位断层破碎带的位置,提前采取措施,解决或降低断层破碎段的不良影响。其主要措施有:

1)通过超前帷幕注浆固结岩体,以便封堵地下水通道。
2)施作超前小导管和超前大管棚等超前预支护措施,加固围岩,减少裂隙,增强隧道围岩的稳定性。
3)采用短进尺、短台阶的开挖方法,并预留变形量。
4)增强初期支护的强度,并及时封闭成环,使其整体受力,增加隧道结构的整体稳定性。
5)加强二次衬砌,确保隧道正常运营,减少运营风险。

隧道断层及其破碎带施工方法很复杂,但不同的工程中又有相同的地方。在此以包西铁路洞子崖隧道 DK683+938—DK684+076 段断层破碎带为实例,对其工程地质条件、处治方案进行分析,为类似的工程提供依据。

(1)工程概况

包西铁路洞子崖隧道位于陕西省澄城县洞子崖村东南侧,西延至铁路洞子崖车站左前方。隧道为 DK683+062—DK684+385 段,全长 1 323 m,为双线铁路隧道。全隧道位于直线地段,洞内线路为 5.4‰ 的单面下坡,开挖最大高度为 12.1 m,最大宽度为 14.7 m,最大开挖断面积为 145.65 m²。地貌上属黄土梁峁区,地形起伏较大,高程在 557～660 m 之间,最大埋深为 104 m,最小埋深为 18 m。隧道在洞子崖村附近 DK683+062 穿越一基岩山包后进入宽约 138 m 的杜康沟断层,然后再穿越砂岩夹泥岩层,最后在 DK684+385 出洞。全隧道采用一个工作面,即出口,由出口向进口方向单一掘进。

(2)工程地质与水文地质

1)工程地质特征。隧道处的地质构造属韩城—铜川断褶带,为陕甘宁台坳与汾渭地堑接壤带,构造活动激烈,岩层层序变化较大。隧道范围内主要地层为第四系全新统坡积黏质黄土和碎石土、第四系上更新统风积黏质黄土、二叠系中统/下统砂岩夹泥岩。

杜康沟断层(DK683+938—DK684+076)为隐伏逆断层,断层产状 N60°E/84°S,断层走向与线路近正交。岩层的断裂破碎程度由北向南递增,小的断裂构造较为发育,致使下部煤层纵横错断呈不连续状。断层破碎带宽度约 130 m,呈浅灰色、紫红色,断层物质以断层碎石为主,挤压揉皱严重,岩性为砂岩、泥岩,断层地貌为断层垭口、断层沟、断层泥砾等。节理多为高角度交叉剪切节理,岩体多被切割为菱块状。掌子面揭露岩性为断层泥砾,棕红色,全风化,岩体较软,岩体受断层挤压较破碎,裂隙为泥质充填,岩体呈角砾松散结构。对隧道围岩稳定性影响较大。杜康沟断层沟底处洞身最小埋深为 18 m,地表及洞身部分有第四系上更新统风积黄土,具湿陷性。由于隧道需穿过的断层破碎带比较破碎,施工比较困难。

3)水文地质特征。洞子崖隧道通过区地貌上属黄土梁峁区,地形起伏较大。地表水主要为雨季地表漫流及沟内流水,雨季有间歇性流水,水量随雨量大小而异,水质无侵蚀性。地下水主要为基岩裂隙水及层间水,由于砂岩为弱透水层,页岩为相对隔水层,地下水多沿页岩层流动、渗出,在杜康沟断层段较丰富,水质良好,无侵蚀性,局部地段存在少量地下水。在隧道施工过程中,开挖至杜康沟断层处时,掌子面有多股水流渗出,渗水量较小,喷射混凝土表面无渗水现象。

(3)超前地质预报

1)物探法。采用 TGP206 型隧道地质超前预报系统(TGP 即 Tunnel Geology Prediction 的英文缩写)对隧道进行长距离超前地质预报。在隧道围岩以排列方式激发弹性波,弹性波在向三维空间传播的过程中遇到声阻抗界面,即地质岩性变化的界面、构造破碎带、岩溶和岩溶发育带等,会产生反射现象,这种反射波被布置在隧道围岩内的检波装置接收下来,输入仪器中进行信号的放大、数字采集和处理,实现拾取掌子面前方岩体中的反射波信息,以准确掌握前方断层破碎带的详细情况以及围岩节理裂隙、破碎的发育程度。

2)地质调查法。根据地质资料,结合实际开挖地质的情况对每循环开挖掌子面进行地质素描,进行初步的地质分析。断层带在隧道中是有一定延伸长度的,断层的出现也有一个由小到大的过程,若隧道局部围岩破碎、岩质较差,且围岩软硬分界明显,应小心对待,可根据岩层的走向、倾角等预测前方可能出现的断层破碎带。

3)超前地质钻探。掌子面开挖前,采用长度长于开挖长度 2～2.5 m 的超长钻杆对前方围岩进行钻孔(即使洞身周边出现涌水、涌泥、坍塌等不良地质,还能保证 2 m 以上止浆墙),根据岩芯和钻进过程中的岩粉、钻速和水质情况,判断前方水文、地质条件。

(4)处治方案

洞子崖隧道杜康沟断层地段多为断层泥砾,岩体呈角砾松散结构,属Ⅴ级围岩,该断层带最小埋深为18m,施工中易出现拱顶下沉、水平收敛、坍塌等现象。施工时严格按照新奥法原理,遵循"管超前、弱爆破、短进尺、少扰动、强支护、早封闭、勤量测、紧衬砌"的原则制定施工方案,防止在断层破碎带浅埋段施工时出现拱顶下沉、水平收敛等现象。

1)隧道开挖方法与超前预支护形式。断层破碎带地段隧道洞身埋深较小,最小埋深为18 m,设计开挖工法为三台阶预留核心土法,采用超前小导管预支护。根据前期施工及监控量测情况来看,隧道拱顶处岩体较破碎,单层超前小导管预支护没有达到预期加固围岩的效果,掌子面掘进过程中不间断地出现拱顶掉块现象;隧道围岩收敛及拱顶沉降较大,存在一定的不安全性、不可靠性。为此将开挖工法改为能有效地控制隧道围岩变形的双侧壁导坑法。由于杜康沟断层破碎带影响较长,考虑到洞身超前长管棚预支护前端无法扎根,形成不了有效的预支护结构,所以将单层超前小导管预支护改为双层超前小导管预支护形式来固结前方松散围岩。

a.双侧壁导坑法施工。双侧壁导坑法开挖工艺和施工顺序详见施工示意图(见图5.52)。双侧壁导坑法施工工序具体如下:

第一步:利用上一循环架立的钢架施作隧道侧壁导坑超前支护;弱爆破开挖①部;喷8 cm厚混凝土封闭掌子面;施作①部导坑周边的初期支护和临时支护,即初喷4 cm厚混凝土,架立I20b型钢钢架和I20临时钢架,并设锁脚锚管;导坑底部喷18 cm厚混凝土,施作①部临时仰拱,安设①I18工字钢横撑;钻设系统锚杆后复喷混凝土至设计厚度。

第二步:在滞后①部4~6m后,弱爆破开挖②部;喷8 cm厚混凝土封闭掌子面;施作②部导坑周边的初期支护和临时支护,即初喷4 cm厚混凝土,接长I20b型钢钢架和I18临时钢架,并设锁脚锚管;导坑底部喷18 cm混凝土,施作②部临时仰拱,安设I18横撑;钻设系统锚杆后复喷混凝土至设计厚度。

第三步:在滞后②部4~6 m后,弱爆破开挖③部并施作导坑周边的初期支护和临时支护,步骤及工序同第一步。

第四步:在滞后③部4~6 m后,弱爆破开挖④部并施作导坑周边的初期支护和临时支护,步骤及工序同第二步。

第五步:在滞后④部4~6 m后,弱爆破开挖⑤部;施作⑤部导坑周边的初期支护和临时支护,即初喷4 cm厚混凝土,接长I20b型钢钢架和①I18临时钢架;隧底周边部分喷混凝土至设计厚度。

第六步:在滞后⑤部4~6 m后,弱爆破开挖⑥部并施作导坑周边的初期支护和临时支护,步骤及工序同第五步。

第七步:利用上一循环架立的型钢钢架施作超前支护;开挖⑦部;喷8 cm厚混凝土封闭掌子面;拱部喷4 cm厚混凝土安设型钢钢架,钻设径向锚杆后复喷混凝土至设计厚度。

第八步:滞后⑦部4~6 m后开挖⑧部;喷8 cm厚混凝土封闭掌子面。

第九步:滞后⑧部4~6 m后开挖⑨部;喷8 cm厚混凝土封闭掌子面。

第十步:开挖⑩部;导坑底部初喷4 cm厚混凝土,安设型钢钢架使钢架封闭成环,复喷混凝土至设计厚度。

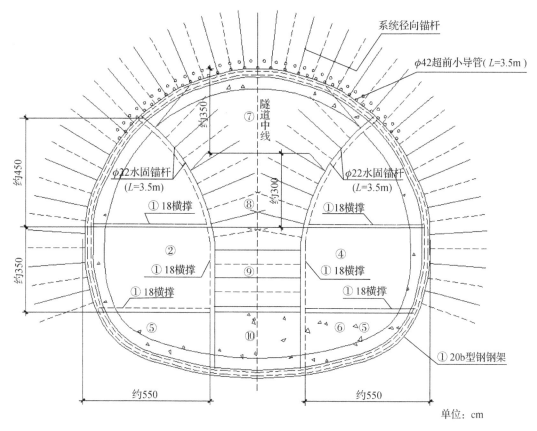

图 5.52 双侧壁导坑法施工示意图

第十一步:根据监控量测结果分析,待初期支护收敛后,拆除 I18 临时钢架和临时横撑;灌注⑪部边墙基础与仰拱及隧底填充混凝土。

第十二步:利用衬砌模板台车一次性浇注衬砌混凝土⑫(拱墙衬砌一次施工)。

b.双层超前小导管施工。在破碎松散岩体中超前钻孔,打入小导管并压注具有胶凝性质的浆液,浆液在注浆压力的作用下呈脉状快速渗入破碎松散岩体中,并将其中的空气、水分排出,使松散破碎体胶结、胶化,形成具有一定强度和抗渗阻水能力的固结体,从而提高围岩的整体性、抗渗性和稳定性;使超前小导管与固结体形成一个具有一定强度、一定厚度的壳体,在壳体的保护下进行开挖支护施工。开挖进尺控制在 1~1.5 m 范围内。

在拱顶 120°范围内布设 3.5 m/根的 $\phi 42$ mm 双层小导管,小导管外插角 10°~15°,环向间距 50 cm,纵向间距 2.4 m,两层小导管间距 30 cm,呈梅花形布置,下面一层的小导管配合型钢钢架使用(与钢架间进行可靠焊接),上面一层的每根小导管通过两根 $\phi 22$ mm 钢筋与下层小导管进行焊接,形成稳定的三角支撑(见图 5.53)。压注 1:1 水泥浆液,采用 525 号普通硅酸盐水泥,浆液中掺入水泥用量为 1‰~2‰ 的速凝剂($CaCl_2$),以缩短浆液的胶化固结时间,控制浆液的扩散范围。每方水泥浆液的水泥用量为 753 kg,速凝剂用量为 15 kg。

小导管制作:小导管前端加工成锥形,便于小导管的安装,并防止浆液前冲。中间部位钻 $\phi 8$ mm 的注浆孔,呈梅花形布置(防止注浆出现死角),间距 15 cm,尾部留有 30 cm 不钻孔,防止漏浆,末端焊 $\phi 8$ mm 环形箍筋,以防打设小导管时端部开裂,影响注浆管连接,小导管加工成形如图 5.54 所示。

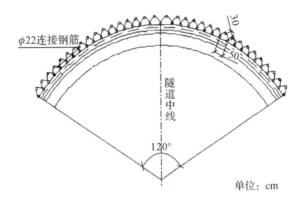

图 5.53 双层小导管布置及固定示意图

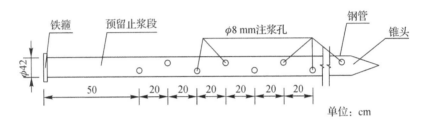

图 5.54 小导管加工形成示意图

小导管安装:采用 YT-28 型风动凿岩机钻眼成孔,钻孔间距误差不得超过 50 mm,将小导管顶入孔内,小导管外插角采用"线绳定出隧道中心面,随时用钢尺检查钻孔或推进小导管的方向"的方法来控制。小导管安装完成后,对其孔口周围的裂隙进行封堵,必要时在小导管附近及工作面喷射混凝土,以防止工作面坍塌。

小导管注浆:选用 HJB-3 型灰浆泵注浆,采用 HJB 双桶搅拌机制浆。注浆前对小导管内的杂物用高压风进行清理;为防止浆液从其他孔眼溢出,注浆前对所有孔眼安装止浆塞,注浆时采用从两侧拱脚向拱顶的顺序压注水泥浆;为了达到胶化固结破碎松散岩体的目的,同时保证开挖轮廓线外围岩的稳定,形成有一定强度及密实度的壳体,特别是确保两侧拱腰的承载力,注浆终压控制在 0.8~1.0 MPa,拱腰的注浆终压应高于拱顶的注浆终压。通过现场试验确定拱腰处终压为 1.0 MPa,拱顶处终压为 0.8 MPa;注浆时采用隔眼跳注,相邻孔间不能连续注浆,以确保固结效果。注浆完后,立即堵塞孔口,防止浆液外流。

2)沉降控制的其他技术措施:

a.在每榀钢架法兰盘的下方分别增设 2 根 4.5 m 长的锁脚锚管,采用 $\phi 42$ mm 无缝钢管,拱架底部采用受力面积大于钢架法兰盘的预制混凝土块进行支垫,保证落底硬实,当土体较松时,应进行夯实处理后再支垫预制块,以控制下沉量。在钢架落底处,两榀钢架之间焊接纵向连接工字钢(I20b),采用喷射混凝土封闭,以增加其整体受力,防止拱架整体下沉。

b.为改善初期支护的结构受力,在拱脚和墙角处 80 cm 范围内设置扩大拱脚,宽度为

50 cm,加大的开挖尺寸采用喷射混凝土回填,以增大拱脚受力面积,提高承载力。具体布置如图 5.55 所示。

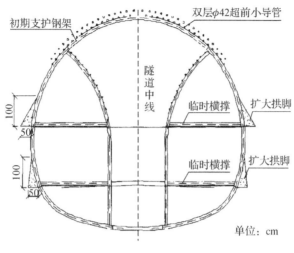

图 5.55 大拱脚示意图

c.断层破碎带围岩松散,围岩压力较大,初期支护容易产生沉降和变形,应及时封闭仰拱并进行仰拱及填充混凝土施工,仰拱的每次浇筑长度控制在 4～6 m,待围岩变形稳定后及时施作衬砌。

(5)监控量测

断层破碎带浅埋段隧道施工时在上台阶开挖支护后趋于稳定的情况下,下台阶开挖时对围岩的二次扰动容易造成围岩的拱顶下沉和边墙收敛,出现二次变形。因此,必须在隧道的施工过程中加强对围岩的监控量测,并及时对数据进行分析反馈。监控量测项目主要有洞内外观察、拱顶下沉、净空变化、地表沉降等。

1)洞内、外观察。洞内观察可分为开挖工作面观察和已施工地段观察两部分。开挖工作面观察在每次开挖后进行,并及时绘制开挖工作面地质素描图,数码成像,填写开挖工作面地质状况记录表,并与勘察资料进行对比。对已施工地段的观察每天应进行 1～2 次,主要观察喷射混凝土面是否出现裂纹和剥离等现象,钢架是否出现弯曲变形等。洞外观察包括地表开裂、地表变形、地表水渗漏情况等。

2)洞内周边位移量测。周边位移量测一般包括拱顶下沉量测和水平净空收敛量测,由于双侧壁导坑法施工开挖分步较多,断面较小,且受到临时横撑的影响,所以使全站仪视线受阻。因此,采用精密水准仪和铟钢挂尺进行拱顶下沉量测,选用北京中交路达试验仪器厂生产的 JSS30A 型数显收敛计进行水平净空收敛量测。

3)地表下沉量测。地表下沉量测可采用精密水准仪、铟钢尺进行,基准点应设置在地表沉降影响范围之外。浅埋地段应在隧道横断面方向中线两侧每隔 3～5 m 布设测点,每个断面设 7～11 个点,地表下沉量测应与洞内拱顶下沉和净空变化在同一个横断面上,且测量频率应相同。

4)监控量测成果分析。洞子崖隧道断层破碎带浅埋段先后采用三台阶预留核心土法和双侧壁导坑法(并采取了上述几种沉降控制措施)两种开挖工法施工。在不同的开挖工法下,各个监控量测项目的变形规律存在一定差异,下面就两种工法下选择一个典型断面对洞内周边位移量测进行数据分析,三台阶预留核心土法选择 DK683+985 断面,双侧壁导坑法选择 DK683+955 断面。通过对三台阶预留核心土法和双侧壁导坑法这两种施工方法下的监控量测结果进行对比分析可知,双侧壁导坑法能够有效地控制隧道洞内周边位移。

洞子崖隧道的施工证明,采用双侧壁导坑法配合其他的沉降控制措施的施工技术,可以顺利地通过断层破碎带浅埋段,并能够有效地控制隧道洞内周边位移,保证了工程质量和施工安全,同时,也可为在断层破碎带浅埋段隧道中施工的其他工程提供一定的借鉴意义。

a.采用双侧壁导坑法进行施工时,应使各工作面错开合适的距离,避免各工作面之间相互干扰或者距离过大导致沉降难以控制。

b.双层小导管施工时,应注意安装位置和安装角度,要采用三角支撑保证上层小导管的稳定,同时要保证注浆效果和注浆质量,确保超前小导管与固结体形成一个具有一定强度的壳体。

c.断层破碎带浅埋段隧道采取增设锁脚锚管、扩大拱脚、增强基底承载力、钢架落底处增设纵向连接等措施可以有效防止初期支护整体沉降。

同时,施工中应切实做好监控量测工作,及时进行数据分析,动态调整支护参数和预留变形量。

5.2.8 瓦斯

瓦斯是一种有害气体,是在隧道施工过程中从煤、岩内涌出的以甲烷(CH_4)为主的各种有害气体的总称,所以狭义上把甲烷(CH_4)称作瓦斯。瓦斯对隧道施工的危害主要表现为瓦斯窒息、瓦斯燃烧爆炸。隧道施工过程中遇到瓦斯地段,若处治不当,可能产生灾难性后果。玉峰山隧道施工过程中遇到了瓦斯地段,其处治措施较好,为相似的瓦斯隧道处治提供了借鉴。

(1)工程概况

玉峰山隧道为左右线分离式隧道,左线 LK11+8967—LK15+598,全长 3 702 m,右线 K11+911—K15+582,全长 3 671 m,属特长隧道。隧道穿越三叠系上统须家河组五段($T_{3x}j^5$)灰、浅灰色页岩和泥岩,含煤层,岩层产状为 124°∠80°,呈潮湿状,煤层厚度为 0.5~1.2 m,煤层倾角为 70°左右。隧道有近 400 m 高瓦斯段,瓦斯浓度最高为 0.75%。同时玉峰山隧道还存在 H_2S 有害气体,H_2S 除少量赋存于煤系地层外,主要为古岩溶水中有害气体。隧道进口段有一工农煤矿与之相交,由于该煤矿开采于 20 世纪五六十年代,巷道具体走向不清且存在许多支巷,煤窑存在老窑积水,隧道开挖至 LK12+458、K12+480、K12+680 位置与煤窑采空区相交。

(2)处理流程的制定

总结和参考已建瓦斯隧道的成功经验,提前制定玉峰山隧道穿越煤层施工处理流程,如图 5.56 所示。

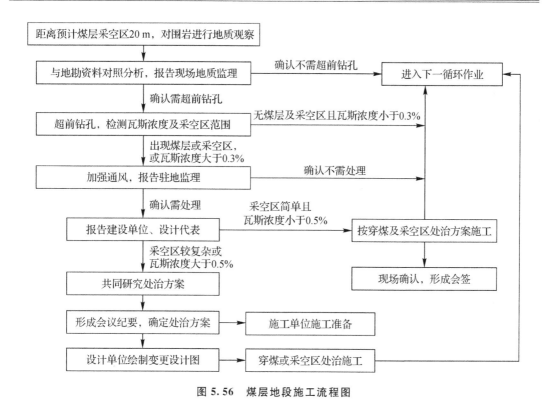

图 5.56 煤层地段施工流程图

(3)超前探测

为了节省钻孔成本和时间,采取钻孔综合利用并同时作业的原则,即煤层瓦斯探孔与超前探水孔综合利用和同时作业,使探孔起到探测煤层瓦斯和岩层涌水的双重作用,其探孔具体布置情况如图 5.57 所示。

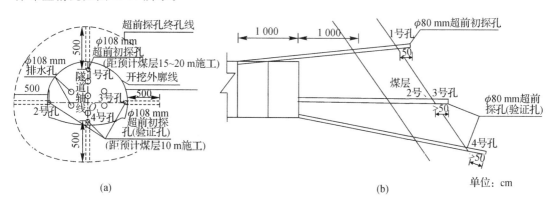

图 5.57 瓦斯探孔布置断面图

(a)超前深孔及排水孔布置横断面图;(b)超前探孔布置纵断面图

具体操作过程如下:首先,在开挖工作面距设计煤层里程 15~20 m 时,沿隧道前进方向打一水平穿透煤层全厚且进入煤层底板不小于 0.5 m 的探测孔,以初测煤层的位置;其次,在工作面距煤层位置 10 m 时,打 2~3 个穿透煤层全厚且进入煤层底板不小于 0.5 m 的探测孔,以确定煤层的走向、倾角、厚度及顶底板岩性等赋存情况及地质构造;最后,在工作面距煤层 5 m 时,打 2~3 个穿透煤层的预测钻孔,进行煤层突出危险性预测预报。所有钻孔详细记录岩芯资料,观测是否有喷孔、卡钻、顶钻等异常现象,并做好详细记录。为了提高保险系数和获得详细准确的探测结果,玉峰山隧道煤层瓦斯超前钻探设计施作 4 个 $\phi 80$ mm 探孔(拱顶、底板和两边墙),并且在掌子面同时施作 7 个 $\phi 108$ mm 探水孔(兼排水和排放瓦斯)。

根据探测所得的资料,基本确定了煤层角度、厚度及瓦斯含量、压力、涌出速度等指标,结合现场实际情况,与设计地质资料进行比较,对所得探测资料进行分析,为指导确定下一步施工方案提供依据。

(4)突出危险性分析预测

根据钻孔记录和分析所得资料,选择瓦斯压力法、综合指标法、钻屑指标法、钻孔瓦斯涌出初速度法或"R"指标法 5 种方法之中的两种进行了瓦斯突出危险性分析预测。突出危险性预测方法中有任何一项指标超过临界指标,则该开挖工作面即为有突出危险工作面。按照该方法对存在突出危险的地段进行了突出危险等级划分。最后根据探测所得的资料,结合现场实际情况,提前设计石门揭煤方案。将所有分析预测结果及设计方案向相关部门汇报审批,按流程准备下一阶段施工。

(5)瓦斯预排放

根据前面的超前探测和分析预测结果,有个别地段的瓦斯含量、压力、涌出速度等指标均较大,存在突出危险和较大安全隐患,所以为了提高安全保障系数,采取瓦斯预排放措施是很有必要的。玉峰山隧道局部具有瓦斯突出危险的地段就采取了瓦斯预排放措施,在开挖掌子面提前施作瓦斯排放孔,排放孔的具体布置情况如图 5.58 所示。通过瓦斯预排放,及时泄压和排放瓦斯,使开挖施工时的瓦斯涌出量和涌出速度均大幅度降低,保证了施工安全。

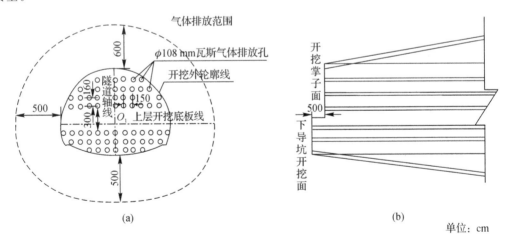

图 5.58 瓦斯排放孔布置断面图

(a)瓦斯气体排放孔布置横断面图;(b)排放孔纵断面布置图

(6)瓦斯监测、施工通风和机械配套等措施

针对玉峰山隧道穿越煤层的瓦斯地段施工,采取了专项瓦斯监测、施工通风和机械配套

等措施,以确保施工安全。

1)瓦斯监测。组建专职瓦斯监测管理机构,负责全隧瓦斯监测工作,建立人工检测和自动监测相结合的瓦斯监测制度。进行全天 24 h 定期和不定期检测,人工检测执行"一炮三检"制度(即采掘工作面爆破作业时,装药前、爆破前、爆破后分别由瓦斯检查员检查爆破地点附近风流中的瓦斯浓度),自动监测系统进行不间断连续监测,并通过计算机将监测数据上传到互联网,管理人员可以随时查看洞内瓦斯浓度。

人工检测由专职瓦斯检测员配备便携式瓦斯检测报警器和光干涉甲烷测定器,对各个施工作业面进行全天候交叉巡检,发现问题及时处理。配专职的瓦斯检测员 6 人,每班 2 人,由洞外向洞内,对机电设备集中地点,作业面及可能的瓦斯聚集处进行检测。对爆破作业,实行"一炮三检制",即装药前、爆破前和爆破后对爆破工作面进行检测。

自动瓦斯监测采用自动化遥测系统,远距离、长期连续自动检测各个检测点的瓦斯浓度,瓦斯浓度超过规定可自动报警,并自动切断超限点的电源。其系统运行如图 5.59 所示。

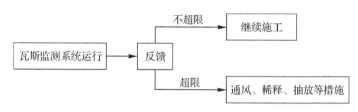

图 5.59 瓦斯监测系统运行图

2)施工通风。根据通风方案,结合施工段落划分,确保掌子面有足够的新鲜空气稀释瓦斯。设置合理的机械通风系统,根据要求分别计算需要的风量,其最大值作为设计风量,经过计算,选择配备 2 台咸阳风机厂生产的 SDDY-INO11A 型风机,此风机供风量为 2 000~82 000 m³/h,风压 500~4 900 Pa,能满足通风要求。为了最大限度降低瓦斯对全隧的污染,采用了混合式通风方式,开挖面涌出的瓦斯大部分由排出式风机通过风管排出洞外,衬砌台车附近还设置了射流风机,防止瓦斯积聚,其中布置在洞内的风机全部为防爆型。其通风系统布置如图 5.60 所示。

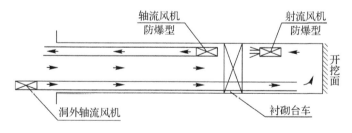

图 5.60 通风系统布置图

3)机械配套。装渣和扒渣机械设备均进行了防爆改装,开挖面 150 m 范围内全部采用防爆型电器和电缆。如外露传动机械加装护罩,电缆采用铠装不延燃橡套电缆,采用防爆型接线盒,照明采用 EXdI 型矿用防爆照明灯,等等。

(7)结构处理措施

1)在穿越煤层处及其前后各 20 m 采用沿衬砌外轮廓满铺防水层,沉降缝和施工缝采用止水带和膨胀水泥砂浆封堵严密。

2)在穿越煤层处及其前后各 20 m 二次衬砌中掺加气密剂,气密剂采用抗腐气密共效的 YBQK 抗腐蚀气密混凝土泵送剂,掺量为 10%~15%(内掺法,等量替代水泥),要求混凝土透气系数不大于 10^{-11} cm/s。

(8)安全措施及应急预案

按照相关规定制定了施工安全技术措施、电气及设备安全配置措施、煤层瓦斯防爆防燃措施等,还设计和建立了瓦斯爆炸应急预案、应急处理机制、应急救援体系、应急处理程序和措施等。对很多应急预案还组织进行了演练,并结合施工中发现的问题,不断补充和完善各项应急预案和措施,真正实现了安全管理和快速施工同步进行。

5.2.9 浅埋偏压段

根据大量隧道工程的施工资料调查,上部覆盖层不足隧道洞跨 2 倍(Ⅵ~Ⅳ级围岩中且覆盖层厚度小于 40 m)的隧道或区段属于浅埋式隧道。同时,浅埋段工程加强段的开挖施工,应根据地质条件、地表沉陷对地面建筑物的影响及保障施工安全等因素选择开挖方法和支护方式。偏压隧道是指由于客观原因而致围岩压力呈现出较为明显的不均匀性,在偏压荷载作用下对隧道的支护和施工产生不利影响。随着我国铁路、公路网布局的不断完善,在相对复杂条件下进行隧道建设的情况越来越多,浅埋偏压隧道也不可避免地会遇到。在隧道施工中,浅埋偏压段隧道处理方案一直是隧道施工的难点。本小节通过分析工程实际施工实例,介绍隧道浅埋偏压的机理原因,结合相关理论和实践工作,提出浅埋偏压段隧道的处理方案,针对处理中的具体施工技术进行阐述,具有一定的参考价值。

(1)工程概况

某隧道为分离式隧道,设计线间距为 9.46~11.63 m,按较小净距+极小净距布置。拟建隧道略呈曲线展布,隧道总体轴线方向 170°,左线隧道起讫桩号 Z4K30+767.26—Z4K31+184.17,全长 416.91 m,隧道最大埋深约 72 m,位于 Z4K31+060 处;右线隧道起讫桩号 K30+767—K31+183,全长 416 m,隧道最大埋深约 66 m,位于 K31+050 处。

隧址区第四系覆盖层主要为全新统残坡积成因(Q4el+dl)粉质黏土,厚度不大,下伏基岩为中元古界蓟县系牛屋组中段(Pt2n2)粉砂质板岩。下伏基岩为中元古界牛屋组中段(Pt2n2)粉砂质板岩等,附近岩层产状 310°∠64°~288°∠48°,其节理产状为 J1:216°∠80°,浅部节理大多呈微张状,深部多呈闭合状,节理面较平直、光滑,节理间距为 0.2~0.5 m,延展性一般。

隧道洞口位于斜坡地段,左线洞口所在斜坡坡向约 170°,洞口段走向与地形等高线基本正交;右线洞口所在斜坡坡向约为 180°~250°,洞口段走向与地形呈 80°~10°角相交,地形上左厚右薄,存在一定偏压;该段洞口上覆第四系主要为碎石等,但厚度小,大部分段基岩出露,主要为粉砂质板岩,岩层产状 310°∠64°,节理产状为 J1:216°∠80°。

拟建隧道出洞口段位于斜坡地段,地形上左厚右薄,右洞出口段存在较长浅埋偏压段(见图 5.61 和图 5.62),建议该段采用不对称的偏压衬砌,以保证隧道不受偏压破坏。

图 5.61 隧道右洞出口平工程地质面图

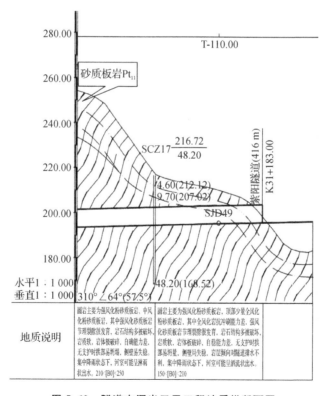

图 5.62 隧道右洞出口平工程地质纵断面图

(2)塌方情况

2021年6月4日,隧道右洞开始采用双侧壁导坑法(见图5.63)从出口端往进口掘进,6月18日,右洞洞顶边仰坡出现裂缝,施工单位立即组织人员机械撤离,出口端掌子面暂停施工。

图5.63 隧道右洞出口双侧壁导坑法施工照片

6月22日上午6时,受洞口偏压和降雨影响,右洞出口端洞顶出现坍塌,坍塌长度为33 m,如图5.64所示。

图5.64 隧道右洞口塌方示意图

(3)原因分析

1)地质因素:在隧道施工中,浅埋段、洞口段、隧道贯通段以及局部遇地质构造变化、断层破碎带、软弱夹层等工程地质条件变化地段,如果施工预防措施不当、不及时,极易造成隧道塌方事故。

2)水文因素:在隧道施工中,由于岩土中水的变化,水沿岩体软弱面流动,破坏岩体组织,造成岩体失稳而发生塌方事故;雨水渗入断裂带及裂隙后形成滑动面,岩石相互滑动,内力挤压变形也易造成塌方。

3)人为因素:在隧道施工过程中由于施工人员对地下工程地质以及洞口段、贯通段的洞顶、埋深的变化情况不了解,对围岩自稳能力估计过高,造成思想上的麻痹大意,没有对不良地质地段采取合理的开挖方法,支护不及时,在开挖时,爆破对围岩的扰动过大,开挖后围岩暴露时间过长、风化程度加剧,造成应力重分布,使得原来不应塌方段,因岩体失稳而产生塌方。

在隧道施工中,正确的施工工艺是控制塌方事件的关键。施工过程中盲目地采取单一的施工方案或施工方法,不根据现场实际地质情况和地层变化情况及时修改施工方案和施工参数,造成施工方案或施工方法不适应现场实际地层,施工参数满足不了施工防护要求,有可能导致塌方事故。监控量测必须按施工方案及规范要求进行,施工中往往因监控量测不到位,布点、量测等不准确或不符合要求,对施工起不到指导性作用,造成塌方。

(4)处治措施

1)应急措施。2021年6月18日至2021年6月25日,经洞口布点(见图5.65)沉降观测显示,洞口边坡沉降及滑移趋于稳定。因考虑到6月28日至7月2日,隧址区出现了持续的降雨,为防止二次坍塌,对出口端右洞洞顶采用反压回填,坍塌部位已反压回填,并采用彩条布覆盖(见图5.66),同时对左洞出口端仰拱封闭成环。加大洞口及洞内沉降观测数据监测。

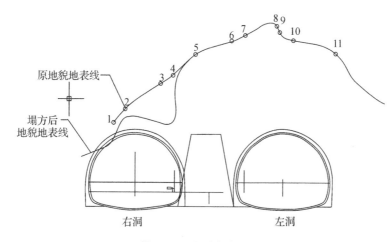

图 5.65　观测点布置图

图 5.66　右洞出口洞顶反压回填现场照片

2)治理措施:①洞顶坍塌位置反压回填及右侧山坳处进行回填,削减偏压力的影响;②套供顶增设护拱,增加帽壳,且护拱两端植入两侧山体,与两侧形成整体,为洞内施工做好辅助准备;③护拱施作完成后,恢复洞口管棚及套供,再进行洞内施工。施工工艺流程如图5.67所示,现场施工照片如图5.68~图5.75所示。

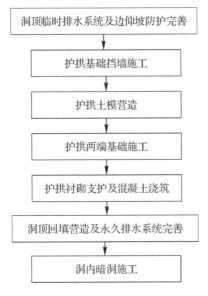

图 5.67 施工工艺流程图

图 5.68 截排水沟恢复

图 5.69 边坡钢花管注浆支护+挂网喷浆

图 5.70　套拱挡墙施工

图 5.71　护拱土模营造

图 5.72　护拱衬砌施工及成型

图 5.73 施工完成后照片

图 5.74 截排水系统完善

图 5.75 施工完成后的棚洞

参 考 文 献

[1] 何满潮,景海河,孙晓明.软岩工程地质力学研究进展[J].工程地质学报,2000,8(1):46-62.
[2] 中国科技产业化促进会.软岩隧道监控量测技术规范:T/CSPSTC 40—2019[S].北京:中国标准出版社,2019.
[3] 朱俊勋.软岩的力学特性及工程危害防治[J].环境保护与循环经济,2014,34(1):36-38.
[4] 伍毅敏.软基隧道支护机理与病害防治技术研究[D].西安:长安大学,2008.
[5] 任海勇.软岩隧道工程存在的问题及展望[J].山西建筑,2015,41(11):154-155.
[6] 刘伴兴.高地应力软岩隧道大变形机理及位移控制基准[D].石家庄:石家庄铁道大学,2006.
[7] 何满潮,吕晓俭,景海河.深部工程岩特性及非线性动态力学设计原理[J].岩石力学与工程学报,2002(8):1215-1224.
[8] 姜云.隧道工程围岩大变形问题研究[J].测绘技术装备,2003(4):13-18.
[9] 徐林生,李永林,程崇国.公路隧道围岩变形破裂类型与等级的判定[J].重庆交通学院学报,2002(2):16-20.
[10] 李鹏飞,赵勇,刘建友.隧道软弱围岩变形特征与控制方法[J].中国铁道科学,2014,35(5):55-60.
[11]《工程地质手册》编委会.工程地质手册[M].5版.北京:中国建筑工业出版社,2018.
[12] 徐林生,李永林,程崇国.公路隧道围岩变形破裂类型与等级的判定[J].重庆交通学院学报,2011,21(2):16-20.
[13] 杨昌宇.岩溶地区隧道设计的几点思考及建议[J].现代隧道技术,2011,48(1):90-93.
[14] 中华人民共和国铁道部.铁路工程特殊岩土勘察规程:TB 10038—2012[S].北京:中国铁道出版社,2015.
[15] 黄建华.膨胀岩的特性及其对隧道稳定性的影响[J].铁道工程学报,2001(1):56-57.
[16] 徐林生,王兰生.二郎山公路隧道岩爆发生规律与岩爆预测研究[J].岩土工程学报,1999,21(5):67-69.
[17] 中国铁路总公司.铁路挤压性围岩隧道技术规范:TB 10038—2012[S].北京:中国铁道出版社,2019.
[18] 邓林.泥巴山深埋特长公路隧道重大岩体工程问题研究[D].成都:西南交通大学,2006.
[19] 徐良玉.长大公路隧道围岩大变形预测预报与失稳判据的研究[D].天津:河北工业大学,2017.
[20] 何发亮,张玉川.隧道施工地质灾害与不良地质体及其预报[M].成都:西南交通大学出版社,2011.
[21] 中国铁路总公司.铁路隧道超前地质预报技术规程:Q/CR 9217—2015[S].北京:中国

铁道出版社,2015.
[22] 中华人民共和国交通运输部.公路隧道施工技术规范:JTG/T 3660—2020[S].北京:人民交通出版社,2020.
[23] 中国电建集团贵阳勘察设计研究院有限公司.隧道施工超前地质预报技术规程:T/CECS 616—2019[S].北京:中国建筑工业出版社,2019.
[24] 段铮.瞬变电磁法在隧道超前地质预报中的应用及解译分析[D].成都:成都理工大学,2008.
[25] 中华人民共和国交通运输部.公路隧道设计细则:JTG/TD 70—2010[S].北京:人民交通出版社,2010.
[26] 中华人民共和国交通运输部.公路隧道设计规范 第一册 土建工程:JTG 3370.1—2018[S].北京:人民交通出版社,2019.
[27] 徐国民,李伟中,李文平,等.岩土锚固技术与工程应用新发展[M].北京:人民交通出版社,2012.
[28] 洪开荣.山区高速公路隧道施工关键技术[M].北京:人民交通出版社,2011.
[29] 刘伟明,韩常领.大断面页岩隧道大变形处治技术[J].广东交通职业技术学院学报,2016,15(4):35-40.
[30] 张鹏.山岭隧道突涌水灾害风险评估及防治措施研究[D].成都:西南交通大学,2019.
[31] 林克.丽香铁路花椒坡隧道断层破碎带突泥涌水处治技术[J].国防交通工程与技术,2022,20(1):59-62.
[32] 刘季富.穿越断层破碎带浅埋段隧道沉降控制施工技术[J].山东建筑大学学报,2010,25(2):210-215.